ALTE ABENTEUERLICHE REISEBERICHTE

WILLIAM DAMPIER

1683 – 1691

DAS ABENTEUERLICHE TAGEBUCH EINES

WELTUMSEGLERS UND PIRATEN

*Neu herausgegeben
und bearbeitet von
Hans Walz*

Mit 16 Abbildungen, Karten, Faksimiles

EDITION ERDMANN

Die Abbildungen, Karten und Faksimiles sind den ersten englischen und deutschen Ausgaben von Dampiers »New Voyage Round the World« (»Neue Reise um die Welt«) entnommen, mit Ausnahme der Abbildung auf Seite 17, die bereits die Robinson-Geschichte voraussetzt, welche durch Dampiers Bericht über den ausgesetzten Indianer (Seite 16—19) und durch das Schicksal des Alexander Selkirk (Seite 280) angeregt wurde.

Die Deutsche Bibliothek – CIP-Einheitsaufnahme

Dampier, William:
Freibeuter: 1683–1691: das abenteuerliche Tagebuch eines
Weltumseglers und Piraten/William Dampier.
Hrsg. und bearb. von Hans Walz. –
Stuttgart; Wien; Bern: Ed. Erdmann, 1977
(Alte abenteuerliche Reiseberichte)
Einheitssacht.: New voyage round the world <dt.>
ISBN 3-522-61050-4

Umschlaggestaltung: Rainer Simon, Böblingen
Umschlagtypografie: Michael Kimmerle, Stuttgart
Reproduktion: Die Repro, Tamm
Druck und Bindung: Friedrich Pustet, Regensburg
© 1977 by Edition Erdmann in K. Thienemanns Verlag
Stuttgart – Wien – Bern
Alle Rechte vorbehalten. Printed in Germany.
6 5 4 3 97 98 99 00 01

INHALT

Neue Reise
Um die Welt

Worinnen umständlich beschrieben wird/
Die Erd-Enge oder Isthmus vor
America, vielerley Küsten und Insuln in West-
Indien/die Insuln des grünen Vorgebürges/die Durchfahrt an dem Lande del Fuego, die Mittägigen Küsten von
Chili, Peru und Mexico; die Insuln Guam, Mindanao
und andere von den Philippinen; die Ostlichen nahe an Cam-
bodia und China gelegenen/insonderheit Formosa, Lusson,
Celebes &c. Neu Holland/ die Insuln Sumatra, Nicobar und S. Helena, wie auch das Vorgebürge
der guten Hoffnung.

Dabey gehandelt wird
Von der unterschiedenen Beschaffenheit des
Erdbodens aller dieser Länder/ von ihren See
Häfen/ Pflantzen/ Früchten und Thieren: Ingleichen vor
ihren Einwohnern/ deren Sitten und Gewohnheiten/.
Gottesdienst/Regiments-Arth und Han-
delschafft etc.

Herausgegeben von
Wilhelm Dampier.

Aus dem Englischen in die Frantzösische und nunmehr
in die Hoch-Teutsche Sprache übersetzet.
Mit Land-Tafeln und Figuren versehen.

Leipzig/ Verlegts Michael Rohrlachs seel.
Wittib und Erben. 1702.

Titelblatt der ersten deutschen Ausgabe 1702

ERSTER TEIL

1683–1686

Am 23. August 1683 gingen wir von Accamac in Virginia mit dem Vorsatze ab, in das Südmeer zu segeln. Bis an die Inseln von Cap Verde oder des Grünen Vorgebirges begegnete uns nichts, das angemerkt zu werden verdient; nur mußten wir einen schrecklichen Sturm über uns ergehen lassen, dem wir nicht auszuweichen vermochten. Er kam wenige Tage nach unserer Abreise aus Virginia mit einem Südwestwinde über uns, welcher unserem Wege schnurstracks entgegengesetzt war, und währte mehr als acht Tage. Wir wurden durch und durch naß, und einen so grausamen Sturm hatte ich noch nie erlebt, denn wenn ich auch in Ostindien in noch heftigere Ungewitter geraten war, so dauerten sie doch nie länger als 24 Stunden.

Nach diesem Sturm bekamen wir guten Wind und schönes Wetter und kamen geschwinde nach der Salzinsel, der östlichsten der Capverdischen Inseln. Ihren Namen hat sie von der großen Menge Salz, welches die Natur dort erzeugt, wie denn die ganze Insel voller Salzlachen ist. Der Boden ist ganz unfruchtbar; weder Baum noch Gras wächst dort, zum wenigsten habe ich derlei nicht gesehen, außer einigen kleinen Sträuchern nahe der Küste. Etliche elende Ziegen findet man zwar hier, doch wüßte ich nicht, daß es noch andere Tiere auf der Insel gäbe. Unter den wenigen Vögeln, die es hier gibt, habe ich etliche Flamingos gesehen. Dies sind große Vögel, den Reihern ganz ähnlich, jedoch größer und von rötlicher Farbe. Sie sind gern haufenweise beisammen und suchen ihren Aufenthalt im Moraste, in Fischweihern oder an anderen Orten, wo wenig Wasser ist. Sie sind übrigens sehr scheu und schwer zu schießen. Nichtsdestoweniger haben wir einmal zu dritt gegen die Dämmerung, an einer Stelle versteckt, die sie aufzusuchen pflegten, ihrer 14 auf einmal geschossen. Ihr Nest bauen sie in die Moräste, wo viel Schlamm ist; diesen häufeln sie mit ihren Pfoten übereinander und machen daraus Hügelchen wie kleine Inseln, die ungefähr anderthalb Fuß aus dem Wasser ragen. Den Grund dieser Haufen machen sie sehr breit, dann nimmt die Breite nach oben zu immer mehr ab, und an der Spitze lassen sie ein kleines Loch, um die Eier hineinzulegen. Wenn sie dies tun oder brüten, stehen sie aufrecht, zwar nicht oben auf dem Hügel, sondern nahe daran, mit den Füßen auf der Erde oder im Wasser und lehnen sich an den von ihnen aufgeworfenen Erdhaufen, so daß sie das Nest mit dem Schwanze bedecken. Sie legen niemals mehr als zwei Eier, jedoch auch selten weniger. Die Jungen können nicht eher fliegen, als bis sie fast alle ihre Federn haben, sie laufen aber mit einer unbeschreiblichen Geschwindigkeit; freilich haben wir dennoch mehrere fangen können. Das Fleisch von alten und jungen Flamingos ist mager und schwarz, jedoch sehr wohl zu essen und schmeckt gar nicht nach Fischen oder sonst unangenehm. Ihre Zunge ist breit und hat hinten an der Wurzel ein großes Stück Fett, welches vortrefflich delikat ist, so daß eine Schüssel voll Flamingozungen wahrlich ein Gericht für eine fürstliche Tafel ist.

Auf der genannten Salzinsel lebten nur fünf oder sechs Menschen. Ein recht armseliger sogenannter Gouverneur, der alsbald in einem unserer Boote zu uns an Bord kam und unserem Kapitän drei oder vier elende magere Ziegen als Geschenk brachte, berichtete, daß dies die besten auf der ganzen Insel wären. Unser Kapitän, der mehr die Armut des Gebers als das Geschenk selbst ansah, schenkte ihm als Gegengabe einen Rock, denn er trug nur ein ganz zerlumptes Hemd auf dem Leibe, dazu einen liederlichen Hut, der keine drei Pfennig wert war, obwohl ich glaube, daß er ihn dennoch sehr selten trug, weil er fürchtete, ihn zu verderben, ehe er einen anderen bekäme, zumal er uns sagte, daß innerhalb dreier Jahre kein Schiff dorthin gekommen sei. Wir kauften ihm ungefähr 20 Scheffel Salz ab und gaben ihm auf seine Bitte alte Kleider und als Dreingabe etwas Pulver und Blei dafür.

Im Laufe der drei Tage, die wir hier verbrachten, bot ein Portugiese einigen von unseren Leuten ein großes Stück Ambra *

---

* Ambra: fette, graue Absonderung aus dem Darm des Pottwals, wertvoller Rohstoff für die Parfümherstellung.

zum Tausch für alte Kleider an; dabei bat er, man solle nichts davon sagen, denn wenn es der Gouverneur erführe, ließe er ihn henken. Einer von unseren Männern bekam dann endlich diese Ambra um einen geringen Preis, wiewohl ich – um die Wahrheit zu sagen – meine, er habe mehr dafür gegeben, als sie wert war. Es war damals niemand unter uns, der sich darauf verstand, doch habe ich später echte Ambra gesehen und bin daher gewiß, daß jenes Stück nicht von der rechten Materie war. Es sah schwärzlich aus wie Schafmist, war fest und ohne Geruch und war womöglich nur zusammengepreßter Ziegenmist.

Von der Salzinsel kamen wir nach S. Nicolaus, das gleichfalls zu den Capverdischen Inseln gehört und ungefähr 22 Meilen westsüdwestlich von der erstgenannten liegt. Die Insel ist von ziemlichem Umfang, fast dreieckig, und eine der größten dieser Inselgruppe. Ihr Boden ist bergig, unfruchtbar und an der Küste allenthalben steinig; jedoch sind mitten auf der Insel Täler, wo die dort lebenden Portugiesen Weinberge haben und Brennholz finden. Auf der Insel sind viele Ziegen, die auch recht elend sind, obschon besser als die auf der Salzinsel, und außerdem befinden sich viele Esel darauf. Der Gouverneur der Insel kam nebst drei oder vier leidlich gekleideten und mit Degen und Pistolen bewaffneten Personen zu uns an Bord, die anderen dagegen, die ihn bis an das Ufer begleitet hatten, trugen übel zerlumpte Kleider. Der Gouverneur brachte uns jungen Wein, der auf der Insel gewachsen war; der Wein sah blaß aus, schien aber sehr stark zu sein und schmeckte so wie der auf Madeira wachsende. Der Gouverneur sagte uns, daß die Hauptstadt der Insel 14 Meilen von der Bucht, in der wir lagen, sich in einem kleinen Tal befinde und daß er mehr als 100 Familien unter sich hätte, ungerechnet die anderen Einwohner, die in den weiter abgelegenen Tälern verstreut lebten. Sie waren allesamt von schwarzbrauner Hautfarbe, und der Gouverneur war noch der weißeste unter ihnen, obgleich auch er ganz schwarzgelb aussah.

Als wir bei dieser Insel lagen, reinigten wir den Boden unseres Schiffes, gruben auch Brunnen in der Bucht, aus denen wir so viel Wasser nahmen, wie wir brauchten, und fuhren nach Ablauf von fünf oder sechs Tagen nach Mayo weiter, einer anderen

Insel, die auch zu denen von Cap Verde rechnet und die ungefähr 40 Meilen von der anderen nach Osten liegt. In ihrem Nordwesten warfen wir am folgenden Tage Anker und schickten unsere Schaluppe an Land, um Lebensmittel zu kaufen, insbesondere Rinder und Ziegen, mit denen diese Insel besser als die anderen versehen ist. Allein die Einwohner wollten unsere Leute keinen Fuß an Land setzen lassen, weil ungefähr acht Tage zuvor ein englisches Schiff dort gewesen war und unter dem Anschein guter Freundschaft Schiffsleute an Land gesetzt hatte; die hatten sich alsdann des Gouverneurs und einiger anderer Leute bemächtigt, sie an Bord geschleppt und sie gezwungen, zu ihrer Auslösung Vieh vom Lande holen zu lassen, wonach sie dann unter Segel gegangen waren und die Einwohner weggeführt hatten, und niemand wußte, wohin.

Weil uns nun die Einwohner aus Verdruß wegen der Entführung des Gouverneurs und ihrer anderen Landsleute gar keine Eßwaren und andere Dinge, die wir nötig hatten, ablassen wollten, blieben wir nicht lange dort. Wir verließen also diese Inseln und nahmen unseren Weg nach der Küste von Guinea. Nach wenigen Tagen waren wir an der Mündung des Flusses Sherbro, die südlich von Sierra Leone liegt, wo sich auch eine englische Faktorei befindet. Einer von unseren Leuten war in dieser Gegend bekannt und führte uns durch die dortigen Sandbänke, daß wir ankern konnten. Wir lagen noch weit von Sherbro entfernt, so daß ich weder von der Faktorei noch von dem Ort selbst etwas sagen kann, außer daß ich gehört habe, es werde vornehmlich Handel mit einem bestimmten roten Färbeholz getrieben, das in großer Menge dort wächst. Nicht weit von unserem Ankerplatz war eine Stadt der Neger, der natürlichen Bewohner dieser Küste. Zwischen dieser Stadt und der Küste lag ein großer Wald, so daß wir die Stadt nicht sehen konnten. Allein in den drei oder vier Tagen, als wir da waren, gingen wir etliche Male hinein, um uns zu erfrischen, und die Neger kamen auch oft zu uns an Bord und brachten Früchte, Zuckerrohr, Palmwein, Reis, Geflügel und Honig zum Verkauf mit. Sie fürchteten sich nicht vor uns, weil sie die Engländer wegen der Faktorei und des Handels in Guinea schon kannten. Die Stadt schien ziemlich groß zu sein, doch waren die Häuser niedrig und einfach bis auf ein großes mitten in der Stadt, in dem sich die Vornehmsten unter ihnen versammelten und die Fremden empfingen und worin sie auch uns mit Palmwein traktierten. Diese Schwarzen sahen nicht anders aus als andere ihresgleichen. Während wir dort lagen, scheuerten wir unseren Schiffsboden, füllten unsere Gefäße mit Wasser, und als wir noch zwei Ballen Reis für die Reise gekauft hatten, segelten wir etwa in der Mitte November 1683 wieder ab und setzten unsere Fahrt nach der Magellan-Straße fort.

Am 6. Februar 1684 sichteten wir die Le-Maire-Straße, auf welche wir mit einem frischen Nordnordwestwinde sogleich zufuhren. Als wir den Eingang der Meerenge sahen, wendeten wir uns mit Hilfe unseres guten Windes dahin, der auch vier Meilen lang in diesen Eingang anhielt. Darauf bekamen wir eine Windstille, fanden uns aber in einer so starken Strömung, die uns aus der Meerenge gegen Norden trieb, daß wir meinten, unser Schiff müsse sinken. Ich weiß nicht, ob es Ebbe oder Flut war; gewiß ist nur, daß die Wellen so kurz und hoch gingen, als stießen zwei Fluten gegeneinander. Sie stießen auch wirklich von allen Seiten an das Schiff und zerteilten sich bald mitten unter ihm, bald hinten, bald vorn, und das Schiff wurde wie eine Eierschale herumgedreht; zeit meines Lebens habe ich keine so unbeständige und wunderliche Bewegung gesehen.

Gegen 8 Uhr abends brachte uns ein kleiner Westnordwestwind auf den Gedanken, nach Osten zu steuern in dem Vorsatz, um die Staaten-Insel zu segeln; mit Hilfe dieses Windes, der die ganze Nacht hindurch geweht hatte, kamen wir am anderen Morgen an die Ostspitze dieses Eilandes. An dieser sind drei kleine, jedoch sehr hohe Felsen, welche ganz weiß vom Kot der Vögel sind. Wir richteten uns nach der Sonne und gingen weiter nach Süden in der Absicht, uns bei Cap Hoorn, welches den südlichsten Teil von Feuerland bildet, herumzuwenden. Als wir am 14. Februar westlich des gehörnten Vorgebirges waren, bekamen wir einen heftigen Sturm, der bis zum 1. März andauerte. Die ganze Zeit über war es dunkel und regnerisches Wetter. Obwohl der Regen nicht allzu stark war, konnten wir mit dem

Regenwasser 23 Fässer füllen, ohne das, was zum Kochen verbraucht wurde. Am 3. März wandte sich der Wind plötzlich fast ganz nach Süden und blies mit großer Gewalt; bald danach drehte er nach Osten, und wir liefen ins Südmeer (d. h. den Pazifik) ein.

Am 19. morgens sahen wir im Süden ein Schiff mit vollen Segeln hinter uns herkommen. Wir ließen es näherkommen in der Meinung, es sei ein von Valdivia kommendes und nach Lima wollendes Schiff. Wir vermuteten das, weil wir schon nördlich von Valdivia waren und weil um diese Zeit die Schiffe, die dort Handel getrieben haben, wieder nach ihren Häfen zurückzukehren pflegen. Das andere Schiff glaubte dasselbe von uns und beschloß bereits, uns wegzunehmen. Als wir einander aber näherkamen, erkannte man auf beiden Seiten seinen Irrtum, denn es war Kapitän Eaton, der eben, um sich in das Südmeer zu begeben, von London abgesegelt war. Er kam auch zu uns an Bord und erzählte uns, was er an der Küste von Brasilien und auf dem Flusse La Plata ausgerichtet hatte.

An der östlichen Einfahrt der Magellan-Straße hatte er Kapitän Swan angetroffen, der aus England gekommen war, um in dieser Meerenge zu kreuzen. Sie waren zusammen durch die Meerenge gesegelt und durch den schon erwähnten Sturm voneinander getrennt worden. Weil nun Kapitän Eaton genau wie wir nach der Insel Juan Fernandez wollte, blieben wir beieinander. Wir gaben ihm Brot und Rindfleisch ab, und er gab uns Wasser, welches er auf der Fahrt durch die Enge eingenommen hatte.

Am 22. März 1684 bekamen wir die Insel zu Gesicht, und am Tage darauf fuhren wir hinan und warfen in einer Bucht im Süden Anker. Alsbald ließen wir unser Kanu zu Wasser und fuhren an Land, um unseren Moskito-Indianer* zu suchen, den wir anno 1681 dort gelassen hatten, als wir durch die Spanier verjagt worden waren. Dieser Indianer war mehr als drei Jahre ganz allein auf der Insel gewesen, und obwohl die Spanier, welche wußten, daß wir ihn dort gelassen hatten, etliche Male

---

* Moskito-Indianer: an der Moskitoküste am Karibischen Meer beheimateter Indianerstamm.

Robinson gehet zu Schiffe und verleßt die Insul.
auf welcher er über 28 Jahr gewesen.

nach ihm suchten, hatten sie ihn dennoch nicht finden können. Er war im Walde auf der Ziegenjagd gewesen, als damals Kapitän Watling mit seinen Leuten wieder zu Schiffe gegangen war, und als er ans Ufer kam, waren die Schiffe schon unter Segel. Er hatte sein Rohr bei sich, ein Messer, ein kleines Pulverhorn mit Pulver und ein wenig Blei. Als er dieses verschossen hatte, erdachte er ein Mittel, mit seinem Messer den Büchsenlauf in kleine Stücke zu zersägen und Harpunen, Angeln, Spießeisen sowie ein langes Messer daraus zu machen. Mit seinem Flintensteine und einem Stückchen Eisen, das er von den Engländern hatte härten lassen, schlug er Feuer und machte damit die Eisenstücke glühend. Dann schlug er sie mit einem Steine und gab ihnen die Form, die er wollte. Danach zerschnitt er sie mit dem Messer, das er wie eine Säge zugerichtet hatte, schliff sie spitz und gab ihnen den nötigen Härtegrad. Dies wird jemandem, der nicht die Geschicklichkeit der Indianer kennt, wunderlich vorkommen, aber sie tun dies in ihrem Lande insgemein, wo sie ihre Gerätschaften zum Fischfang ohne Esse und Amboß verfertigen, was sie freilich viel Zeit kostet. Andere Indianer, die den Gebrauch des Eisens nicht kennen wie die Moskiten, die es von den Engländern gelernt haben, machen sich Äxte aus einem sehr harten Stein, womit sie auch Bäume abhauen können, aus denen sie hernach Häuser bauen oder Kanus machen. Die Indianer von Patagonien machen ihre Pfeilspitzen aus scharfgemachten oder gar aus ungeschliffenen Steinen; die habe ich gesehen und sehr bewundert.

Kommen wir jedoch wieder auf unseren Moskiten von der Insel Juan Fernandez zu sprechen. Mit den auf die beschriebene Art gemachten Werkzeugen hatte er sich allerhand Lebensmittel, die auf der Insel zu finden sind, auch Ziegen und Fische, verschaffen können. Ehe er sich Angeln gemacht, sagte er, hätte er vom Seekalbe essen müssen, welches eine gar schlechte Speise sei; später aber hätte er sie nur gefangen, um aus ihrer Haut Riemen zu schneiden und Angelschnüre zu machen. Eine halbe Meile von der See hatte er eine kleine Hütte, mit Ziegenfellen überzogen, und seine Bettstatt stand auf Pfosten zwei Fuß über dem Boden und war von ebensolchen Häuten bedeckt. Ein Kleid hatte er nicht, weil dasjenige, das er einmal von Kapitän Watling bekommen, gänzlich abgenutzt war; so trug er um die Lenden bloß ein Stück einfaches Fell.

Unser Schiff hatte er bereits am Tage zuvor gesehen, noch ehe wir landeten, und weil er es mit Sicherheit für ein englisches hielt, hatte er am Morgen, bevor wir ankerten, drei Ziegen getötet und mit Kraut gekocht, um uns bei der Landung zu bewirten. Also kam er jetzt ans Ufer und bewillkommnete uns wegen unserer glücklichen Ankunft. Beim Aussteigen sprang unser indianischer Moskite, Robin genannt, als erster an Land, lief zu seinem Landsmann und warf sich der Länge nach zu seinen Füßen mit dem Angesicht auf die Erde nieder. Dieser hob Robin auf, umfing ihn und fiel seinerseits zu dessen Füßen auf sein Gesicht nieder und wurde von diesem wieder aufgehoben. Wir blieben stehen und sahen mit Lust, wie einer den anderen bei diesem Wiedersehen so hochvergnügte, liebreiche und freudenvolle Bezeigungen spüren ließ. Nachdem sie dies vollbracht hatten, gingen auch wir hinzu, um den Wiedergefundenen zu umfangen, der sehr erfreut war, seine alten Freunde wiederzusehen, die seiner Meinung nach gekommen waren, weil sie nach ihm suchten. Er hieß Will wie der andere Robin, welche Namen ihnen beiden die Engländer gegeben hatten, denn unter sich haben sie keine Namen und sehen es für eine große Gewogenheit an, wenn ihnen jemand von uns, solange sie bei uns sind, einen solchen gibt. Wenn man es nicht tut, beklagen sie sich und sagen, sie seien elende Leute, die keinen Namen hätten.

Die Insel hat zwölf Meilen im Umfange und ist voll hoher Berge und kleiner annehmlicher Täler, die vermutlich alles hervorbringen würden, was die dortige Bodenart hervorbringen kann, wenn man das Land bebauen würde. An den Abhängen der Berge sind zum Teil Savannen oder Viehweiden, zum Teil Buschwerk. Auf diesen Weiden wächst eine Art dicken Grases, das fast das ganze Jahr über grünt. Die Savannen sind voll großer Ziegenherden, von denen die im Norden der Insel nicht so fett sind wie diejenigen im Süden. Obwohl überall genügend Gras ist und jedes Tal Wasser die Menge hat, gedeihen die Ziegen doch im Norden nicht so gut wie im Süden, wo weniger

Nahrung zu finden ist. Der südliche Teil der Insel ist ein ebenes Hochland ohne ein einziges Tal. Die Ziegen hatte Juan Fernandez, der Entdecker der Insel, hingebracht, als er von Valdivia nach Lima segelte. Er hatte damals noch eine andere Insel von etwa gleicher Größe, 20 Meilen westlich von dieser, entdeckt. Von diesen ersten Ziegen, die Juan Fernandez auf der nach ihm benannten Insel hinterlassen hat, stammen alle jetzt dort lebenden ab. Als Fernandez nach Lima zurückkam, verlangte er, daß man die von ihm entdeckte Insel ihm durch ein öffentliches Patent zueignete, weil er beabsichtigte, sich dort niederzulassen. Das erbetene Patent hat er jedoch nicht erhalten, und daher kommt es, daß die Insel unbewohnt geblieben ist, obgleich unstreitig die Insel durch die Lebensmittel, die darauf erzeugt werden könnten, 400 bis 500 Familien zu ernähren vermöchte.

Die See rings um die Insel ist nicht minder fruchtbar als die Erde, denn um die besagte Insel herum hält sich eine unbeschreibliche Menge von Seekälbern auf, daß es so aussieht, als sei dies der einzige Ort in der Welt, wo sie leben können. Es gibt wahrhaftig keine Bucht und keinen Felsen dort, wo man einen Fuß hinsetzen kann, weil alles voll dieser Tiere ist. Es finden sich dort auch große Herden von Seelöwen und nicht weniger andere Fische, so daß zwei Fischer in zwei Stunden, jeder mit einer Angel, soviel fangen können, wie hundert Personen essen mögen.

Obschon die Seekälber nicht unbekannt sind, so wird sich eine Beschreibung von ihnen an dieser Stelle nicht übel schicken. Sie sind so groß wie unsere gewöhnlichen Kälber, haben aber einen Kopf wie ein Hund, weswegen die Holländer sie auch Seehunde nennen. Auf jeder Seite haben sie große lange Flossen, welche ihnen auch zum Gehen dienen, denn wenn sie sich damit vorne erheben oder sozusagen aufhüpfen und das Hinterteil ihres Leibes nach sich ziehen und diese Bewegung öfters wiederholen, können sie solchergestalt auf der Erde hin und her gehen. Von den Schultern auf den Schwanz zu wird ihr Leib immer schmaler wie bei anderen Fischen, und am Hintersten haben sie wieder zwei Flossen. Diese dienen ihnen im Wasser anstatt eines Schwanzes und auf dem Lande anstatt einer Sitzfläche, wenn sie ihre Jungen saugen lassen. Ihr Haar ist von vielerlei Farben, schwarz, grau, braun, gesprenkelt und sieht überall glatt und schön aus, wenn es aus dem Wasser kommt; insbesonders haben die Tiere auf Juan Fernandez ein so feines, dickes und kurzhaariges Fell, wie ich sonst nirgendwo dergleichen gesehen. Um diese Insel sind sie stets zu Tausenden – ich möchte wohl sagen: zu Millionen –, die entweder in den Buchten liegen oder in der See hin und her schwimmen. Ein oder zwei Meilen vom Lande sieht man die Insel von diesen Tieren ganz bedeckt, die entweder oben auf dem Wasser spielen oder auf der Erde in der Sonne liegen. Wenn sie sich aus der See begeben, rufen sie ihre Jungen durch ein Blöken wie die Schafe, und obgleich sie an unzählig viel anderen Jungen vorbei müssen, ehe sie zu den ihrigen kommen, lassen sie doch keine anderen als nur ihre eigenen saugen. Diese Jungen gleichen fast den jungen Hunden und sind gern auf dem Lande; wenn sie aber geschlagen werden, laufen sie mit den Alten der See zu und können sehr geschwinde und hurtig schwimmen, obwohl sie auf dem Lande ganz faul und langsam sind und nicht aus dem Wege gehen, bis sie geschlagen werden. Sie springen auch auf diejenigen zu, die sie schlagen, jedoch ein einziger Schlag auf die Nase tötet sie sofort. Mit ihren Häuten und ihrem Fett, wovon sie ungemein viel haben, kann man ganze Schiffe beladen.

Der Seelöwe ist ein großes Tier, zwölf bis vierzehn Fuß lang und höchstens so dick wie ein Ochse; er sieht sonst dem Seekalb ähnlich, ist jedoch wohl sechsmal so dick. Sein Kopf ist wie ein Löwenkopf gestaltet, mit einem breiten Gesicht, und hat um das Maul herum Haare von unterschiedlicher Länge wie eine Katze. Die Augen sind so groß wie bei einem Ochsen, die Zähne wohl drei Zoll lang und ungefähr so dick wie ein Mannesdaumen; als ich unter Kapitän Sharp diente, machten unsere Leute Würfel daraus. An Farbe sind sie braun und gar ungemein fett, so daß man aus einem zerschnittenen und ausgekochten Seelöwen eine ganze Tonne Öl sieden kann, welches überaus süß und gut zum Backen ist. Das magere Fleisch ist schwarz, unverdaulich und von üblem Geschmack. Der Seelöwe bleibt wohl acht Tage an Land, wenn er nicht verjagt wird. Wenn ihrer drei, vier oder mehr an Land kommen, legen sie sich auf einen Haufen wie die Schweine, grunzen auch genau so und machen ein schreckliches Getöse. Sie fressen Fische, und ich glaube, daß dies ihre ordentliche Nahrung ist.

Wir blieben 16 Tage auf dieser Insel. Unsere Kranken waren die ganze Zeit über an Land, nebst einem Arzt von Kapitän Eaton. Der kurierte sie und gab ihnen nur Ziegenfleisch und allerhand Kräuter zu essen, die man an den Bächen häufig findet. Ihre schlimmste Krankheit war der Skorbut *.

Am 8. April 1684 gingen wir mit Südostwind von der Insel Juan Fernandez wieder unter Segel. Es waren unser zwei Schiffe beisammen, deren eines, worauf ich war, Kapitän Cook kommandierte, der aber auf der Insel krank geworden war und kurz hernach sterben sollte; der Kommandeur des anderen war Kapitän Eaton. Nunmehr kamen wir auf die eigentlich sogenannte Pazifische See oder den Stillen Ozean. So still diese See ist, wirft sie doch nichtsdestoweniger zur Zeit des neuen und des Vollmondes hohe, große und lange Wellen auf. Diese sind aber so beschaffen, daß sie sich nicht in See, sondern erst am Ufer aneinander zerstoßen; daher ist es sehr schwer auszusteigen, sonst aber hat man sie nicht zu fürchten. Unsere beste Fahrt auf diesem Meere führte uns bis auf 24 Grad südlicher Breite, allwo wir stets am festen Rande des südamerikanischen Festlandes entlangfuhren. Dieser ganze Strich Landes sowohl von Chile als von Peru ist unvergleichlich hoch. Weil wir von den dort wohnenden Spaniern nicht gesehen werden wollten, mußten wir uns zwölf bis vierzehn Meilen vom Lande abhalten. Entlang der Küste ziehen sich die höchsten Berge, die ich jemals gesehen habe. Wenn man auf See ist, sehen sie blau aus; manchmal sind sie auch von Wolken bedeckt, aber nicht so oft wie die hochgelegenen Orte in anderen Teilen der Welt, denn hier regnet es nur sehr selten oder niemals, und deshalb gibt es hier auch keinen Nebel. Man nennt diese Gebirge insgemein die Anden oder Sierra Nevada des Andes. Vielleicht ist die übergroße Höhe dieser Berge die Ursache dafür, daß kein rechtschaffener Fluß in dieses Meer läuft.

* Skorbut: früher häufig auf langen Schiffsreisen auftretende Vitaminmangelkrankheit.

Auf dem weiteren Wege verloren wir die Küste nicht aus der Sicht, wiewohl wir ziemlich weit von ihr entfernt waren. Am 9. Mai kamen wir nach Lobos, welches fünf Meilen vom festen Lande liegt. Dieses Lobos besteht aus zwei kleinen Inseln, jede ungefähr eine Meile im Umfang. Sie sind verhältnismäßig hoch und durch einen kleinen Wasserlauf geteilt, in den nur Barken hineinkönnen. An der Westseite nach Norden zu ist eine kleine Bucht, in der man vor den Winden sicher liegen und die Schiffe ausbessern kann. Die Insel selber ist teils steinig, teils sandig, von unfruchtbarem Boden; es gibt dort weder Süßwasser noch Bäume, auch kein Gras und keine Landtiere, nur Seekälber und Seelöwen kommen da hinauf.

Wir planten ein Unternehmen auf unterschiedliche Städte an der Küste wie Guyaquil, Zana, Trujillo und andere mehr. Endlich aber beschlossen wir, Trujillo anzugreifen, welches die reichste Stadt war und wo wir allem Vermuten nach die größte Beute würden machen können, wiewohl uns die Schwierigkeiten dabei nicht unbekannt waren, weil es eine sehr volkreiche Stadt war. Die größte Schwierigkeit war aber, einen geeigneten Landeplatz zu finden, denn Guanchaco, der Trujillo nächstgelegene Hafen, ist zwar nur sechs Meilen davon entfernt, aber sehr ungünstig zum Aussteigen, da selbst die dort lebenden Fischer drei oder vier Tage brauchen, ehe sie herauskommen können. Dessen ungeachtet hielten wir am 17. Mai nachmittags Musterung über unsere Leute, ob auch ihr Gewehr in gutem Stande wäre. Außer den Kranken zählte das Schiffsvolk 108 Mann, die dienen konnten, und so rüsteten wir uns, unter Segel zu gehen. Die Ankunft dreier spanischer Fahrzeuge aber, deren wir uns mit wenigem Widerstand bemächtigten, ließ uns unseren Entschluß ändern. Wir vernahmen von den Gefangenen, die Einwohner von Trujillo hätten bereits die Waffen ergriffen und seien dabei, in Guanchaco ein Fort zu bauen. Diese Nachricht schreckte uns von unserem Vorhaben ab, und wir nahmen uns vor, mit den erbeuteten Schiffen Lobos zu verlassen.

Am 19. gegen Abend gingen wir von Lobos ab und Kapitän Eaton mit uns, in der Absicht, die Breite der Galapagos-Inseln zu gewinnen und dann nach Westen zu steuern. Da wir die

Entfernung dieser Eilande nicht genau wußten, konnten wir uns auch auf dem Hinwege nach nichts richten. Am letzten Tage des Monats Mai bekamen wir die Inseln zuerst zu Gesicht. Gegen Abend ankerten wir an der Ostseite einer der östlichsten Inseln, eine Meile vor der Küste, in zehn Faden Wasser auf klarem, sandigen Grund. Die Galapagos-Inseln bilden eine Gruppe verschiedener, zu beiden Seiten des Äquators liegender Eilande von weiter Ausdehnung. Die meisten von ihnen sind eben und ziemlich hoch, einige der östlichen schienen unfruchtbar zu sein oder brachten nichts anderes als Dildo hervor. Dies ist ein grüner, sehr stachlicher Strauch von ungefähr zehn bis zwölf Fuß Höhe, der weder Blätter noch Früchte trägt. Von unten bis oben ist er so dick wie ein menschliches Bein. Seine Stacheln sind strahlenweise angeordnet und sitzen sehr dicht beisammen; er ist zu nichts nutze, nicht einmal als Brennmaterial taugt er. Auf den größten dieser Inseln sind große, breite Flüsse und auf den kleineren Bäche mit gutem Wasser. Als die Spanier die Inseln entdeckten, fanden sie sehr viele Guanos und Erdschildkröten darauf. Ich glaube, daß man nirgends auf der Erde mehr solcher Tiere beisammen findet als hier. Die Guanos sind so fett und groß, wie ich sie mein Lebtag nicht gesehen, und auch so zahm, daß ein Mann mit einem Stecken in einer Stunde wohl ihrer zwanzig erschlagen kann. Auch die Erdschildkröten gibt es in solcher Menge, daß 500 oder 600 Menschen sich davon viele Monate lang ohne alle anderen Lebensmittel erhalten könnten. Sie sind gar sonderlich groß und fett und so köstlich, daß kein junges Huhn besser schmecken kann. Die größten wiegen 150 bis 200 Pfund, und es sind welche darunter, die über den Bauch gemessen zwei Fuß oder gar noch sechs Zoll darüber breit sind.

Zwischen den Inseln gibt es gute und breite Durchfahrten, durch welche die Schiffe leicht kommen können. Es gibt auch Stellen mit niedrigem Wasserstande, wo viel Gras für die Schildkröten wächst. Auf den Inseln wimmelt es von der Art Schildkröten, die man grüne nennt, weil sie eine grünere, sehr dünne und durchsichtigere Schale als die anderen Arten haben. Die Wolken oder Flecken daran sind viel schöner als die der anderen: ihrer Zartheit halber kann man sie auch nur zu Einlegearbeiten gebrauchen. Sie sind die wohlschmeckendsten unter den Schildkrötenarten. Die grünen Schildkröten leben von einem Kraute, das auf drei bis sechs Klafter tief in der See wächst. Die Schildkröten von den Galapagos-Inseln sind eine Art halbgrüner; ihre Schale ist dicker als die der anderen westindischen grünen Schildkröten, und ihr Fleisch ist auch nicht so süß. An diesen Tieren ist wunderbar und merkwürdig, daß sie zu der Zeit, da sie Eier legen wollen, auf zwei oder drei Monate den Ort ihres Aufenthaltes verlassen und sich anderswohin begeben, bloß um zu legen. Man nimmt an, daß sie diese Zeit über nichts fressen, so daß sie sehr mager werden. Die hauptsächlichen Orte, wohin sie zum Legen gehen, sind, wie ich gehört habe, in Westindien eine Insel namens Caiman und im westlichen Ozean die Insel Ascension *; sobald sie dann gelegt haben, gehen sie alle wieder fort. Diejenigen, die nach Ascension oder der Himmelfahrtsinsel gehen, müssen einen sehr weiten Weg zurücklegen, denn das nächste Land ist 300 Meilen weit entfernt, und obendrein halten sich die Tiere am liebsten ans Ufer. Auf Galapagos halten sie sich den größten Teil des Jahres hindurch auf; wenn sie aber legen wollen, schwimmen sie dennoch an Land, das zum wenigsten 100 Meilen davon entlegen ist. Während ihrer Reise haben sie schrecklich viele Fische zu Gefährten, dergestalt, daß an jenen Orten, von welchen die Schildkröten sich fortbegeben, zur selbigen Zeit gar keine Fische zu finden sind. Wenn nun das Weiblein sich an den Ort hinbegibt, wo es legen will, so begleitet es das Männlein und verläßt es auch nicht, bis sie wieder zurückkommen. Bei Antritt der Reise sind beide fett; das Männlein wird vor der Wiederkunft so mager, daß es nicht zu essen ist, während das Weiblein stets gut bleibt, wiewohl etwas magerer als zu Anfang der Legezeit. Man sagt, daß diese Tiere der Fortpflanzung ihres Geschlechts im Wasser obliegen und daß das Männlein neun Tage auf dem Weiblein sitzt, auch nicht leicht herunterzubringen ist. Ich habe ihrer in dieser Positur gefangen, und auch ein nicht sonderlich geübter Fischer kann sie alsdann beide aufspießen, dieweil das Männ-

* Ascension: Himmelfahrtsinsel im südlichen Teil des Atlantischen Ozeans gelegen.

chen gar nicht scheu ist; und obgleich das Weiblein, wenn es über das Wasser fährt, um Luft zu schöpfen, und dabei ein Kanu gewahrt, zu entwischen sich bemüht, so wird es doch vom Männlein mit seinen beiden Vorderfüßen festgehalten und kann nicht fort. Wenn sie beide so aufeinander sind, ist es das beste, das Weiblein zuerst mit dem Eisen zu werfen, da man alsdann des Männleins schon sicher ist. Die Schildkröten sollen sehr lange leben, und die Fischer auf Jamaica sagen, daß sie sehr lange Zeit brauchen, ehe sie ihre rechte Größe bekommen.

Wir waren nur einen einzigen Tag auf einer von diesen Inseln, ließen es uns bei den Land- und Seeschildkröten gar wohl sein und stachen des Morgens wieder in See. Hernach ankerten wir bei dem Eiland, welches eigentlich Galapagos heißt und allen anderen Inseln seinen Namen gibt. Es ist steinig und unfruchtbar, und man kann dort nur an einer einzigen Stelle Anker werfen. Sobald das geschehen war, spannten wir an Land für unseren kranken Kapitän Cook ein Zelt auf. Wir fanden auf dem Sande Seeschildkröten, was sonst in Westindien ungewöhnlich ist, und legten sie auf den Rücken, damit sie uns nicht wieder entkommen sollten. Am folgenden Tage aber kamen ihrer mehr; also bemühten wir uns nicht mehr, sie umzukehren, sondern schickten nur unseren Koch alle Morgen aufs Land, der ihrer dann soviel fing, als wir für den Tag bedurften. Das geschah die ganze Zeit hindurch, die wir da waren, und weil sowohl Land- als Seeschildkröten in großer Zahl vorhanden waren, aßen wir bald von diesen, bald von jenen. Als Kapitän David ein zweitesmal hierher kam, traf er eine so ungeheure Menge Landschildkröten an, daß er und seine Leute die ganzen drei Monate lang, die sie dagewesen, nichts anderes gegessen haben. Die Tiere sind so fett gewesen, daß man das Öl von denen, die man verzehrt, aufgehoben und hernach auf der Rückreise statt Butter zu den Mehlklößen gegessen hat. Es gibt ferner reichlich Salz auf den Galapagos. Wir blieben nur zwölf Tage dort und brachten in dieser Zeit 5000 Ballen Mehl an Land und in ein Magazin, um uns desselben in einem Notfall bedienen zu können.

Hier sagte uns einer von unseren gefangenen Indianern, er

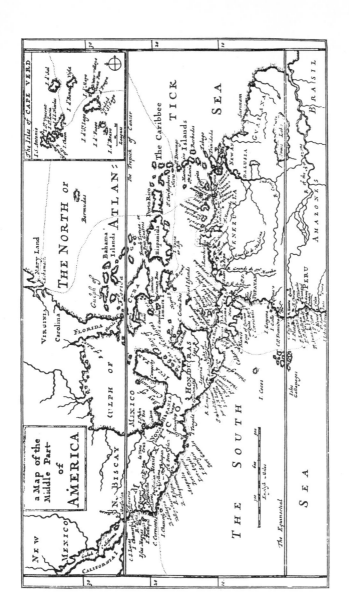

sei von Realejo gebürtig und bereit, uns hinzuführen. Die Nachrichten, die er auf weiteres Befragen von der Lage und dem Reichtum des Ortes gab, fielen zu unserem Vergnügen aus, und so wurde beschlossen, daß wir unter seiner Anführung einen Streifzug dorthin tun wollten. So gingen wir am 12. Juni wieder unter Segel mit dem Vorsatz, die Kokosinsel zu berühren, wo uns der große Überfluß dieser Früchte eine angenehme Erfrischung versprach. Die Winde waren uns jedoch so ungünstig, daß wir am Ende verzweifelten, die Kokosinsel zu finden, und mittlerweile waren wir auch zu weit nach Norden geraten, als daß wir dort noch hätten landen können. Des weiteren hatten wir uns aber über das Wetter nicht zu beschweren, bis wir zu Anfang Juli das Cap Blanco an der mexicanischen Festlandküste zu Gesicht bekamen. Es hat seinen Namen von zwei weißen Felsen, die man von weitem sieht und die ein Stück desselben auszumachen scheinen. Wenn man aber näher kommt, könnte man sie für zwei Schiffe unter vollen Segeln halten; aus noch größerer Nähe aber sehen sie wie zwei hohe Türme aus, die eine halbe Meile von dem Vorgebirge entfernt sind.

Kapitän Cook, der auf Juan Fernandez krank geworden, war es seither geblieben, und zwei oder drei Meilen von Cap Blanco starb er plötzlich. Vier Stunden nach seinem Tode warfen wir, nämlich das Schiff, worauf ich war, Kapitän Eaton und unser Beuteschiff, eine Meile landeinwärts vom Kap Anker und brachten den Leichnam an Land, um ihn zu begraben. Ehe nun die Leiche eingescharrt war, kamen drei spanische Indianer dahin, wo die unsrigen das Grab machten, und fragten sie, wer sie wären und woher sie kämen. Unsere Leute antworteten ihnen, sie kämen von Lima und wollten nach Realejo, weil aber einer von ihren Schiffskapitänen auf See gestorben, wären sie genötigt worden, an Land zu treten, um ihn auf christliche Art und Weise zu begraben. Wenn auch die Indianer anfänglich furchtsam zu sein schienen, so fingen sie nun an, kühner zu werden, kamen näher heran und taten allerhand lächerliche Fragen, die ihnen die unsrigen beantworteten, indem sie mancherlei Märlein hinzusetzten, um die Indianer desto besser an sich zu locken, bis sie alle drei auf einmal ergreifen konnten. Einer entkam ihnen zwar, die beiden anderen aber wurden auf unser Schiff gebracht. Kapitän Eaton kam alsobald zu uns an Bord und examinierte sie, worauf sie bekannten, sie seien eben deswegen gekommen, um unser Schiff in Augenschein zu nehmen und womöglich auszuspähen, wer wir wären. Der Präsident von Panama nämlich hätte vor kurzem nach Nicoya geschrieben und der Obrigkeit allda zu wissen getan, daß sich Feinde in der dortigen See befänden, weswegen sie sich in acht nehmen sollten. Dieses Nicoya ist eine kleine, von Mulatten bewohnte, am Ufer eines gleichnamigen Flusses gelegene Stadt. Nach diesem Berichte sagten sie, wenn wir Lebensmittel benötigten, so sei ungefähr drei Meilen von dort ein Vorwerk voller Ochsen und Kühe, deren wir soviel töten könnten, wie wir wollten. Diese Nachricht war uns trefflich lieb, denn seit unserer Abreise von den Galapagos hatten wir kein Fleisch mehr gehabt. Also schickten wir 24 von unseren Leuten mit einem der spanischen Indianer als Wegweiser vorab, zogen unsere Schaluppen aufs Trockene und folgten unserem Anführer, der uns bald an Häuser und einen großen Viehgarten brachte, worin eine große Anzahl Ochsen und fette Kühe weideten.

Einige von uns wollten, man sollte ihrer drei oder vier schießen und an Bord bringen; andere sagten, es wäre besser, die Nacht über dazubleiben, am Morgen aber das Vieh in den Garten zu treiben und, soviel man wolle, davon zu schießen. Ich dagegen war dafür, zu den Schiffen zurückzukehren, und ich bemühte mich, die anderen dazu zu überreden, jedoch wollten sie zum Teil nicht. Also machte ich mich mit zwölf Mann, der Hälfte von uns, auf den Rückweg und ließ die übrigen an Land. Am anderen Tag erwarteten wir unsere an Land gelassenen Gesellen, allein es kam niemand. Am Nachmittag schickten wir zehn Mann in unserem Kanu aus, nach den anderen zu sehen. Sie trafen sie in der Bucht, wo wir an Land gegangen waren, alle auf einer Klippe eine halbe Meile vom Lande, wo sie bis an den Gürtel im Wasser saßen. Sie hatten in einem Hause geschlafen und waren des Morgens früh herausgegangen, um das Vieh in den Garten zu jagen. Wie sie nun so zerstreut gewesen, waren sie von 40 bis 50 bewaffneten Spaniern angefallen worden, und wie sie sich nach ihrer Schaluppe aufgemacht hatten, die sie in der Bucht auf dem Trockenen gelassen, fanden sie diese in hellen Flammen. Sie wußten nun nicht, wie sie wieder auf das Schiff kommen sollten, bis einer der Unsrigen in der halben Flut ein gut Stück vom Lande eine Klippe erblickte, die ein wenig sich über dem Wasser sehen ließ; wenn sie diese erreichen könnten, so würde es eine gute Festung für sie sein. Nach Betrachtung des Ortes und der Gefahr, in der sie sich befanden, schlugen sie vor, den Längsten unter ihnen zur Erkundung auf die Klippe zu schicken. Das geschah, und danach machten sie sich auf die gedachte Klippe, die ganz trocken war, als sie sich dorthin begaben. Dann jedoch stieg die Flut wieder, und wäre unser Kanu nur eine Stunde später gekommen, so hätten sie in großer Lebensgefahr geschwebt, zumal auch die Spanier nur darauf warteten, sie würden mit der Flut, die nicht lange mehr ausbleiben konnte, weggetrieben werden. Unser Kanu kam endlich noch vor Einbruch der Nacht wieder an Bord und brachte alle unsere Leute in guter Gesundheit zurück.

Am 19. Juli wurde mit einhelliger Zustimmung Edward David, der bisherige Schiffsquartiermeister, zum Kapitän gemacht, was ihm als dem nächstfolgenden Offizier auch billigerweise zustand. Am 20. Juli machten wir uns mit Kapitän Eaton und unserer Prise auf den Weg nach Realejo. Wegen eines darauf befindlichen brennenden Berges, welchen die Spanier Volcan Vejo oder Alten Vulkan nennen, ist Realejo das merkwürdigste Land in diesem Küstenstrich. Der Vulkan ist leicht zu erkennen, weil entlang der ganzen Küste kein anderer so hoher oder so gestalteter Berg zu finden ist; überdies raucht er den ganzen Tag und wirft in der Nacht zuweilen gar Flammen aus. Man sieht ihn schon aus 20 Meilen Entfernung. Als wir nun den Feuerberg zu Gesicht bekamen und noch etwa sieben oder acht Meilen vom Land waren, ließen wir unsere Marssegel fallen, um des Nachts mit unseren Kanus in den Hafen einzufahren. Ein sehr heftiger Sturmwirbel aus Nordosten nebst Donner, Blitz und starkem Regen, sowie einige Nachrichten, die uns befürchten ließen, wir würden unsere beizeiten gewarnten Feinde in gar zu gutem Stande finden, ließen uns unseren anfänglichen Entschluß widerrufen und die Ausführung des Anschlages auf eine andere, günstigere Zeit verschieben.

Stattdessen beschlossen wir nunmehr, unseren Weg nach dem Golf von Amapalla zu nehmen, um daselbst unsere Schiffe auszubessern. Dies ist ein großer Arm des Meeres, der sich acht bis zehn Meilen weit ins Land hinein erstreckt. In der Einfahrt in den Meerbusen liegen zwei beträchtliche Inseln, zwei Meilen voneinander, deren südliche Mangera und die andere Amapalla heißt. Die letztere ist die größere, auf ihr sind zwei Städte gelegen. Die gegen Osten gelegene ist nicht weiter als eine Meile vom Meer auf dem Gipfel eines Berges erbaut. Der Weg hinauf ist so steil und voller Steine, daß wenige Leute einem großen Haufen Volks ohne Mühe das Aufsteigen verwehren können. Mitten in der Stadt ist eine schöne Kirche, wobei ich anzumerken habe, daß in allen Städten der Indianer, die unter spanischer Herrschaft stehen, die Bilder der Jungfrau Maria und anderer Heiliger, deren ihre Kirchen ganz voll sind, auf indianische Manier gemalt und zum Teil auch gekleidet sind; wogegen in den Städten, wo die meisten Einwohner Spanier sind, diese Bilder auch auf spanische Weise gemalt werden. Die Häuser allda sind nicht viel wert; an beiden Orten aber bauen sie ziemlich viel Mais an und haben um ihre Häuser herum viel große wilde Pflaumenbäume. Auch haben die Indianer etwas Geflügel. Es ist kein Spanier unter ihnen außer einem Pater oder Priester, der alle drei Städte, nämlich die zwei auf Amapalla und die auf Mangera, versorgt. Die Indianer sind ganz arm und zahlen dem Gouverneur der Stadt S. Michael, dem sie untertan sind, ihren Tribut in Mais oder Korn. Sie haben nichts, woraus sie Geld lösen könnten, als ihren Mais und ihr Geflügel, und auch hiervon erhält der Pater oder Mönch noch den Zehnten. Er weiß genau alles, was jeder Einzelne besitzt, und unterstünde sich keiner, ohne seine Erlaubnis ein Huhn zu schlachten, wenn er auch krank wäre! Dieser Mönch ist der einzige Weiße auf diesen Inseln; er muß, wie alle anderen Mönche, die unter den Indianern wohnen, deren Sprache reden können. Unter den Indianern dieser Inseln war nur ein einziger, der spanisch reden konnte; er schrieb es auch, denn er war dazu erzogen, die Register und Rechnungen zu führen. Auch gab es noch einen Kaziken, was unter den Indianern eine obrigkeitliche Person von niederem Rang ist; doch konnte dieser Spanisch weder lesen noch reden.

Mit zwei Kanus wollte Kapitän David nun versuchen, Gefangene zu bekommen und Kundschaft zu erlangen, ehe unsere Schiffe in den Hafen einliefen. In der ersten Nacht kam er nach Mangera, wußte aber in Ermangelung eines Führers nicht, auf welcher Seite sich die Stadt befand. Morgens fand er in der Bucht einen Haufen Kanus und einen kleinen Weg, der ihn mit seinen Leuten zur Stadt führte. Abends vorher hatten die Indianer gesehen, daß sich unsere Schiffe der Insel näherten, und weil ihnen die Nachricht, daß Feinde in der See wären, schon zugekommen war, so ließen sie die ganze Nacht Wache halten. Wie nun die Schildwachen Kapitän David ankommen sahen, flohen sie in die Stadt und schlugen Alarm, so daß bei Davids Ankunft alles Volk in die Wälder gelaufen war. Jedoch geriet der Mönch nebst zwei indianischen Knaben, die bei ihm waren, Kapitän David in die Hände. Weil er ja nur einige Leute gefangennehmen wollte, hatte er an dem Mönche schon genug. Er schiffte mit ihm hinüber nach Amapalla, und die Gefangenen mußten ihm den Ort zeigen, wo man landen konnte. Als er gegen Mittag dort ankam, ließ er nur einige Mann zur Bewachung der Kanus zurück und marschierte mit seinem übrigen Volk und dem Mönch nach der Stadt. Auf dem schon geschilderten Berggipfel nun standen die Indianer und erwarteten den Kapitän. Der schon gedachte indianische Secretarius, der des Spanischen mächtig war, war den Spaniern gar nicht gut gesonnen und hatte die Indianer überredet, vor dem Kapitän nicht in die Wälder zu fliehen, indem er sagte, wenn der Spanier Feinde kämen, so müßte man nicht diesen, sondern den Spaniern, welche die Indianer zu Sklaven gemacht, Leid antun; im übrigen wären sie allein ihrer Armut halber sicher genug. Er rief Kapitän David auf spanisch zu, wer sie wären und woher sie kämen. Dieser antwortete ihnen, sie wären Basken und hätten vom König von Spanien Befehl, diese See von Feinden zu säubern; sie wären in den Golf gekommen, um ihre Schiffe auszubessern, vorher jedoch wollten sie einen bequemen Ort aussuchen und die Indianer um ihre Hilfe ansprechen. Der Secretarius hieß sie darauf willkommen und sagte, er halte die Spanier wert und insbesondere die Basken, von welchen er viel Gutes gehört hätte, und bat sie, doch in die Stadt zu kommen. Nach mancherlei Freundschaftbezeugungen gingen sie alle miteinander nach der Kirche, denn das ist der Ort, wo alle öffentlichen Zusammenkünfte und nicht weniger alle Freudenspiele und Lustbarkeiten abgehalten werden. Daher kommt es auch, daß in allen Kirchen der indianischen Städte allerhand Arten von Maskerade- und anderen seltsamen Mannes- und Weiberkleidern sowie vielerlei Musikinstrumente zu finden sind, vor allem aber eines, welches sie Strumstrum nennen. Dieses hat einige Ähnlichkeit mit der Zither; es wird aus einem großen, mitten auseinandergeschnittenen Kürbis gemacht, worüber ein dünnes Brett angebunden wird, über den Bauch des Instruments werden Saiten gezogen. Die Nächte vor und nach ihren Festtagen sind für ihre Lustbarkeiten bestimmt, die darin bestehen, daß sie singen und tanzen, in den altväterischen Kleidern allerhand Narrenpossen treiben und seltsame Posituren machen. Wenn der Mond scheint, haben sie nur wenige, wenn aber nicht, dann sehr viele Fackeln in der Kirche; zu diesen Versammlungen dürfen sowohl Manns- als Weibspersonen kommen.

Alle Indianer, die ich unter spanischer Botmäßigkeit gekannt habe, sind mir melancholischer vorgekommen als andere, die frei sind, und sollten sie sich auch bei diesen Versammlungen in der höchsten Freude befinden, so ist mir doch diese Freude nur als etwas Gezwungenes und nichts Rechtschaffenes erschienen. Ihre Lieder klingen ganz melancholisch und betrübt wie auch ihre Musik selber; ob nun dieses traurige Wesen ihrer angeborenen Art zuzuschreiben sei oder ihrer Sklaverei, kann ich nicht mit Gewißheit sagen, möchte aber dennoch fast glauben, daß sie sich nur versammeln, um ihr Unglück und den Verlust ihres Landes und ihrer Freiheit zu beweinen. Denn wenn auch die jetzt Lebenden nicht wissen, was die Freiheit ist, da sie sich nicht erinnern können, je in diesem Stande gelebt zu haben, so scheint mir doch, daß die Knechtschaft, welche ihnen die Spanier aufgebürdet, ihnen tief zu Herzen gehe und diese Empfindlichkeit vermutlich auch sehr vermehrt werde, wenn sie von ihrer früheren Freiheit reden hören.

Nach dieser notwendigen Abschweifung laßt uns wieder zu unserer Erzählung kommen. Kapitän David hatte vor, die Indianer alle in der Kirche einzuschließen, ihnen alsdann zu sagen, wer er sei, und sie in der Folge durch gute Worte zu bereden, sie möchten uns Beistand leisten. Der Mönch war bei ihm und hatte ihm sein Bestes versprochen, die Indianer dafür zu gewinnen. Ehe sie aber alle in der Kirche waren, stieß einer von des Kapitäns Leuten einen der Indianer, auf daß er um so schneller in die Kirche gehen sollte; dieser ergriff alsobald die Flucht, und die anderen wurden dadurch so schüchtern, daß sie wie eine Herde furchtsamer Rehe aus der Kirche liefen. Kapitän David, der von alldem nichts wußte, blieb mit dem Mönche allein in der Kirche; als sie aber alle heraus waren, gaben er und seine Leute Feuer und erschossen den Secretarius. Also fiel unsere Hoffnung wegen der Unvorsichtigkeit eines einzigen Kerls in den Brunnen. Nach alledem bleibt noch zu sagen, daß, als wir unsere Schiffe gekalfatert und uns mit Wasser versehen hatten, die Kapitäne David und Eaton sich voneinander trennten. Eaton nahm 400 Ballen Mehl und segelte am 2. September aus dem Golf ab.

Am 3. September 1684 setzten wir den Mönch, den wir an Bord genommen hatten, wieder an Land und überließen den Indianern das erbeutete Schiff, das wir mitgeführt hatten, wiewohl es noch halb voll Mehl war. Wir gingen mit einem Landwinde unter Segel und passierten zwischen Amapalla und Mangera hindurch.

Nach mancherlei Kreuzfahrten vor der Küste und nach etlichen vom Glück nicht begünstigten Raubzügen beschlossen die Engländer, denen sich inzwischen Kapitän Swan mit einem Schiff voll englischer Kaufmannsgüter und Kapitän Harris, der unter Swans Oberbefehl eine kleine Barke kommandierte, hinzugesellt hatten, die Stadt Guayaquil anzugreifen.

Nachdem wir am 28. November unseren Schiffsboden gesäubert hatten, gingen wir am folgenden Tage unter Segel und richteten unsere Fahrt geradenwegs nach der Bucht von Guayaquil. Die in dieser Bucht liegende Insel Puna ist ziemlich groß, jedoch eben und niedrig. Auf ihr liegt nur eine von Indianern bewohnte Stadt, welche denselben Namen wie die Insel trägt. Die Einwohner sind sämtlich Schiffsleute und die einzigen Piloten auf dieser See und insbesondere auf dem Flusse Guayaquil. Auf Befehl der Spanier müssen sie fleißig Wache halten, wenn an Punta Arena oder der Sandecke, wie die westlichste Spitze der Insel heißt, Schiffe zum Ankern ankommen. Der Ort, wo sie Wache halten, ist eine Landspitze der Insel, welche sich in die See hinausstreckt, wo sie von allen Schiffen gesehen werden kann. Die Stadt Puna besteht aus ungefähr 20 Häusern und einer kleinen Kirche. Die Häuser sind auf Pfähle gebaut, zehn bis zwölf Fuß hoch über der Erde, und man steigt auf Leitern hinauf, die von außen angelegt werden; dergleichen Gebäude habe ich sonst nirgends als bei den Malaien in Ostindien gesehen. Sie werden mit Palmetoblättern gedeckt, die sie von den dort in großer Zahl wachsenden Palmetobäumen holen. Diese Baumart ist so hoch, wie unsere Eschen insgemein zu werden pflegen, ungefähr 30 Fuß; der Stamm ist sehr gerade und ohne Zweige und Blätter, ausgenommen am Wipfel, wo viele Zweige sind, etliche kaum halb so dick wie ein Mannesarm, andere so dick wie ein kleiner Finger. Diese Zweige wachsen drei oder vier Fuß lang von ebenmäßiger Dicke und ohne ein einziges Seitensprößchen; am Ende aber kommt ein Blatt in der Breite eines großen Windfächers hervor. Wenn dieses anfängt herauszutreten, ist es zuerst ganz zusammengewickelt wie ein zugemachter Windfächer; je länger es aber wächst, desto mehr breitet es sich aus und wird am Ende dann so breit wie ein geöffneter. Der Fußboden in den Kammern der Punianer ist übrigens gar gut gedielt, was die letzteren vor den Malaien voraus haben.

Von Puna nach Guayaquil rechnet man sieben Meilen, und man muß eine Meile fahren, ehe man an die Mündung des Flusses Guayaquil kommt, welche wohl zwei Meilen breit ist. Von da weiter hinauf geht der Fluß ziemlich gerade und hat wenig Krümmungen. Auf beiden Seiten ist das Ufer niedrig, morastig und voll roter Mangrovenbäume, so daß man dort überhaupt

nicht landen kann. Vier Meilen vor Guayaquil liegt mitten im
Fluß eine kleine Insel, welche ihn in zwei Teile teilt und zwei
recht bequeme Durchfahrten macht. Die Stadt Guayaquil ist
zum Teil an einem Berge gelegen; sie wird von zwei Schanzen
verteidigt, deren eine in der Ebene, die andere auf der Höhe
liegt. Der Ort bietet eine recht schöne perspektivische Ansicht,
er hat etliche schöne Kirchen und andere feine Häuser. Der Gouverneur regiert dort, und ich habe mir sagen lassen, daß er vom
König von Spanien selbst eingesetzt wird. Man rechnet Guayaquil unter die wichtigsten Häfen im Südmeer. Die Waren, die
von dort ausgeführt werden, sind Kakao, Leder, Unschlitt, Sarsaparille*, wollene Stoffe, die man insgemein Tücher von Quito
nennt, und andere weniger bedeutende Waren.

Weil wir nun nach dem genannten Guayaquil zu gehen vorhatten, ließen wir unsere Schiffe auf der Höhe von Cap Blanco
und fuhren mit der Barke und den Kanus nach der Bucht dieses
Ortes. Unsere Kanus hatten diese Reise noch vor Tagesanbruch
verrichtet und sich versteckt, bis die Indianer von Puna her-
auskämen. Etliche von diesen langten denn auch morgens gegen
Ende der Flut ihrer Gewohnheit nach auf Floßbarken an und
wurden von unseren Leuten allesamt gefangen genommen. Am
folgenden Tage nahmen sie auch unter Anführung dieser Gefangenen die beiden Schildwachen von Puna nebst allen Einwohnern weg, wobei nicht einer entkam. Bei der folgenden Flut
nahmen sie eine kleine mit Tüchern von Quito beladene Barke
weg, welche nach Lima wollte und deren Schiffer den Unsrigen
sagte, daß drei mit Negern oder schwarzen Sklaven beladene
Barken von Guayaquil ankommen würden. Darauf gingen wir
bei der nächsten Flut mit allem unserem Volk und den übrigen
Kanus nach Puna und stießen anderntags alsbald auf eine der
drei mit Negern beladenen Barken und nahmen sie weg. Wir
kappten ihren großen Mast und ließen sie vor Anker liegen.
Weil damals die Flut ihren höchsten Stand hatte, ruderten wir
mit allen Kräften auf die Stadt zu in der Hoffnung, vor dem
Ende der Flut dort anzukommen. Wir fanden jedoch, daß es

* Sarsaparille: Stechpalmenart, deren Laub und Frucht als Volksarznei
dienen.

weiter dorthin war, als wir gedacht hatten, oder – besser gesagt – unsere Kanus waren zu sehr voller Menschen, so daß wir lange nicht so geschwind rudern konnten, wie wir wünschten. Der Tag brach an, und wir hatten wohl noch zwei Meilen Wegs bis an die Stadt, aber kaum noch zwei Stunden Hochwasser; deswegen bat unser Kapitän den indianischen Piloten, er möge uns in eine Bucht führen, worin wir uns den Tag über verborgen halten könnten. Das geschah auch sogleich, und wir fertigten ein Kanu an unsere Barke in Puna ab mit dem Befehl, es solle sich noch niemand regen: allein dieser Befehl kam zu spät, denn die zwei noch ausgebliebenen Barken mit den Negern waren abends mit der Flut von der Stadt abgegangen. Wir hatten sie auf dem Fluß verfehlt und waren von ihnen weder gesehen noch gehört worden. Als nun unsere Leute auf der Barke die beiden Schiffe gerade auf sich zukommen sahen und gewahr wurden, daß sie voller Volks steckten, meinten sie nicht anders, als daß wir geschlagen wären, die Barken aber mit Spaniern besetzt, die ausgesandt waren, unsere Schiffe fortzunehmen. Mit dieser Überlegung taten sie drei Stückschüsse darauf, obwohl sie noch mehr als eine Meile davon entfernt waren. Darauf warfen die Barken sogleich Anker, die Schiffer aber sprangen in die Schaluppen und suchten durch starkes Rudern das Land zu gewinnen, aber unser Kanu setzte ihnen nach und nahm sie gefangen. Die drei Kanonenschüsse aber beunruhigten unsere vorausgeschickten Leute sehr, denn die meisten glaubten, man hätte die Schüsse in Guayaquil gehört, es wäre also unnötig, sich weiter in der Bucht verborgen zu halten. Sie schlossen, man müsse entweder auf den Ort losgehen oder wieder nach den Schiffen zurückkehren. Weil aber noch einige Zeit bis zur Ankunft der Flut vergehen würde, hätten wir nicht hinaufkommen können, so gern wir auch wollten. Endlich erbot sich Kapitän David, ohne Verzug in der Bucht, wo wir uns befanden, auszusteigen und geradewegs nach dem Orte zu marschieren, wenn ihm nur 40 Mann folgen wollten. Er ging auch ohne weiteres Bedenken an Land, mitten durch die Mangroven, deren es an dieser sumpfigen Stelle viele gab. 40 bis 50 Mann folgten ihm, Kapitän Swan aber mit den übrigen, die es für unmöglich hielten, auf diesem Wege etwas auszurichten, blieben zurück. David und seine Leute blieben an die vier Stunden fort, nach deren Verlauf sie naß und ermüdet wiederkamen, weil sie keinen Weg nach dem festen Lande hatten finden können. Sie waren so weit gewesen, daß sie fast die Hoffnung, wieder zurückzufinden, verloren hatten, denn zwischen den Mangroven kann sich immer nur ein einzelner Mensch mit höchster Mühe hindurcharbeiten.

Hierauf beschlossen wir, mit der ersten Flut nach der Stadt zu fahren und, falls sie unser dort schon gewahr geworden, unverrichteter Dinge wieder zurückzukehren. Kaum begann nun die Flut sich zu zeigen, fingen wir an zu rudern und nahmen unseren Weg durch die enge Durchfahrt bei der Insel. Wir waren kaum an deren Ende gekommen, da geschah hinter den Sträuchern hervor ein Schuß auf uns. In der Stadt, die vor uns lag, war bislang alles finster gewesen, bis auf ein einziges Licht; nach dem Schuß jedoch war sie alsbald voller Fackeln. Wir bedurften keines weiteren Zeichens mehr, daß wir entdeckt wären, dennoch aber meinten viele von unseren Leuten, weil der folgende Tag ein Feiertag sei, hätten die Spanier Freudenfeuer angesteckt, wie sie das öfter an solchen Vorabenden zu tun pflegten. Wir ruderten also noch etwas höher hinauf und kamen ans feste Land. Kapitän David stieg mit seinen Leuten aus. Kapitän Swan dagegen und die meisten der seinigen hielten es nicht für ratsam, etwas zu unternehmen, da sie das Lärmen in der Stadt wahrnahmen, doch endlich taten auch sie dergleichen, nachdem ihnen verschiedentlich vorgeworfen war, sie hätten bloß zu wenig Courage.

Der Ort der Landung war fast zwei Meilen von der Stadt entfernt und so voller Gebüsch, daß es unmöglich war, bei Nacht weiterzugehen. Demnach hielten wir still und wollten erst den Tag erwarten. Wir hatten zwei indianische Lotsen bei uns. Der eine war schon seit einem Monat bei uns, und weil er von einem Edelmanne in Guayaquil übel behandelt worden war, hatte er uns seine Dienste angeboten, um sich an jenem rächen zu können; wir hatten ihn stets treu befunden. Den anderen hatten wir erst drei oder vier Tage vorher gefangen genommen; auch er schien uns zuverlässig zu sein. Dieser letztere wurde nun von einem von Kapitän Davids Leuten geführt, welcher es sehr eilig zu haben schien, nach der Stadt zu marschieren; er gehörte jedoch zu denen, die anderen stets von ihrem schlechten Herzen vorlamentieren. So sehr also dieser Kerl auch ständig seine Courage herausstrich, hatte er hernach dennoch bekannt, er habe den Strick, womit der Wegweiser angebunden war, heimlich durchgeschnitten und ihn nach der Stadt laufen lassen, jedoch selber kein Verlangen gehabt, ihm nachzufolgen. Als er nun meinte, er sei weit genug, schrie er, der Führer sei durchgegangen, und es müsse jemand den Strick zerschnitten haben, mit dem jener angebunden gewesen. Darauf begannen alle miteinander, den Indianer zu suchen; das blieb jedoch völlig vergeblich. Bei dieser Begebenheit, als wir uns im Finstern und mitten im Gebüsch befanden, waren wir sehr bestürzt, und weil wir nun einsahen, daß für unser Vorhaben keine Hoffnung mehr bestand und es ins Wasser gefallen, hatte niemand mehr das Herz, noch an den weiteren Fortgang der Sache zu denken. Wir blieben an jenem Ort, bis es anfing, heller zu werden; danach machten wir uns durch stetes Rudern wieder auf den Strom, von wo wir die Stadt recht anschauen konnten, welche, wie schon gesagt, eine überaus schöne perspektivische Ansicht bot. Wir blieben fast eine halbe Stunde dort, ungefähr eine Meile oder etwas mehr von der Stadt entfernt, und weder wurden wir von der Stadt aus beschossen, noch schossen wir selber auf die Stadt. Solchergestalt also ward unser geplanter Anschlag auf Guayaquil zunichte.

Abends fuhren wir, als die Flut kam, den Fluß abwärts und langten am 9. Dezember morgens bei Puna an. Auf dem Wege trafen wir die drei mit Negern beladenen Barken und nahmen sie mit uns. In diesen drei Barken waren 1000 Neger beiderlei Geschlechts, alle noch jung, beisammen. Nach der Ankunft zu Puna schickten wir ein Kanu zu der Sandecke, um zu sehen, ob unsere Schiffe dort angekommen wären, und das war in der Tat geschehen. Nach Mittag fuhren wir zu unseren Schiffen und nahmen die Barken mit, worauf die Tücher gewesen waren, so wie ungefähr 40 von den kräftigsten Negern; die übrigen ließen wir in ihren Barken. Aus diesen 40 lasen sich unsere Kapitäne jeder etwa 14 oder 15 aus, die anderen aber schickten sie an Land.

Niemals hatten wir eine günstigere Gelegenheit gehabt, unser Glück zu machen und reich zu werden, als eben damals, denn wir hätten mit diesen Negern auf die Landenge von Darien nach Santa Maria gehen und sie dazu benutzen sollen, in den dortigen Bergwerken nach Gold zu graben. Das hätte sich leicht tun lassen, denn Kapitän Harris, der damals bei uns war, hatte ein halbes Jahr vorher mit seinem Trupp Freibeuter vom Südmeere her zu Lande einen Streifzug dorthin getan und die Spanier aus der Stadt und den Goldbergwerken so vollständig verjagt, daß sie sich seither nicht mehr getraut hatten, sich dort erneut festzusetzen. Zudem waren die Indianer der Spanier Todfeinde, hingegen, weil sie den Spaniern dank der Hilfe der Freibeuter viele Jahre hindurch hatten Schaden antun können und dadurch reich geworden waren, unsere Herzensfreunde, die uns gern aufgenommen und geholfen hätten. Wir hatten, wie gesagt, 1000 zur Arbeit taugliche Neger, 200 Tonnen Mehl auf Galapagos und den Fluß Santa Maria, wo wir unsere Schiffe ausbessern und mit allem versehen konnten. Auch konnten wir den Eingang des Flusses dergestalt befestigen, daß wir mächtig genug gewesen wären, den Spaniern das Hineinkommen zu verwehren, selbst wenn sie mit der ganzen Macht, die sie in Peru aufbringen konnten, angerückt gekommen wären. Und hätten sie uns mit all ihren Kriegsschiffen einschließen und belagern wollen, so hatten wir ein großes, weites Land, indem wir leben konnten, und die Indianer, die eine große Nation sind, als unsere guten Freunde. Der größte Vorteil aber, den wir gehabt hätten, wäre das Nordmeer gewesen, denn auf diesem hätten wir uns und unsere Güter fortbringen und auf diesem Wege auch Unterstützung an Volk und Munition erhalten können. In kurzer Zeit würde uns alles, was in diesem Teile Westindiens ist, zugefallen und auch viele tausend Freibeuter aus Jamaica und insbesondere von den französischen Inseln zugelaufen sein. Wir wären dann Herren nicht allein der reichsten Goldbergwerke Amerikas, sondern auch der gesamten Küste bis nach Quito. Ja, dem Ansehen nach hätten wir noch größere Dinge ausrichten können.

Jedoch laßt uns wieder auf unsere Reise zurückkommen und nicht mehr von Dingen reden, die der Leser ohne Zweifel für prächtige Luftschlösser oder süße Träume halten wird. Wir beschlossen, in die Bucht von Panama und bis an eine Stadt namens Lavelia zu segeln. Weil wir aber nicht genug Kanus hatten, um unsere Leute an Land zu setzen, wollten wir vorher jene Flüsse aufsuchen, wo die Spanier nicht zu finden sind, und uns dort mit indianischen Kanus versehen. Am 23. Dezember 1684 segelten wir von der Insel Plata nach der Bucht von Panama ab; wir hatten einen guten, starken Südsüdostwind und überaus schönes Wetter. Unsere Reise führte uns zu dem großen Fluß Tumaco, von dem man sagt, er entspringe den goldreichen Bergen bei Quito. Nicht weit von seiner Mündung liegt das kleine Dorf Tumaco. Mit Hilfe eines zuvor gefangenen Indianers, der uns als Wegweiser dienen mußte, kamen wir gegen Mitternacht dort an und nahmen die Einwohner alle miteinander, nebst einem spanischen Edelmanne mit Namen Don Diego de Pinas, gefangen. Dieser war über das Meer von Lima hierher gekommen, um Bauholz zu kaufen. Sein Schiff lag ungefähr eine Meile entfernt in einem kleinen Meeresarm, es waren nur ein Spanier und acht Indianer darauf. Wir schickten sieben Mann mit einem Kanu hin, die das Schiff wegnahmen, doch fanden sie keine Waren darauf, sondern bloß zwölf oder dreizehn Krüge guten Wein, den wir für uns behielten. Am folgenden Morgen brachen wir mit den Schiffen auf, und da kamen drei Indianer mit einem Kanu zu uns an Bord. Diese konnten weder spanisch sprechen, noch uns von den Spaniern unterscheiden, denn die wilden Indianer halten insgemein alle weißen Leute für Spanier. Wir gaben ihnen drei oder vier Kürbisflaschen voll Wein, den sie gern tranken. Sie hatten einen ebenmäßigen Leib und ganz wohlbeschaffene Gliedmaßen, eine mittelmäßige Länge, schwarze Haare, ein mageres langes Gesicht, kleine Nase und Augen, ein wildes und grausames Aussehen, und ihre Hautfarbe war sehr braun oder, besser gesagt, wie Kupfer. Kurz bevor es Nacht wurde, führte uns Kapitän Swan wieder zurück nach Tumaco und überließ das Schiff den Bootsknechten. Am 31. Dezember kamen zwei von unseren Kanus, die den Fluß Tumaco weiter hinauf gefahren waren, wieder in das Dorf; sie waren zwar sieben bis acht Meilen gerudert, hatten aber nicht mehr angetroffen als ein einziges, von Spaniern bewohntes Haus, welches, wie man ihnen sagte, einer Dame aus Lima gehörte, worin sie Leute hielt, die Gold einhandeln sollten. Sobald diese nun die Unsrigen auf sich zukommen sahen, ergriffen sie die Flucht; die Unsrigen entdeckten jedoch in ausgehöhlten Kürbissen etliche Unzen Gold.

Am 5. Januar 1685 verließen wir Tumaco und nahmen unseren Weg nach der Insel Gallo, dabei nahmen wir den gefangenen spanischen Edelmann und zwei erbeutete kleine Kanus mit. Auf diesem Wege erbeutete eines unserer Kanus ein Paketboot, welches von Panama nach Lima wollte. Die Spanier warfen das Felleisen mit den Briefen ins Meer, doch gewahrten unsere Leute das noch zur rechten Zeit, zogen es wieder heraus und brachten die Briefe und die gefangenen Personen zu uns nach Gallo. Diese wüste Insel liegt in einer großen Bucht; die Reede ist nahe einer kleinen sandigen Bucht, worin man in sechs bis sieben Faden Tiefe sicher vor Anker liegen kann, doch hat die Einfahrt so wenig Tiefe, daß man nur mit der Flut und stets mit dem Lot in der Hand hineinkommen kann. Hier blieben wir sechs Tage lang und lasen alle Briefe. Wir erfuhren daraus, daß die spanische Flotte zu Portobello erwartet werde und daß der Präsident zu Panama auf die Abfahrt der Silberflotte von Lima dränge, die sich eilends nach Panama begeben solle. Diese erfreuliche Zeitung machte, daß wir alle anderen Anschläge, die wir geplant hatten, fallen ließen und unsere Schiffe eiligst auszubessern und in gehörigen Stand zu setzen suchten, um die Silberflotte anzugreifen. Der günstigste Ort hierfür schienen uns die Rey-Inseln, die Königlichen oder auch Perlen-Inseln genannt, zu sein, weil sie nahe bei Panama liegen und weil alle Schiffe, die von der Küste von Lima herkommen und nach Panama wollen, zwischen ihnen hindurchfahren müssen, daher schien es uns fast unmöglich, die Flotte zu verfehlen, sobald wir nur an Ort und Stelle wären. So begaben wir uns am nächsten Morgen früh unter Segel mit zwei Schiffen und drei Barken, die von Kapitän Swan und Kapitän David befehligt wurden, sowie einigen kleineren Schiffen. Am 8. morgens sahen wir im Westen vor uns ein Fahrzeug, und weil der Wind aus Süden kam, setzten wir ihm nach und hatten es noch vor Mittag in unserer Gewalt. Es war ein Schiff von ungefähr 90 Tonnen, mit Mehl beladen, kam von Trujillo und war auf dem Wege nach Panama. Es kam uns trefflich gelegen, denn uns fing das Mehl an auszugehen, und schon begannen die Leute zu murren. Darauf segelten wir nach Gorgona, einer Insel, die 25 Seemeilen von Gallo entfernt liegt, und legten uns dort am 9. auf einem guten Grunde vor Anker. Hier gibt es viel kleine schwarze Affen, einige indianische Kaninchen und einige wenige Schlangen, aber keine anderen Landtiere. Wenn das Wasser niedrig ist, findet man viel Muscheln verschiedener Gattungen. Zu dieser Zeit kommen auch die Affen ans Ufer, lesen die Muscheln auf und wissen sie mit ihren Pfoten gar artig und geschickt aufzumachen. Ferner finden sich hier viele Perlenaustern, die vier bis sechs Klafter unter der Wasseroberfläche mit ihren Bärten oder Zäserlein an den Klippen hängen. Sie sind insgemein platter und kleiner als die anderen; ihr Fleisch ist weder von gutem Geschmack noch gesund, in rohem Zustand schmeckt es stark nach Kupfer, gekocht dagegen viel besser. Die Indianer, welche die Muscheln für die Spanier sammeln, hängen das Fleisch auf und trocknen es, ehe sie es essen. Die Perle sitzt im Kopf der Auster zwischen dem Fleisch und der Schale, und manche Austern haben ihrer etliche 20 bis 30 kleine, andere gar keine und noch andere eine oder zwei ziemlich große Perlen; inwendig ist die Schale aber glänzender als die Perle selbst. Dies ist der einzige Ort im Südmeer, wo ich sie gesehen.

Am 13. gingen wir von hier nach den Königlichen Inseln ab. Wir zählten insgesamt sechs Schiffe, zwei Kriegs- und zwei Transportschiffe, einen Brander und das erbeutete. Wir hatten schlechten Wind. Die Küsten, an denen wir entlangfuhren, waren gegen das feste Land zu ganz niedrig, weiter landeinwärts aber ist alles voller hoher Berge. Am 16. passierten wir Cap Corrientes. Am folgenden Tage sahen wir eine kleine weiße Insel, auf welche wir zusegelten in der Meinung, es wäre ein Schiff; wir erkannten unseren Irrtum erst, als wir einen Kanonenschuß davon entfernt waren. Am 21. entdeckten wir das Vorgebirge Garachine, von wo die Königlichen Inseln noch ungefähr zwölf Meilen abgelegen sind, und zwischen diesen beiden Plätzen ist eine kleine flache und unfruchtbare Insel namens Galera. Nahe dieser warfen wir Anker und sandten unsere Kanus zu den Königlichen Inseln, um einen bequemen Platz ausfindig zu machen, wo wir unsere Schiffe ausbessern könnten. Diese Königlichen Inseln sind niedrig und voller Gebüsch. Warum man sie auch Perlen-Inseln nennt, ist mir nicht erfindlich, denn ich habe hier gar keine Perlenaustern gesehen, ja nicht einmal die Schalen davon. Am 25. brachten wir unser Schiff zu der S. Paulus-Insel, der südlichsten der Königlichen Inseln. Wir mußten erst die Flut abwarten, um die Schiffe genau an den Ort zu bringen, wo man bequem kalfatern konnte. Damit fingen wir bei unseren Barken an, damit sie vor Panama kreuzen könnten, solange wir dort blieben. Als wir mit dem Kalfatern fertig waren, schickten wir sie, jede mit 20 Mann Besatzung, zu dem genannten Zwecke aus, und am vierten Tage kamen sie mit einer Prise wieder, die mit Mais oder Indianischem Korn, Salz, Rindfleisch und Geflügel von Lavelia nach Panama gewollt hatte. Das Rindfleisch und das Geflügel kamen uns sehr zustatten, denn seit wir die Insel Plata verlassen, hatten wir wenig Fleisch gegessen. Der Hafen, wo wir unsere Schiffe ausbesserten, war von drei Inseln umgeben. Diejenige, auf welche wir die Schiffe an Land zogen war klein, und bei niedrigem Wasser kann man dort Austern, Clams und andere Muscheln sammeln. Clam ist eine Art von Austern, welche sich so fest an die Felsen hängt, daß man sie unmöglich lösen kann, weswegen man sie an dem Ort, wo man sie findet, aufmachen und das Fleisch herausnehmen muß, das sehr groß, fett und guten Geschmackes ist.

Am 14. Februar wurden wir mit dem Kalfatern unserer Schiffe fertig, nahmen hierauf Wasser und nötiges Brennholz ein und gingen am 15. aus den Inseln heraus und warfen in dem Kanal, der zwischen den Inseln und dem Festlande ist, auf 25 Klafter Wasser Anker. Weil nun die Silberflotte noch nicht angekommen war, beschlossen wir, vor Panama, welches ungefähr 25 Meilen von uns lag, zu kreuzen. Am folgenden Tage segelten wir dorthin und passierten den genannten Kanal. Vor Alt-Panama angelangt, schickten wir ein Kanu mit unserem Gefangenen, Don Diego de Pinas, und einem Brief an den Gouverneur an Land, um mit ihm wegen der Auswechslung zweier gefangener Kameraden zu verhandeln. Don Diego war ganz willig, diese Gesandtschaft im Namen und mit Bewilligung unserer sämtlichen spanischen Gefangenen zu verrichten. Er wurde aber, wie wir später hörten, durch einen Zufall erschossen, ehe er an Land kam. Alt-Panama ist ein ehedem berühmter Ort gewesen; nachdem Henry Morgan* es aber im Jahre 1673 eingenommen und größtenteils eingeäschert hatte, ist es nicht wieder aufgebaut worden.

Neu-Panama ist eine sehr schöne, etwa vier Meilen von der zerstörten alten, nahe am Meer gelegene Stadt. Sie teilt ihren Namen einer großen Bucht mit, die wegen der vielen hineinlaufenden Flüsse, von denen einige viel Gold mit sich führen, sehr bekannt ist. Die Stadt ist von einer hohen steinernen Mauer umgeben, die Häuser aber sollen, wie man hört, aus Ziegeln sein, und ihre Dächer überragen die Stadtmauern. Die Stadt hat viele schöne Kirchen und Klöster; auch das Haus des Präsidenten und andere mehr sind so schön gebaut, daß dies alles einen so herrlichen Anblick ergibt, als ich jemals, besonders in Amerika, vor Augen bekommen habe. Auf den Wällen stehen viele Kanonen, die meisten davon gegen das feste Land gekehrt. Die Stadt ist sehr reich, weil durch sie alle Waren und Schätze geführt werden müssen, die nach Peru und Chile oder von dort zurückgebracht werden; daher sind ihre Packhäuser nie leer, und ihre Reede ist fast nie ohne Schiffe. Wenn ferner alle drei Jahre die spanische Flotte zu Portobello anlangt, dann kommt die Silberflotte mit den königlichen Schätzen von Lima nach Panama, und alsdann ist die Stadt von Edel- und Kaufleuten gepfropft voll. Das Schiffsvolk bemüht sich, die Waren und Schätze auszuladen, und die Eselstreiber kommen mit ganzen Herden von Mauleseln, um die Güter weiter nach Portobello zu schaffen und von dort wiederum europäische Ware zurückzubringen.

Da gerade von diesen Dingen die Rede ist, glaube ich, daß es sich an dieser Stelle nicht übel schickt, von der Reise, welche die

---

* Henry Morgan: Bukanier und stellvertretender Gouverneur von Jamaica, brandschatzte und zerstörte Portobello und Panama.

Flotte aus Altspanien alle drei Jahre nach Indien tut, umständlich zu erzählen. Erstlich kommt sie nach Cartagena, von da werden zwei Kuriere abgefertigt, einer nach Lima über das südliche Festland und einer über See nach Portobello. Jeder von ihnen trägt ein Paket Briefe, der eine für den Vizekönig von Lima, der andere für jenen von Mexico. Als ich, noch vor meiner ersten Reise nach dem Südmeer, die ich mit Kapitän Sharp tat, mit drei oder vier anderen Freibeutern bei Kapitän Coxon war, fingen wir ungefähr vier Meilen östlich von Portobello die Pakete auf, die von Cartagena dorthin gebracht werden sollten, und öffneten viele der Briefe, deren Inhalt uns recht seltsam vorkam. Verschiedene Kaufleute aus Altspanien gaben darin ihren Korrespondenten zu Panama und anderswo Nachricht von einer gewissen Prophezeiung, die damals in Spanien umging. Sie besagte, daß noch in diesem Jahr die englischen Freibeuter in Westindien große Entdeckungen machen und ein Tor öffnen würden, das man für gut verschlossen gehalten hatte, nämlich die Pforte zum Südmeer. Auch standen viele Ermahnungen darin, die Küsten wohl in acht zu nehmen.

Nach unserer Ansicht konnte die Pforte, von der die Briefe redeten, nichts anderes sein als der Weg durch das Land der Indianer von Darien, welche seit kurzem unsere guten Freunde geworden waren und sich gegen die Spanier, mit denen sie es eine Zeitlang gehalten, neuerdings empört hatten. Wir erinnerten uns, wie oft diese Indianer uns noch kürzlich ersucht hatten, den Weg durch ihr Land zu nehmen und die Spanier auf dem Südmeere zu überfallen, und so überlegten wir das alles ernstlich und kamen zu dem Entschluß, einen solchen Versuch zu wagen, wie wir es danach auch ausführten. Und weil wir uns die Furcht, welche die Spanier durch die Prophezeiung bekommen würden, zunutzemachen und nichts unterlassen wollten, was uns von seiten der Eingeborenen einen Vorteil bringen konnte, versiegelten wir die Briefe wieder und sandten sie nach Portobello.

Die Gelegenheit, der wir die Freundschaft der Indianer verdankten, war aber folgende: vor ungefähr 15 Jahren war Kapitän Wright vor dieser Küste gekreuzt und hatte bei den Sambalas-Inseln einen jungen Indianer gefangen, der in seinem

Kanu fuhr. Er hatte ihn auf sein Schiff gebracht, ihm den Namen John Gret gegeben und ihn gekleidet und war willens, ihn unter Engländern zu erziehen. Einige Moskito-Indianer, die den jungen Mann liebgewonnen hatten, baten ihn sich von Kapitän Wright aus und nahmen ihn mit sich in ihr Land. Nachdem er ihre Sprache erlernt, sowie er vorher Englisch gelernt hatte, verheirateten sie ihn mit einer Frau ihres Stammes, und so war er dann etliche Jahre bei ihnen geblieben. Sieben oder acht Monate nun, ehe wir die obengenannten Briefe abfingen, war Kapitän Wright wieder zu den Sambalischen Inseln gekommen und hatte einen indianischen Jungen von zehn oder zwölf Jahren gefangen genommen, den Sohn eines bei seinem Stamm sehr angesehenen Mannes, und als er hernach wieder zu den Moskiten kam, hatte er John Gret, der inzwischen ein guter Fischer geworden war, neuerlich zu sich genommen. Dieser freute sich, in dem indianischen Jungen einen Landsmann zu treffen, und die beiden Indianer ließen es sich angelegen sein, dem Kapitän ihre guten Dienste anzubieten und ihm nahezulegen, er möge mit ihrer Hilfe die Freundschaft der Indianer auf der Landenge zu gewinnen suchen, wie es sich die Freibeuter oftmals gewünscht hatten.

John Gret schlug Kapitän Wright vor, er wolle an Land gehen und den Anfang dazu machen, woraufhin Wright ihn mit einem Kanu an Land fahren ließ. Alsbald war der Strand voller Indianer. Bloß mit einem leinenen Tuche um die Lenden, nach indianischer Art, sprang John Gret ins Wasser, und das Kanu entfernte sich wieder. Als nun die Indianer ihn auf ihre Weise gekleidet sahen und in ihrer Sprache reden hörten, versammelten sie sich alle um ihn. Eingangs sagte er ihnen, daß er ihr Landsmann und von den Engländern sehr gut gehalten worden sei, und er fuhr fort, daß die Indianer in einem großen Irrtum begriffen wären, wenn sie sich vor einer Nation fürchteten, die nicht ihre, sondern der Spanier Feinde wären. Um ihnen das noch sichtbarer zu beweisen, erzählte er ihnen auch, wie gut die Engländer einen jungen Mann ihres Stammes behandelt hätten, der vor kurzem in ihre Hände geraten war. Zum Glück befand sich unter den an der Küste Versammelten auch der Vater jenes anderen jungen Indianers, und jenem versicherte er, wenn er mit ihm auf das englische Schiff kommen wolle, so würde man ihm nicht nur seinen Sohn wiedergeben, sondern auch ihn selbst auf das freundlichste empfangen. Mit einem Wort, John Gret riet den Indianern, sie sollten mit einer ihnen wohlgesinnten Nation Freundschaft schließen, mit deren Beistand sie die Spanier leicht bezwingen könnten. Nun machten sich alsbald 20 bis 30 Indianer in zwei Kanus auf, die sie mit Bananen, Pisangfrüchten*, Geflügel und dergleichen mehr beluden, kamen zu Kapitän Wright an Bord, wurden von ihm bewirtet und auch ihrerseits beschenkt. Auch gab Wright den jungen Menschen, den er gar artig nach englischer Mode hatte kleiden lassen, seinem Vater wieder. Diese Unterredung wurde durch ein Bündnis zwischen den Engländern und den Indianern abgeschlossen, welches den ersteren die Freiheit gab, durch das Land der Indianer zu ziehen, um sich ins Südmeer zu begeben. Man einigte sich ferner darauf, die Engländer sollten, wenn sie einen Streifzug planten oder mit den Indianern handeln wollten, ein bestimmtes abgeredetes Zeichen geben.

Aus diesen bescheidenen Anfängen, nämlich den aufgefangenen Briefen und dem Bündnis mit den Indianern, kam es dann zu den folgenden Streifzügen und Kreuzfahrten der Engländer auf dem Südmeer. Es schien aber, als sollte diese Freundschaft schon im Augenblicke der Geburt ersticken. Wenige Monate nach den eben geschilderten Vorfällen kam nämlich ein englisches Kauffahrteischiff von Jamaica an die Küste, und John Gret, der mittlerweile ein großer Mann unter den Indianern geworden, begab sich mit fünf oder sechs seiner Landsleute an Bord in der Annahme, sie träfen dort Bundesgenossen und Freunde an und würden als ebensolche angesehen. Die Engländer jedoch, die von dem, was voraufgegangen war, nichts wußten, schickten sich an, sie zu Sklaven zu machen, weil sie dafür zu Jamaica für jeden zehn bis zwölf Pfund Sterling hätten erlösen können. Als John Gret und seine Gefährten diese Absicht erkannten, sprangen sie ins Meer und wurden darin alle erschossen. Die Indianer auf dem Lande erfuhren davon nichts, sonst wäre das neue Bündnis

* Pisang, eine malaiische Obstbananenart.

48

in großer Gefahr gewesen. Dagegen fragten sie die Engländer, so oft sie mit ihnen sprachen, wo ihre Landsleute hingekommen wären; wir aber gaben ihnen zur Antwort, daß wir es nicht wüßten, und sagten damit auch die Wahrheit, weil wir von dem genannten Vorfall erst lange Zeit danach erfuhren. Sie bildeten sich ein, die Spanier hätten ihre Landsleute niedergemacht oder gefangengenommen.

Kommen wir jedoch wieder zu sprechen auf die spanische Flotte, die wir zu Cartagena verlassen hatten, und ihre weitere Reise. Sobald sie dort ihre anbefohlene Zeit verbracht hat, welche meines Wissens 60 Tage ausmacht, segelt sie nach Portobello, wo sie nur 30 Tage bleibt. Deshalb schickt der Vizekönig von Lima, sobald er von der Ankunft der Flotte in Cartagena Nachricht hat, des Königs Schätze nach Panama, wo man sie auslädt und bereithält, um sie nach Portobello zu schaffen, wenn man hört, daß die spanische Flotte dortselbst angelangt ist. Eben das ist eine der Ursachen, weshalb man so zeitig Eilboten nach Lima schickt, denn die Flotte braucht ja gehörig Zeit zum Ausladen, da sie nicht auf der Reede von Panama, sondern bei den drei Perica-Inseln vor Anker geht, die zwei Meilen von Panama gelegen sind. Man sagt, daß des Königs Anteil gemeinhin auf 24 Millionen spanische Taler kommt, ungerechnet das, was den Kaufleuten zusteht. Das alles wird auf Maulesel geladen, für die an beiden Orten große Stallungen gebaut sind. Manchmal packen die Kaufleute ihr Silber zwischen die übrigen Handelsgüter, um den Zoll zu sparen, und senden es so auf dem Flusse Chagre nach Venta de Cruzes, von dort weiter auf dem Fluß bis ins Meer und nach Portobello, auf welchem Wege eine ganze Flotte einmal, wie ich weiß, überfallen und ausgeplündert worden ist. Die Schiffe, welche innerhalb von 30 Tagen nach Ankunft der Flotte nicht segelfertig sind, laufen Gefahr, zurückgelassen zu werden, denn am 30. Tage macht sich alles auf und begibt sich vor die Hafenausfahrt, zuweilen jedoch läßt sich der Admiral erbitten und wartet noch acht Tage zu, dieweil es manchmal wegen des Mangels an Volks unmöglich ist, zur gleichen Zeit so viele Kauffahrteischiffe zu beladen.

Wenn die Flotte Portobello verläßt, fährt sie zurück nach

Cartagena, wohin inzwischen alle königlichen Einkünfte gebracht worden sind. Ein großes Schiff, eine der spanischen Galeonen, welches sich von der Flotte vor dem Eintreffen in Cartagena abgesondert hat, stößt dortselbst auch wieder zu dieser; es hatte entlang der Küste den Tribut eingetrieben und des Königs Schätze eingesammelt. Nach der gehörigen Zeit segelt die Flotte dann von Cartagena nach Cuba, wo wiederum etliche Schiffe zu ihr stoßen, die nach Veracruz wollen; dort nimmt sie auch die Waren aus der Stadt und dem Lande Mexico auf und in Summa alles, was jedes Jahr über See von den Philippinischen Inseln dorthin geschafft worden ist. Ist nun also die ganze Flotte in Havana zusammengekommen, dann geht sie wieder unter Segel und auf dem Wege durch den Meerbusen von Florida zurück nach Spanien.

Am 24. Februar segelten wir nach Tabago, einer Insel in der Bucht von Panama. Sie ist ungefähr drei Meilen lang und zweie breit und hat an der Nordseite einen annehmlichen Hügel. Als wir dort lagen, hätte uns ein vermeintlicher Kaufmann aus Panama beinahe einen üblen Possen gespielt. Er kam heimlich zu uns und stellte sich so, als wolle er mit uns handeln, wie das die spanischen Kaufleute im Nord- und im Südmeer des öfteren tun, obgleich die Gouverneure es ihnen strikt verbieten, wennschon diese manchmal durch die Finger sehen, ja sogar selbst mit den Freibeutern handeln. Jener angebliche Kaufmann nun wollte nachts mit seiner Barke kommen, worauf die Waren sein sollten; wir aber sollten südlich von Perica vor Anker liegen. Er kam auch, jedoch statt mit einer Barke mit einem Brander und rief uns, als er schon ganz nahe gekommen war, das verabredete Losungswort zu. Aber wir waren aufs äußerste mißtrauisch und schrieen ihm zu, er solle Anker werfen, und als er dies nicht tat, feuerten wir auf ihn. Darauf sprangen seine Leute in die Kanus und zündeten das Schiff an, welches in solcher Nähe von uns verbrannte und in die Luft sprang, daß wir in höchster Eile die Ankertaue kappen und die freie See suchen mußten, so schnell wir nur konnten. Nach Tagesanbruch mühten wir uns, die verlorenen Anker wiederzufinden und herauszuziehen, doch mißlang uns das, weil die Taue daran schon verfault waren.

Während wir uns dergestalt anstrengten, unsere Anker wiederzuholen, sahen wir eine große Anzahl Kanus erscheinen, die alle voller Volks waren und zwischen Tabago und der Nebeninsel hindurchfuhren. Wir waren ganz bestürzt, blieben jedoch unbeweglich liegen, bis wir sie geradewegs auf uns zukommen sahen. Wir lichteten die Anker und fuhren ihnen entgegen, und bis wir ihnen auf einen Kanonenschuß nahe gekommen waren, befand es sich, daß es englische und französische Freibeuter waren, die über die Landenge von Darien aus dem Nordmeer kamen. Es waren ihrer in 28 Kanus 280 Mann, nämlich 200 Franzosen und die übrigen Engländer, unter dem Kommando der Kapitäne Gronet und Lequie. Darauf warfen wir erneut Anker, und sie kamen zu uns an Bord. Diese Leute sagten uns, daß im Lande Darien noch weitere 180 Engländer unter Kapitän Townley geblieben waren, um sich Kanus zu machen. Die Engländer wurden nunmehr auf unsere Schiffe genommen; den Franzosen überließen wir das Schiff, das wir mit Mehl weggenommen hatten, und gaben Kapitän Gronet als dem Ältesten das Kommando, womit sie alle sehr wohl zufrieden waren. Zum Dank dafür bot dieser den beiden englischen Kapitänen David und Swan einem jeden eine neue Kommission oder einen Freibrief des französischen Statthalters zu Petit Guavres auf der Insel St. Domingo an.

Diese Statthalter hatten sich vor vielen Jahren das Recht angeeignet, ihren Seekapitänen Kommissionen oder Blankofreibriefe auszufertigen und auf See mitzugeben, mit der Anordnung, diese weiterzugeben, an wen es ihnen angebracht schiene. Auf diese Weise wurden die Statthalter von Petit Guavres reich und mächtig, erlangten bei den Ihrigen großes Ansehen und waren gleichsam die Zuflucht all jener geworden, welche das Unglück dazu nötigte, ihr Glück auf solche Art zu versuchen, woher sie denn den Namen Freibeuter ableiten. Kapitän David nahm einen solchen Freibrief an. Swan dagegen schlug es ab unter dem Vorgeben, er hätte vom Herzog von York Order, den Spaniern zwar nichts zu tun, aber sich auch vorzusehen, daß sie an ihm keine Gewalt ausübten; weil sie aber zu Valdivia mit den Seinigen übel verfahren, etliche davon getötet und viele verwundet hatten, glaubte er sich genugsam gerechtfertigt, sich an ihnen zu rächen.

Nachdem wir uns nun derart mit unseren neuen Bundesgenossen einig geworden waren, nahmen wir uns vor, Kapitän Townley im Golf S. Michaelis aufzusuchen, da wir des Glaubens waren, er würde dort schon angelangt sein. Wir gingen also am 2. März 1685 unter Segel. In der Tat trafen im Golf zwei Schiffe, auf denen Kapitän Townley mit seinen Leuten war. Er war des Nachts aus dem Flusse ausgelaufen und hatte zwei Barken weggenommen, die auf dem Wege nach Panama waren; die eine hatte Mehl, die andere Wein, Branntwein, Zucker und Öl geladen. Die Gefangenen hatten ausgesagt, daß die Silberflotte zu Lima zum Auslaufen bereit läge.

In der Folgezeit stießen noch weitere Freibeuter zu ihnen, denn die Landenge von Darien war damals ein offener Weg für alle, die in das Südmeer überwechseln wollten. Ihren alten Nachrichten, den Berichten der Gefangenen und einigen neuerlich aufgefangenen Briefen der Spanier folgend, begaben sich die Freibeuter alsdann nach den Rey-Inseln als dem einzigen Punkte, den die spanischen Schiffe auf ihrem Wege nicht vermeiden konnten. Gemeinsam mit Kapitän Harris langten sie am 22. April bei Chepelio an, der angenehmsten Insel in der Bucht von Panama.

Der fruchtbare Boden der Insel bringt alle Arten der herrlichsten Früchte hervor, von denen hier nur der Avogado-Birnbaum beschrieben sei. Er ist so groß wie die meisten anderen Birnbäume, im allgemeinen ziemlich hoch, hat eine schwarze, ziemlich glatte Rinde, breite, länglich-runde Blätter und eine Frucht so groß wie eine gut ausgewachsene Limone. Diese bleibt grün, bis sie reif ist, und wird alsdann gelb. Sie läßt sich erst essen, wenn sie zwei, drei Tage zuvor abgenommen ist, da sie dann süß wird und sich leicht schälen läßt. Inwendig ist sie grün oder ein wenig gelb und süß wie Butter und hat einen Kern, etwa so groß wie ein Pflaumenkern. An sich hat die Frucht keinen eigentlichen Geschmack, so daß man insgemein Zucker und Zitronensaft dazu nimmt. Stampft man alles in einem Gefäß untereinander, so wird ein köstliches Gericht daraus, insonderheit wenn man es mit etwas Salz und geröstetem Pisang ißt. Das steht einem hungrigen Magen wohl an und ist überdies sehr gesund. Man ist des Glaubens, daß diese Frucht die Liebesbegierden erwecke, weswegen sie die Spanier sehr schätzen; ich glaube das desto eher, weil ich sie sehr häufig an vielen Orten des Nordmeeres gefunden habe, wo die Spanier wohnen.

Die Reede von Chepelio liegt im Norden der Insel, dort kann man eine halbe Meile vom Strande sicher ankern. Am 26. April gingen wir von dort, zehn Segel stark, Kapitän Harris eingerechnet, nach Tabago zurück, wo wir am 28. anlangten. Allda examinierten wir unsere Gefangenen, wie stark Panama besetzt sei, denn weil wir zusammen beinahe 1000 Mann waren, von denen wir zur Not 900 hätten an Land setzen können, hielten wir uns fast für stark genug, ein so großes Wagnis zu unternehmen. Unsere Gefangenen machten uns jedoch wenig Mut dazu und versicherten uns vielmehr, daß das bewaffnete Volk aus dem ganzen Lande zu Panama sei.

Am 4. Mai gingen wir wieder nach den Rey-Inseln unter Segel und kreuzten bis zum 22. von einer Seite dieser Inseln zur andern. Am 28. morgens war es sehr regnerisch, denn die Regenzeit näherte sich allmählich. Nichtsdestoweniger klarte es gegen 11 Uhr auf, und wir sahen die spanische Flotte ungefähr drei Meilen westnordwestlich von Pacheque segeln: sie nahm den Weg nach Osten und suchte den Wind zu gewinnen. Wir waren im Südosten, eine Meile von der Insel, und nur Kapitän Gronet war im Norden von uns und nahe der Insel. Sobald er der Spanier gewahr wurde, lichtete er die Anker und fuhr auf die Küste zu. Wir hingegen blieben unbeweglich liegen, denn wir meinten, er würde wenden und wieder zu uns kommen, während er nur bedacht war, sich außer Gefahr zu setzen. Die Kapitäne Swan und Townley kamen zu Kapitän David an Bord, um mit ihm Rat zu halten, wie man den Feind am besten angreifen könne, denn man sah, daß er sich in der Absicht näherte, sich mit uns zu schlagen.

Die spanische Flotte bestand aus 14 Segeln, ungerechnet die Kanus, deren jedes zwölf bis vierzehn Ruder hatte. Ihre 6 großen

Kriegsschiffe waren folgendermaßen beschaffen: der Admiral führte 41 Kanonen und 450 Mann, der Vizeadmiral 40 Kanonen und 400 Mann und der Conteradmiral 36 Kanonen und 360 Mann. Von den drei anderen Schiffen hatte das erste 24 Kanonen und 300 Mann, das zweite 18 Kanonen und 250 Mann, das dritte 8 Kanonen und 200 Mann. Auch hatten sie noch zwei große Brander und sechs Fahrzeuge ohne Kanonen, worauf insgesamt weitere 800 Mann waren, dazu kamen noch 200 bis 300 Mann auf den Kanus. Diese Nachricht der feindlichen Stärke erhielten wir von Kapitän Knight, der damals bei widrigen Winden vor der Küste von Peru kreuzte und diese Mitteilung anstatt sonstiger Beute von einigen Gefangenen empfangen hatte. Außerdem hatten die Spanier noch einige alte Truppen von Portobello, die sie in Lavelia angetroffen, aufgenommen; alles, was sie von Lima bekommen hatten und was die ganze Truppenstärke ausmachte, die das Königreich aufbringen konnte, zählte rund 3000 Mann. Um aber nichts zu riskieren, hatten sie zuvörderst ihre Schätze in Lavelia ausgeladen.

Wir hatten unser Geschwader auf zehn Segel vermehren können. Indes waren es nur zwei Schiffe, welche diesen Namen eigentlich verdienten: dasjenige Kapitän Davids, welches 38 Kanonen und 156 Mann an Bord hatte, und das Schiff Kapitän Swans mit 16 Kanonen und 140 Mann. Die anderen hatten allesamt nur kleines Geschütz und waren bloß Kaufmannsschiffe und Barken, die man mit Mühe und Fleiß ausgerüstet hatte. Townley verfügte über 110 Mann, lauter Engländer, Gronet über 300 Franzosen; Harris hatte 100 Mann, meistens Engländer, und Branly 36 Mann, teils Engländer, teils Franzosen. Townleys, Swans und Davids Barken zählten je acht Mann Besatzung. Eine kleine Barke von 30 Tonnen, als Brander eingerichtet, welche alles Gerät für die Kanus nachführte, war das zehnte Fahrzeug der Flotte, deren gesamte Mannschaft sich auf 960 Leute bezifferte. Kapitän Gronet stieß allerdings erst wieder zu uns, nachdem alles vorüber war.

Das schlechte Ansehen unserer Kräfte machte uns dennoch nicht verzagt: vielmehr beschlossen wir, den Feind gleichwohl anzufallen, zumal wir den Vorteil des Windes auf unserer Seite hatten und es also an uns gelegen war, ob wir uns schlagen wollten oder nicht. Um vier Uhr nachmittags lichteten wir die Anker, und als wir alle unter Segel waren, liefen wir stracks auf den Feind zu, der auch den Vorteil des Windes zu gewinnen trachtete, um seinerseits auf uns loszugehen. Weil aber die Nacht darüber hereinbrach, feuerte man auf beiden Seiten nur einige Kanonenschüsse ab. Gegen Beginn der Dämmerung gab der spanische Admiral seiner Flotte das Zeichen, Anker zu werfen. Auch sahen wir auf dem Mastkorb seines Schiffes eine halbe Stunde lang ein Licht; danach verschwand es, doch sahen wir es kurz darauf wieder. Weil wir den Wind vor uns hatten, blieben wir unter Segel, indem wir vermeinten, das Licht wäre noch das auf des Admirals Mastkorbe. Hernach wurden wir gewahr, daß wir das Opfer einer List geworden, denn das zweitemal war das Licht auf den hohen Mastkorb einer Barke gesteckt worden, welche die Spanier sich etwas hatten absetzen lassen. Dadurch wurden wir betrogen, denn wir waren immer noch unserer ersten Ansicht, dies sei das Licht auf dem Mastkorb des Admiralsschiffes und wir wären demnach noch immer oberhalb des Windes.

Als nun der Tag anbrach, erkannten wir, daß wir den Vorteil des Windes verloren hatten und daß die Spanier mit vollen Segeln auf uns zukamen. Wir machten unterschiedliche Wendungen, das Verlorene wiederzugewinnen; als wir aber den ganzen Tag gleichsam halb auf der Flucht gefochten hatten und fast um die ganze Bucht von Panama herumgewandert waren, kamen wir wieder an die Insel Pacheque und ankerten dort. Solchergestalt lief das Treffen damals ab, und damit gingen alle Anschläge, die wir seit fünf oder sechs Monaten gemacht hatten, zugrunde, denn statt daß wir uns der spanischen Flotte und der Schätze, die sie mit sich führte, hätten bemächtigen können, durften wir obendrein noch froh sein, daß wir davongekommen waren. Dieses Glück hatten wir auf gewisse Weise der Zaghheit unserer Feinde zu verdanken, da diese nicht das Herz hatten, sich ihres Vorteils recht zu bedienen.

Am 30. morgens sahen wir drei Meilen von uns die ganze spanische Flotte liegen. Bis gegen 10 Uhr war kaum Wind zu spüren, danach erhob sich ein schwacher Südwind, unter welchem sie nach Panama segelte. Was die Spanier bei dem Gefechte verloren, weiß ich nicht; wir selber kamen mit einem einzigen Toten davon.

Wir hielten Rat untereinander und beschlossen, nach den Quibo-Inseln zu segeln, um daselbst eines von unseren Fahrzeugen zu suchen, das sich bei dem Treffen von uns hatte trennen müssen. Wir gingen also am 1. Juni 1685 unter Segel und fuhren zwischen dem Vorgebirge Garachine und den Rey-Inseln hindurch. Auf der Fahrt nach Quibo verlor Kapitän Branly seinen großen Mast, daher mußte er mit seinen Leuten die Barke verlassen und auf Kapitän Davids Schiff hinübergehen. Weil auch Kapitän Swans großer Mastbaum zerbrochen war, mußte er einen neuen machen lassen; wir aber setzten unterdessen unsere Reise dennoch fort und verloren ihn alsbald aus den Augen. Auf der Reise nach Quibo hatten wir recht schönes Wetter; am 15. Juni langten wir an und trafen Kapitän Harris, den wir gesucht hatten, dort allbereits vor.

Um diese Insel herum liegen noch viele andere. Sie haben wie Quibo sehr viel Wasser und Baumwuchs, gegen Norden liegt eine kleine Insel, namens Rancheria, auf welcher es viele Marienpalmbäume gibt. Diese sind groß und gerade und haben einen kleinen Wipfel, der Gleichheit des Namens ungeachtet aber sind sie von den richtigen Palmen ganz verschieden. Weil der Stamm dieser Bäume stark und von guter Länge ist, wird er gern verwendet, um Mastbäume daraus zu machen. Die Fäserchen seines Holzes laufen nicht wie bei anderen Bäumen der Länge nach aufwärts, sondern schlingen sich rundherum. Dieser Baum wächst an vielen Orten in Westindien, und, wie schon gesagt, bedienen sich sowohl die Engländer als die Spanier seiner gern für Mastbäume.

Am 16. stellte sich Kapitän Swan wieder ein und ankerte neben uns. Darauf beratschlagten die Kapitäne, was man tun sollte, um sein Glück zu machen, und weil sie es für unmöglich hielten, ihre Absichten zur See zu verwirklichen, wollten sie versuchen, ob sie nicht zu Lande glücklicher wären. Sie fragten die Steuerleute, an welche Orte an der mexikanischen Küste sie uns führen könnten, und weil die Stadt Leon die bedeutendste des ganzen Landes ist, wurde festgelegt, dorthin zu gehen, obgleich der Weg zu Lande etwas weit war. Unglücklich dabei war nur, daß wir nicht Kanus genug hatten, unser Volk an Land zu setzen, und daß wir solche nicht anders erlangen konnten, als indem wir Bäume abhauten und daraus welche machten. Unter dieser in Angriff genommenen Arbeit sandten wir 150 Mann ab, um die Stadt Puebla Nova auf dem Festlande wegzunehmen, weil wir hofften, darin einiges an Lebensmitteln zu erbeuten. Unsere Leute nahmen den Platz ohne Mühe ein und kamen am 24. zurück und brachten nichts mit; sie hatten bloß unterwegs eine leere Barke gekapert, die sie mit zurückbrachten.

Am 8. Juli stieß auch der schon genannte Kapitän Knight zu uns und ließ seine Leute gleichfalls Kanus machen. Dies geschieht folgendermaßen: zuerst wird ein hinlänglich dicker und langer Baum abgehauen. Darauf glättet man seine Oberseite, dreht ihn alsdann herum und gibt der anderen Seite den Umriß, den ein Schiffsboden haben soll. Ist das geschehen, so wird er abermals herumgedreht, und man beginnt mit dem Aushöhlen. Zu diesem Behufe macht man drei Löcher hinein, eines vorne, eines in der Mitte und eines hinten, um mittels ihrer die rechte Dicke des Schiffsbodens abzumessen, weil man diesen sonst leicht zu dünn machen könnte. Im allgemeinen macht man den Boden unten drei und oben anderthalb Zoll stark und spitzt das Boot an beiden Enden zu.

Am 20. Juli verließen wir Quibo und schlugen den Weg nach Realejo ein, dem Hafen der Stadt Leon, auf welche unsere Absichten gerichtet waren. Wir waren 640 Mann stark und hatten acht Schiffe unter dem Befehl der Kapitäne David, Swan, Townley und Knight, nebst einem Brander und drei Transportschiffen, wiewohl die letzteren nicht immer die volle Besatzung hatten. Am 8. August bekamen wir einen hohen spitzigen Berg zu Gesicht und erkannten in ihm, als Rauch daraus hervorkam, den Volcan Vejo, an welchem man vorbei muß, wenn man in den Hafen von Realejo will. Als wir ihn passiert hatten, setzten wir unsere Kanus aus und machten uns fertig, am nächsten Morgen hineinzusteigen.

Am 9. früh verließen wir ungefähr acht Meilen vor der Küste

unsere Schiffe, zu deren Bewachung wir nur wenige der Unsrigen zurückließen, und verteilten uns zu 520 Mann auf 31 Kanus, in denen wir auf den Hafen von Realejo zuruderten. Bis um zwei Uhr nachmittags hatten wir schön Wetter, alsdann aber überfiel uns vom Lande her ein Sturm mit solchem Donner, Blitz, Platzregen und grausamem Windsbrausen, daß wir meinten, wir müßten alle zugrunde gehen. Weil die kleinen Kanus sehr leicht waren, hoben die Wellen sie stets ganz in die Höhe, während die anderen, schwereren Boote alle Augenblicke fürchten mußten, von den Wogen verschlungen zu werden. Unsere Kanus waren ständig halb voll Wasser, obwohl zwei Mann sie unaufhörlich ausschöpften. Dieser Sturm währte beinahe eine halbe Stunde und ließ dann allmählich mehr und mehr nach. Um sieben Uhr abends war die See wieder ganz still und so eben wie ein Teich. Hierauf trachteten wir, an Land zu gelangen; weil wir aber keine Möglichkeit sahen, das noch vor Tagesanbruch ins Werk zu setzen, fuhren wir etwas zurück, damit wir nicht gesehen würden. Als es nun Tag wurde, waren wir noch fünf Meilen von der Küste entfernt; das kam uns sehr weit vor, denn wir hatten damit gerechnet, am Abend an Ort und Stelle zu sein. Um drei Uhr nachmittags überfiel uns wieder ein Sturm, der viel grausamer war als jener, den wir tags zuvor ausgestanden hatten, und die Gefahr war noch weit größer. Sobald sich die Wut des Sturmes gelegt hatte, ruderten wir frisch dem Lande zu und liefen bei Nacht in den Hafen ein.

Am anderen Morgen fuhren wir in die Bucht ein, die ungemein eng und auf beiden Seiten so niedrig ist, daß die Flut über beide Ufer steigt. Sie sind voller roter Mangroven, so daß man nicht durchkommen kann. Hinter diesen Bäumen haben die Spanier eine Schanze aufgeworfen, um den Feind von einer Landung abzuhalten. Einige Indianer, die in dieser Schanze waren, wurden durch das Geräusch unserer Ruder erschreckt und flohen sogleich nach Leon, um dort unseren Angriff kundzutun. Wir landeten so geschwind als möglich und setzten den Flüchtenden nach. Auch wurden 460 Mann geradewegs nach der Stadt in Marsch gesetzt, während ich mit 59 Mann zur Bewachung der Kanus zurückgelassen wurde.

Die Stadt Leon liegt 20 Meilen landeinwärts, der Weg dorthin ist eben und führt durch ein Land voller Viehweiden von langem Grase, hie und da unterbrochen durch hochstämmige Gehölze. Fünf Meilen vom Ufer ist eine Zuckersiederei, drei Meilen weiter eine zweite und noch zwei Meilen weiter ein schöner, nicht tiefer Fluß, den man überqueren muß. Leon selbst liegt in einer Ebene, unweit eines hohen Berges, des Vulkans von Leon, der oft Rauch und Flammen speit und der von See aus zu sehen ist. Die Häuser in Leon sind nicht hoch, aber fest gebaut, geräumig und von Gärten umgeben. Die Mauern sind von Stein und die Dächer aus Ziegeln. Als Handelsort ist Leon nicht sehr bedeutend, und viel Geld ist dort nicht zu holen; den Reichtum der Stadt machen vielmehr die Viehzucht und der Anbau von Zuckerrohr aus.

Gegen acht Uhr stiegen unsere Leute aus den Kanus und begannen ihren Marsch. Kapitän Townley bildete mit 80 ausgesuchten Männern die Vorhut, ihm schloß sich Kapitän Swan mit 100 Mann an, darauf folgte Kapitän David mit einem Trupp von 170 Mann, und Kapitän Knight befehligte die Nachhut. Vier Meilen vor der Stadt stieß Kapitän Townley, der weit voraus marschierte, auf einen Haufen von ungefähr 70 Reitern, die jedoch einem Kampfe auswichen. Gegen drei Uhr brach Townley allein mit seinen 80 Mann in die Stadt ein und wurde in einer breiten Gasse von 170 spanischen Reitern tapfer angegriffen. Nachdem aber zwei oder drei ihrer Offiziere niedergeschossen waren, ergriffen die übrigen die Flucht. Als ihr Fußvolk, das in einer Stärke von beinahe 500 Mann auf dem großen Platze aufgestellt war, die Reiter weichen sah, wurde es gleichfalls flüchtig und überließ Kapitän Townley die Stadt. Also blieb die Stadt in der Gewalt unserer Leute, die nacheinander dort einzogen.

Am nächsten Tage erschossen die Spanier einen von unseren Leuten, welcher den anderen nicht hatte folgen können. Es war ein braver alter Mann von ungefähr 84 Jahren, der während der Rebellion der Iren unter Cromwell gedient hatte, hernach nach Jamaica gegangen und seither stets unter den Freibeutern geblieben war. Er hatte nicht bei der Bewachung der Kanus bleiben

wollen, so sehr man ihn auch bat, und sagte, er wolle dieselben
Gefahren bestehen wie die anderen. Als die Spanier ihn umringt
hatten, mochte er weder um Gnade bitten noch solche annehmen,
sondern schoß mitten unter sie und hatte noch eine zweite ge-
ladene Pistole, so daß sie ihn von weitem totschossen. Ein anderer Engländer war ebenfalls aus Müdigkeit zurückgeblieben und
wurde auch gefangen. Als er vor den Gouverneur von Leon
gebracht wurde, erkannte ihn ein Mulattenweibsbild, das dort in
Diensten stand. Sie erinnerte sich seiner von den Canarischen
Inseln, wo er lange Zeit gelebt hatte, so daß er auch gut spanisch
reden und schreiben konnte. Als er nach unserer Stärke gefragt
wurde, sagte er, es seien unser 1000 in der Stadt und dazu noch
500 auf den Kanus. Das war gut für uns, die an der Küste
verblieben waren, denn wenn man uns nur täglich ein Scharmützel geliefert hätte, so wären wir leicht dabei draufgegangen.
Dieser Bericht indessen machte den Gouverneur so verzagt, daß
er sich niemals unterstand, die Unsrigen anzugreifen, wiewohl
er selber mehr als 1000 Mann beisammen hatte. Gegen Mittag
steckte er eine Fahne aus und bat dergestalt um Waffenstill-
stand. Er erbot sich, die Stadt lieber auszulösen als sie abbren-
nen zu lassen, worauf unsere Kapitäne 300 000 spanische Taler
und Lebensmittel für 1000 Mann auf vier Monate forderten,
sowie den Austausch des gefangenen Engländers gegen einige
gefangene Spanier. Mit dem Auslösen war es jedoch den Spaniern nicht ernst gemeint, sie wollten vielmehr bloß Zeit gewinnen, um unterdessen mehr Volk an sich zu ziehen. Weil unsere
Offiziere nun in Erwägung zogen, wie weit sie von den Kanus
entfernt waren, beschlossen sie, sich wieder dorthin zu begeben,
steckten also am 14. morgens die Stadt in Brand und zogen anschließend zurück, wobei sie für den Rückweg mehr Zeit als für
den Hinmarsch benötigten. Am Abend langten sie bei den Kanus
wieder an und fuhren mit ihnen am nächsten Morgen zum Hafen Realejo, wo am Nachmittag auch unsere großen Schiffe ankamen und ankerten.

Ohne auf großen Widerstand zu stoßen, marschierten wir
nach Realejo, das in einer Ebene, am Ufer eines kleinen Flusses
gelegen ist. Es ist eine ziemlich große Stadt mit drei Kirchen,

einem Spital und etlichen schönen Häusern, um welche große Höfe sind. Es ist ein recht ungesunder Ort, weil er so nahe an stillstehenden Wässern liegt, daß es allda immer stinkt und man ein Spital wohl nötig hat. Es wachsen dort allerlei Früchte wie Guava, Ananas, Melonen und Stachelbirnen. Tiefer landeinwärts sind etliche Zuckersiedereien und Vorwerke, wo Rindvieh gehalten wird. Auch gibt es dort viel Pech und Weintrauben, ferner verfertigt man in der Gegend viele Taue und Stricke, welche das wichtigste Erzeugnis sind. Zu diesem Realejo kamen wir nun ungehindert, fanden in der Stadt aber bloß leere Häuser oder allenfalls das, was die Einwohner nicht hatten fortschleppen können oder wollen. Das war allerhand an Mehl und einiges an Pech, Weintrauben und Tauwerk; das ließen wir alles an Bord schaffen, weil wir dergleichen vonnöten hatten. Überdies suchten wir die Zuckersiedereien und Viehstallungen täglich heim und gingen stets zu 20 oder 30 Mann miteinander, damit ein jeder etwas tragen konnte, da wir ja keine Pferde hatten. Dort blieben wir vom 17. bis zum 24., an welch letzterem Tage einige von uns, denen das Anzünden Spaß machte, Feuer legten. Ich weiß zwar nicht, ob jemand einen solchen Befehl gegeben hat, doch ließen wir die Stadt brennen und zogen wieder ab und begaben uns erst auf unsere Kanus und dann auf unsere Schiffe zurück.

Am 25. August trennten sich die Kapitäne David und Swan voneinander, denn David wollte nach den Küsten von Peru zurück, Swan aber weiter nach Westen. Bisher war ich stets bei Kapitän David gewesen, doch jetzt verließ ich ihn und ging zu Kapitän Swan über, weil ich die nördlichen Teile der mexicanischen Küste kennenlernen wollte. Ich kannte nämlich Kapitän Swans Vorhaben, soweit wie möglich nach Norden zu segeln und sich dann nach Ostindien zu begeben, zu welcher Reise ich große Lust hatte, weil sie meiner Reisebegierde trefflich entgegenkam. Kapitän Townley mit seinen zwei Barken wollte bei uns bleiben, die Kapitäne Harris und Knight aber schlossen sich David an. Mit beiderseitigen Kanonenschüssen nahmen wir voneinander Abschied.

Wir blieben noch eine Weile liegen und nahmen Wasser und

Brennholz an Bord. Einige unserer Leute, die sich bisher ganz wohl befunden hatten, bekamen Fieber. Ich weiß nicht, ob die üble Luft oder die von Natur ungesunde Stadt daran schuld waren; aber ich glaube sehr wohl, daß wir diese Krankheit zu Realejo bekommen hatten, denn man sagte uns, in der Stadt hätten pestilenzialische Fieber geherrscht, so daß viele Leute deswegen fortgezogen seien. Am 3. September morgens fuhren wir los und machten uns auf den Weg nach Westen. Genau wie die anderen, die uns verlassen hatten, zählten wir vier Schiffe und ungefähr 340 Mann. Solange wir die Küste entlang segelten, hatten wir überaus böses Wetter, und es verging kein Tag, an dem wir nicht ein oder zwei starke Stürme mit schrecklichen Donnerschlägen und Blitzen gehabt hätten, wie ich dergleichen mein Lebtag nicht gesehen.

Endlich entfernten wir uns von der Küste und sahen erst wieder Land, als wir am 14. den Vulkan von Guatemala zu Gesicht bekamen. Dies ist ein sehr hoher Berg mit zwei Spitzen, die wie zwei Zuckerhüte emporstehen. Guatemala ist wegen der vielen kostbaren Waren, die das umliegende Land hervorbringt, eine berühmte Stadt. Darunter ist etliches, was einzig und allein hier gedeiht und jedes Jahr nach Europa geschickt wird, vornehmlich vier kostbare Farbstoffe: Indigo, Anatta, Cochenille und Silvester.

Das Indigo wird aus einem Kraut von anderthalb oder zwei Fuß Höhe gewonnen, welches voller Zweige mit Blättern ist, die den Flachsblättern ähnlich sehen, außer, daß sie breiter und stärker sind. Diese Staude wird abgeschnitten, in eine zu diesem Zweck ausgehobene Grube geworfen, die halb voll Wasser ist. Darin muß das Kraut so lange liegen bleiben, bis Blätter und Rinde abgefault und abgefallen sind. Dann muß man mit den Händen kräftig darin herumrühren und den Teig im Wasser so lange mischen, bis die breiige Substanz ganz fein verteilt ist. Darauf nimmt man das Holz wieder heraus, und das Wasser sieht wie Tinte aus; das Indigo aber fällt wie Kot auf den Boden. Dann läßt man das Wasser ablaufen, nimmt diesen Bodensatz heraus und läßt ihn an der Sonne trocknen, bis er hart geworden ist und in dieser Gestalt zu uns gesandt wird.

Ein Cochenillebaum

Otta oder Anatta ist eine rote Farbe, welche man aus einer roten Blume macht, die auf einem sieben oder acht Fuß hohen Strauche wächst. Auch sie wird wie das Indigo in eine Grube mit Wasser geworfen, jedoch mit dem Unterschied, daß dazu nur die bloße Blüte genommen wird. Sobald das alles verfault ist, wird es durch fleißiges Herumrühren, wie das Indigo, zu einem weichen Teige. Wenn sich dieser gesetzt hat und das Wasser abgelassen worden ist, macht man runde Röllchen oder Kügelchen aus der Masse und läßt sie an der Sonne trocknen.

Die Cochenille ist eine Fliege, welche in der Frucht eines ungefähr fünf Fuß hohen, stachligen Strauches gezeugt wird. Ganz oben an der Frucht wächst eine rote Blüte heraus. Sobald sie ausgewachsen ist, legt sie sich über die Frucht, welche sich alsdann zu öffnen beginnt, und bedeckt diese so vollständig, daß weder Regen noch Tau hineindringen können. Einen oder zwei Tage, nachdem sich die Blüte so gelegt hat und ihre Blätter von der Sonne ganz verbrannt worden sind, öffnet sich die Frucht ungefähr so weit, wie die Öffnung eines Weinmaßes, und sie ist alsdann voll kleiner roter Fliegen, die erstaunlich kleine Flügel haben. Wie diese Fliegen nun darin geboren sind, würden sie auch darin sterben und in dieser Schale verfaulen, weil sie die Frucht, die ihnen das Leben gegeben hat, schon verzehrt haben und also keine Nahrung mehr hätten; allein die Indianer, die große Felder mit diesem Strauch bepflanzen, tragen schon Sorge, die Fliegen herauszubringen. Zu diesem Zwecke breiten sie unter dem Baum ein großes Tuch aus und schlagen hernach die Zweige mit Stecken; sie plagen die armen Fliegen so sehr, daß sie heraus müssen. Zwar flattern sie dann um den Baum, jedoch ist ihnen die Sonnenhitze so zuwider, daß sie bald tot auf das untergebreitete Tuch fallen. Hier lassen die Indianer sie zwei oder drei Tage liegen, bis sie ganz trocken sind. So lange dieses Tierchen fliegt, ist es rot; wenn es heruntergefallen ist schwarz; sobald es ganz trocken ist, so weiß wie das Tuch, worauf es liegt; kurz darauf aber bekommt es wieder eine andere Farbe. Dies also ist die Fliege, mittels derer der so hoch geschätzte Scharlach gefärbt wird.

Das Silvester ist eine rote Beere, welche in einer Frucht

wächst, die der Cochenillefrucht sehr ähnlich sieht, wie auch dieser Baum dem Cochenillebaum sehr ähnelt. An den Spitzen der Zweige zeigt sich zunächst eine gelbe Blüte, später die Frucht, welche länger ist als diejenige der Cochenille. Wenn sie reif ist, öffnet sie sich gleichfalls; sie steckt voller kleiner Kerne oder Beeren, die bei der geringsten Bewegung herausfallen. Die Indianer, welche die Früchte sammeln, stellen eine Schüssel darunter und schlagen hernach an den Baum. Diese Bäume wachsen wild, und von acht oder zehn solcher Früchte erhält man eine Unze Beeren, aus drei oder vier Cochenille-Früchten aber eine Unze Fliegen. Das Silvester färbt fast so schön wie die Cochenille und sieht ihr so ähnlich, daß man oft betrogen wird, dieweil es längst nicht so wertvoll ist wie Cochenille.

Als wir den Berg von Guatemala das erstemal sahen, waren wir, soweit wir ermitteln konnten, noch 25 Meilen von ihm entfernt. Je näher wir herankamen, desto höher und gleichmäßiger erschien er uns; wir sahen aber kein Feuer, sondern nur etwas Rauch herauskommen. Nach der See zu ist das Land ziemlich hoch, weiter landeinwärts jedoch niedriger. Acht oder zehn Meilen vor der Küste war die See voller schwimmenden Holzes; ich habe das auch anderswo, aber nirgends so viel wie hier, gesehen. Des weiteren schwimmt hier viel Bimsstein herum, der vermutlich aus dem brennenden Berge herausgeschleudert und hernach vom Regen ins Meer geschwemmt worden ist.

Zu Anfang Oktober liefen wir bei schönem Wetter und gutem Ostnordostwinde an der Westküste hin und kamen nach Guatulco, das einer der besten Häfen in Mexico ist. Ungefähr eine Meile von der Hafeneinfahrt an der Ostseite, nahe am Lande, liegt eine kleine Insel und auf der Westseite der Einfahrt ein großer ausgehöhlter Felsen. Unaufhörlich schlägt das Wasser in die Höhlung hinein und dringt wieder heraus, wodurch ein lautes Geräusch entsteht, das sehr weit zu hören ist. Die Wellen treiben das Wasser durch ein kleines Loch oben im Felsen wie durch eine Röhre wieder heraus, was beinahe so aussieht, als wenn ein Walfisch Wasser speit, womit auch die Spanier den Vorgang vergleichen. Selbst wenn das Meer ganz still ist, schlägt es doch an den Felsen und macht, daß das Wasser oben herausspritzt, so daß der Felsen jederzeit ein brauchbarer Wegweiser ist, um den Hafen zu finden.

Kapitän Swan, der sehr krank gewesen war, ließ sich und alle anderen Kranken nebst einem Wundarzt, der sie pflegen sollte, hier an Land setzen. Kapitän Townley zog aber mit einer Gruppe seiner Männer aus, um bewohnte Plätze und Menschen zu suchen. Als er am 6. Oktober mit 140 Mann wieder an Land ging, um sich durch einen Indianer zu den Wohnstätten führen zu lassen, ging ich mit ihm. Erst am 8. gelangten wir an ein kleines indianisches Dorf, wo sehr viel von einer gewissen Frucht, Vanille, zum Trocknen in Luft und Sonne ausgebreitet lag.

Diese Vanille ist eine kleine Schote voller kleiner schwarzer Körner, etwa vier bis fünf Daumen lang, und so dick wie die Stiele an Tabakblättern, welchen es in trockenem Zustande ganz ähnlich sieht. Wo sie es bekamen, haben es unsere Freibeuter anfangs stets weggeworfen und sich dabei gewundert, daß die Spanier Tabakstiele aufheben. Diese Schote wächst auf einem Stamm, der wie ein kleiner Weinstock aussieht und sich an die ihm zunächststehenden Bäume anhängt und diese umwindet. Als erstes kommt eine gelbe Blüte hervor, und aus dieser wird nachher die Schote, die anfangs grün, in reifem Zustande aber gelb ist. Alsdann nehmen die Indianer die Schoten ab, trocknen sie an der Sonne, wonach sie süß schmecken und allmählich eine dunkelgraue Farbe annehmen.

Am 10. Oktober sandten wir vier Kanus nach Westen mit dem Befehl, nach Port Angels voraufzufahren, und hofften, sie würden dort einige Gefangene machen können, die uns Nachricht vom Zustand des Landes zu geben wüßten. Wir folgten mit unseren Schiffen. Mittlerweile hatten sich unsere Kranken von dem Fieber, das sie seit der Abfahrt von Realejo geplagt hatte, ziemlich wieder erholt. Am 12. Oktober 1685 liefen wir aus dem Hafen von Guatulco aus und hielten uns bei gelindem Winde an der Westküste so nahe an Land, als wir konnten. Wir folgten unseren Kanus und trafen am 22. zwei von ihnen, die uns sagten, daß sie sehr weit im Westen gewesen seien, Port Angels aber nicht hätten finden können. Tags zuvor hatten sie an einer Stelle, wo viel Ochsen und Kühe weideten, an Land gehen wollen, um etliche davon zu bekommen, aber die See war so hoch gegangen, daß alle Kanus zum Kentern gebracht worden waren. Alle Waffen waren naß und vier Flinten verloren worden, und ein Mann war ertrunken, während sich die übrigen mit großer Not hatten retten können. Wo die zwei anderen Kanus hingekommen waren, wußten sie nicht, denn sie hatten einander schon in der ersten Nacht nach der Abfahrt von Guatulco verloren.

In Wirklichkeit lagen wir Port Angels unmittelbar gegenüber; unsere Leute in den Kanus hatten es bloß nicht erkannt. Wir fuhren also in die Bucht ein und ankerten dort. Am 23. setzten wir 100 Mann an Land, die zu einem nahegelegenen Vorwerk zogen, wo sie auf der Weide reichlich Ochsen und fette Kühe fanden, sowie in dem Hause Salz, Mais, Schweine und Geflügel im Überfluß; die Einwohner waren ihnen freilich entwischt. Hier blieben wir zwei oder drei Tage und ließen es uns bei diesen Vorräten wohl sein, doch konnten wir davon nichts an Bord bringen, weil der Weg weit war und unsere Leute matt und weil obendrein ein großer Fluß hätte überquert werden müssen. Also kehrten wir am 26. wieder zurück, und dabei schleppte jeder ein kleines Rind oder ein Schwein, um es denen mitzubringen, die auf den Schiffen geblieben waren. In den zwei Nächten, die wir auf dem Vorwerke verbrachten, hörten wir die ganze Zeit hindurch ziemlich in unserer Nähe ein starkes Bellen. Zwar sahen wir nichts, doch meinte ich, es könne wohl ein Haufen Schakale gewesen sein, wiewohl ich ihrer in Amerika sonst nie gesehen noch gehört habe; es mochten wohl wenigstens 30 bis 40 dieser Tiere gewesen sein. Gegen Abend kamen wir wieder zu unseren Schiffen, ohne irgendwelche Nachrichten von den zwei anderen Kanus zu erfahren.

Erst in der Nacht des 28. Oktober trafen wir unsere beiden vermißten Kanus wieder an. Auf der Suche nach Port Angels waren sie bis nach Acapulco geraten. Als sie auf dem Rückwege in einen breiten Fluß einliefen, um Wasser zu holen, waren sie von 150 Spaniern angegriffen worden. Dessenungeachtet aber und obwohl einer der Unsrigen verwundet worden war, hatten sie Wasser bekommen. Danach waren sie in einen Salzwassersee gekommen, wo sie eine Menge getrocknete Fische gefunden und einen Teil davon an Bord genommen hatten. Weil wir nun gerade auf der Höhe dieses Sees lagen, schickten wir ein Kanu mit 12 Mann hin, um noch mehr dieser Fische zu holen. Die Einfahrt zu dem See ist kaum einen Pistolenschuß breit, und zu beiden Seiten hat die Natur ziemlich hohe Felsen so bequem hingesetzt, daß sich dazwischen und dahinter viele Leute verbergen können. Die Spanier, die wegen des Besuchs unserer Kanus wenige Tage zuvor noch wachsam waren, kamen bewaffnet dorthin, um auf ihre Fische achtzugeben. Sie verkrochen sich nun, als sie unsere Kanus sahen, hinter die Felsen und ließen sie passieren, dann aber beschossen sie die Unsrigen und verwundeten ihrer fünf. Dies bestürzte unsere Leute anfangs, sie erwiderten jedoch das Feuer und fuhren weiter in den See hinein, denn zurück konnten sie nicht, weil die Einfahrt zu eng und fast eine viertel Meile lang war. Sie ruderten also bis mitten auf den See, wo sie außer Schußweite der Spanier waren, und sahen sich nach einer anderen, breiteren Ausfahrt um, konnten aber keine entdecken. Sie blieben zwei Tage und drei Nächte drinnen und hofften, wir würden sie suchen. Wir aber lagen drei Meilen von dort vor Anker und warteten auf die Kanus; weil sie so lange ausblieben, nahmen wir gar an, sie hätten irgend etwas Besonderes entdeckt und nicht bloß Fische geholt. Diese Mutmaßung war auch deshalb nicht unbegründet, weil bei derlei Unternehmungen die Freibeuter die Gewohnheit haben, weiterzugehen, als sie sich eingangs vorgenommen, wenn nur etwas sie dazu verlockt. Kapitän Townley, der mit seiner Barke näher an Land war als wir andern, hatte jedoch das Schießen gehört und war darauf mit seinem Kanu an die Küste gefahren, hatte die Spanier aus ihren Felslöchern herausgejagt und dergestalt den Unsrigen die Ausfahrt aus dem See wieder geöffnet; sie hätten sonst darin entweder Hungers sterben müssen oder wären von den Feinden niedergemacht worden. So nun kamen sie am 31. Oktober wieder zu uns an Bord.

Bei unserer nächsten Landung fanden wir zwei bis drei Meilen einwärts ein einziges Haus und darin ein Mulattenweib, welches uns sagte, daß erst kürzlich ein Schiff von Lima in

Acapulco angekommen wäre. Kapitän Townley, der ein gutes
Schiff brauchte, meinte, dies wäre eine gute Gelegenheit, eines
zu bekommen, wenn er nur seine Leute bereden könnte, mit ihm
im Hafen von Acapulco das gedachte Schiff zu kapern. Townley
fand seine und einen Teil von Swans Leuten bereit und willig,
ihm dabei zu helfen. Kapitän Swan dagegen hielt es nicht für
ratsam, diesen Streich zu wagen; da wir viel zu wenig Lebensmittel hatten, glaubte er, die Zeit sei besser angewendet, wenn
wir uns vorher damit versehen würden. Allein vermochten
weder die augenscheinliche Not noch Kapitän Swans Rat in diesem Falle etwas gegen die Aussicht, dem spanischen Schiff,
welches alljährlich reich beladen von den Philippinischen Inseln
nach Acapulco fährt, aufzulauern, und so behielt Kapitän
Townleys Meinung die Oberhand. Wir nahmen nur Wasser ein
und gingen am 5. November nachmittags wieder unter Segel.
Als wir am 7. nachmittags ungefähr zwölf Meilen von der Küste
waren, sahen wir die sehr merkwürdigen hohen Gebirge von
Acapulco. Unter anderm liegt ein runder Berg zwischen zwei
anderen, von denen der südliche sehr groß und hoch ist und oben
auf dem Gipfel noch zwei kleinere trägt, die einem Paar Brüste
gleichen. An diesem Abend ging Kapitän Townley mit 150
Mann in zwölf Kanus, um zu versuchen, ob er das aus Lima an-
gekommene Schiff aus dem Hafen von Acapulco entführen
könne.
Acapulco ist eine ziemlich große Stadt; es ist der Hafen der
Stadt Mexico an der Westküste des Festlandes, wie das Veracruz in der Bucht von Neu-Spanien an der Nordseite ist. Acapulco ist auch der einzige Handelsplatz an dieser ganzen Küste,
denn an der Nordwestseite, die einen Teil dieses großen Reiches
ausmacht, wird wenig oder gar kein Handel zur See getrieben,
und es gibt dort, soweit ich wenigstens gesehen habe, keine Fahrzeuge, weder Barken noch Schiffe, außer jenen, die von anderswo hierherkommen. Es sind nur drei Schiffe, die mit Fracht nach
Acapulco fahren: zwei davon fahren jedes Jahr zwischen Acapulco und Luzon, einer der Philippinischen Inseln, hin und her,
und das dritte kommt gleichfalls jedes Jahr einmal von Lima.
Es trifft im allgemeinen kurz vor Weihnachten hier ein und

bringt Quecksilber, Kakao und spanische Taler. Es bleibt, bis das Schiff von Manila ankommt, und lädt alsdann Gewürze, Seide, indianische Sklaven und andere Waren, an denen es in Peru mangelt und womit es wieder nach Lima zurückfährt.

Der Hafen von Acapulco ist sehr bequem für das Einlaufen der Schiffe und so breit, daß ihrer etliche Hundert auf Reede liegen können. Die Stadt liegt gegen Nordwesten vom Hafen aus, an ihrem Ende ist ein flaches, mit mehreren Kanonen besetztes Bollwerk. Ihr gegenüber, auf der Ostseite, liegt eine Befestigung, die mit bis zu 40 großen Kanonen bestückt sein soll. Die Schiffe passieren das Bollwerk und die Befestigung auf Schußweite, um tiefer in den Hafen hineinzugelangen.

Nachdem nun, wie schon geschildert, Kapitän Townley mit 140 Mann von Bord gegangen war, um das Schiff von Lima wegzunehmen, waren sie kaum drei oder vier Meilen weit gerudert, als es schien, als solle ihre Fahrt mit dem Verlust aller Männer ein Ende finden, denn sie wurden plötzlich von einem starken Sturmwinde überfallen, der die Kanus auf den Grund des Meeres zu schicken drohte. Sie kamen aber doch noch davon und liefen in der nächsten Nacht frisch und gesund in Port Marquis ein. Dies ist ein guter Hafen, eine Meile westlich des Hafens von Acapulco gelegen. Dort blieben sie den ganzen Tag über und trockneten ihre Kleider und Waffen und das Pulver und begaben sich des Morgens aber in aller Stille in den Hafen von Acapulco. Weil sie gänzlich ungehört bleiben wollten, bedienten sie sich nicht der Ruder, sondern stießen ihre Boote mit einer Stange fort. Als sie dicht genug herangekommen waren, sahen sie das Schiff zwischen dem Bollwerk und der Befestigung liegen. Nachdem sie alles genau betrachtet und die Gefahr erkannt hatten, in welche sie sich bei dem ferneren Unternehmen stürzen würden, kamen sie zu der Einsicht, daß es unmöglich sei, ihren Plan auszuführen. Deshalb machten sie sich so sachte, wie sie gekommen waren, wieder auf den Rückweg, bis sie das Geschütz von der Festung nicht mehr erreichen konnte. Dann setzten sie an Land und gingen auf eine Kompanie Spanier los, welche man zur Sicherung der Küste dorthin entsandt hatte, da denn die Unsrigen schon am vorigen Tage gesehen worden waren. Unsere Leute gaben sogleich Feuer, taten jedoch den Feinden keinen Schaden; darauf warteten sie an der Hafeneinfahrt den Anbruch des Tages ab und kamen dann endlich ganz müde, hungrig und voll Verdruß, weil der Anschlag so übel geraten war, wieder zurück.

Am 12. November zogen wir die Segel wieder auf und fuhren weiter nach Westen. Jenseits des Berges von Petaplan, welcher sich mit einer runden Spitze ins Meer streckt, warfen wir Anker und setzten 170 Mann an Land. Wir streiften zehn oder zwölf Meilen ins Land hinein und kamen zu einem armseligen indianischen Dorf, fanden aber nicht so viel Lebensmittel darin, daß wir eine Mahlzeit davon hätten halten können. Alles Volk war geflohen bis auf ein Mulattenweib und zwei oder drei kleine Kinder, die wir mit uns an Bord nahmen. Das Weib sagte uns, daß ein gewisser Eseltreiber mit einer ganzen Herde Maulesel, beladen mit Mehl und Kaufmannswaren, nach Acapulco wollte. Er hätte sich aber vor uns gefürchtet, weil er gehört hatte, daß wir an dieser Küste wären, und so liege er an einem Orte etwas westlich des Dorfes still. Weil sie glaubte, daß er noch an jenem Ort sei, behielten wir das Weib bei uns, damit sie uns dann an den benannten Ort führen solle. Am 14. früh zogen wir mit sechs Kanus und 95 Mann aus, den Eseltreiber zu suchen, wobei uns das Weib den Weg weisen mußte. So stießen wir dann auf den Eseltreiber und nahmen ihn mitsamt seinen Eseln und den darauf geladenen Gütern gefangen: dies waren 40 Säcke Mehl, etwas Schokolade, sehr viel kleine Käse und ein Haufen irdener Gefäße. Wir nahmen die Eßwaren alle an uns, ließen ihm aber das irdene Geschirr, weil wir es nicht brauchten. Die Maulesel, deren er etwa 60 hatte, brauchten wir, um unsere Beute an die Küste zu schaffen, und schickten sie ihm hinterher wieder zurück. Auch töteten wir etliche Kühe und ließen sie zu unseren Kanus bringen. Dem Mulattenweib und ihren Kindern gaben wir Kleider, von den Kindern aber behielt Kapitän Swan einen feinen artigen Knaben von ungefähr sieben oder acht Jahren bei sich. Das Weib schrie und bat inständig, sie wolle ihn wieder haben, doch Swan antwortete ihr darauf lediglich durch das Versprechen, er wolle ihn gut halten, wie er das dann auch tat.

Der Knabe erwies sich als sehr gelehrig, es fehlte ihm weder an Verstand noch an Mut und Geschicklichkeit, so daß ich über sein Reden und Tun oft staunen mußte.

Am 26. November nahmen die Kapitäne Swan und Townley ihre Kanus und 200 Mann, unter denen auch ich mich befand, und wollten die Stadt Colima suchen, die dem Vernehmen nach sehr reich sein soll; wie tief ins Land hinein sie liegt, habe ich freilich nicht erfahren können. So war denn auch unser weiteres Herumschwärmen gänzlich vergebens, und obwohl wir noch 20 Meilen längs der Küste hinfuhren, fanden wir sie doch überall zum Landen und Aussteigen zu unbequem. Am 28. kehrten wir ganz ermüdet und ohne Hoffnung, die Stadt noch zu finden, zu unseren Schiffen zurück, die gegenüber dem Orte lagen, wo wir waren. Es ist sonst unsere Gewohnheit, wenn wir uns von den Schiffen fortbegeben, diesen eine bestimmte Stelle zu benennen, wo sie auf uns warten sollen, oder ihnen durch ein oder mehrere Rauchzeichen mitzuteilen, wo wir sind. Bei meiner vorigen unglücklichen Reise, die ich mit Kapitän Sharp nach Arica getan hatte, wäre uns das beinahe übel ausgeschlagen und hätte uns fast Kopf und Kragen gekostet. Denn nachdem wir geschlagen und viele von uns durch die Spanier gefangengenommen worden waren, hatten mehrere von ihnen den Spaniern offenbart, daß zwischen ihnen und ihren auf den Schiffen verbliebenen Kameraden verabredet worden war, daß sie ihnen, sobald die Stadt eingenommen wäre, mittels eines an zwei verschiedenen Stellen gemachten großen Rauches ein Zeichen geben wollten, daß sie ganz sicher in den Hafen einlaufen könnten. Die Spanier unterließen daraufhin nicht, sogleich Rauch zu machen. Einerlei, ob wir nun argwöhnisch wurden oder etwas anderes uns furchtsam machte, gewiß ist jedenfalls, daß wir still liegenblieben, bis wir unsere Leute einzeln und zerstreut wiederkommen sahen. Wären wir nun auf dieses falsche Zeichen hin in den Hafen eingelaufen, so hätte man uns entweder gefangengenommen oder in Grund geschossen. Doch fahren wir mit unserer Reisebeschreibung fort.

Am 1. Dezember passierten wir den Hafen von Sallagua, der eine ziemlich tiefe Bucht ist, die in der Mitte durch zwei spitzige

Felsen geteilt wird, also gleichsam zwei Häfen darstellt. Wir sahen dort ein großes Haus und viele Spanier zu Pferde und zu Fuß, die uns, als wir dort lagen, mit klingendem Spiel und fliegenden Fahnen herausforderten. Wir taten jedoch, als sähen wir sie nicht, setzten aber am folgenden Tage 200 Mann an Land, um zu sehen, ob die Spanier so viel Herz hätten, sich uns zu stellen, allein sie wichen alsobald zurück. Das Fußvolk gab keinen einzigen Schuß ab, die Reiterei hingegen hielt stand, bis ihrer zwei oder drei zu Boden stürzten, woraufhin sie gleichfalls zu fliehen begannen und von den Unsrigen verfolgt wurden. Endlich fingen unsere Leute zwei Pferde ein, welche ihre Reiter verloren hatten, setzten sich darauf und jagten den Spaniern mit solchem Eifer nach, daß sie mitten unter diese gerieten. Es war unsere Absicht gewesen, einige Gefangene zu machen und sie auszuforschen; stattdessen fehlte nun nicht viel, und die Unsrigen wären selbst gefangengenommen worden. Als sie nämlich ihre Pistolen abgefeuert hatten, umzingelten vier Spanier sie und warfen sie von den Pferden, so daß man sie gewißlich gefangengenommen oder erschossen hätte, wären nicht einige unserer herzhaftesten Leute ihnen zu Hilfe geeilt. Die vier Spanier warteten nicht, bis die Unsrigen auf Schußweite herangekommen waren, sondern stiegen beizeiten wieder in den Sattel und folgten ihrem Haufen nach, der schon ziemlich weit voraus war. Die Unsrigen folgten für eine Weile einem Wege, der weiter ins Land führte, doch kehrten sie wieder um, als sie keinerlei Zeichen von Einwohnern entdecken konnten. Auf dem Rückwege trafen sie zwei Mulatten, die sich nicht so geschwinde aus dem Staube gemacht hatten wie die anderen und sich in der Hoffnung zu entwischen in einem Gehölz versteckt hielten. Sie sagten, daß diese Straße nach einer großen Stadt Oarrha führte und von dort seien auch die schon erwähnten Reiter gekommen. Zu Pferde würde man vier Tagereisen dorthin brauchen, außerdem sei das Land arm und kaum bewohnt. Sie berichteten des weiteren, daß diese Truppen dem Schiffe zu Hilfe kommen wollten, dessen Ankunft von den Philippinischen Inseln jeden Tag erwartet würde und das die Reisenden, die nach Mexico wollten, aussetzen sollte.

Nach allem beschlossen wir, auf der Höhe des Vorgebirges Corriente* zu kreuzen und dem philippinischen Schiffe aufzulauern. Bei schönem Wetter und wenig Wind segelten wir am 6. Dezember an der Westküste hin. Hier bekam ich das Fieber, welches sich endlich zur Wassersucht entwickelte. Die Wassersucht ist die an dieser Küste vorherrschende Krankheit, und viele von unseren Leuten starben daran, wiewohl unsere Ärzte ihr Bestes dagegen taten. Die Einwohner halten für das beste Gegenmittel ein bestimmtes Steinchen von einem Alligator, welcher eine Art von Krokodil ist. In jedwedem Fuße hat dieses Tier vier solcher Steinchen nahe beieinander stecken. Ein solches muß man zu Pulver zerreiben und dann in Wasser einnehmen, wie wir dieses Rezept in einem zu Mexico gemachten Kalender aufgezeichnet gefunden haben. Ich würde es wohl probiert haben, konnte aber keinen Alligator finden, wiewohl sie sonst in dieser Gegend durchaus vorkommen.

Am 11. Dezember bekamen wir das Vorgebirge Corriente zu Gesicht. Es ist ziemlich hoch und hat steile Felsen, die sich bis ins Meer erstrecken. Hier wollten wir kreuzen, um das von den Philippinischen Inseln kommende Schiff zu erwarten, denn auf dem Rückwege kam es stets bei diesem Vorgebirge vorbei. Wir hatten insgesamt vier Schiffe, das des Kapitäns Swan nebst einem Transportschiff und dasjenige von Kapitän Townley und eine Barke. Kapitän Swans Schiff sollte sich acht bis zehn Meilen vor der Küste postieren und die übrigen zwischen ihm und dem Vorgebirge, jedes eine Meile weit vom andern, damit das philippinische Schiff um keinen Preis verfehlt werden möchte. Weil wir aber nicht genügend Lebensmittel hatten, schickten wir Kapitän Townleys Barke mit 50 bis 60 Mann nach Westen aus, welche bebaute Felder oder andere Plätze aufsuchen sollten, wo man allerhand Proviant bekommen könnte, während wir indessen an den vereinbarten Orten weiterkreuzen wollten. Die Barke kehrte aber am 17. zu uns zurück und brachte nichts mit, weil sie nicht auf die andere Seite des Vorgebirges hatte kommen

---

* Nicht zu verwechseln mit dem Cap gleichen Namens nahe der Bucht von Panama (siehe Karte)!

können, da nämlich die Winde an dieser Küste zumeist Nordwest- oder Südwestwinde sind. Sie hatten aber am Kap vier Kanus mit 46 Mann gelassen, die sich vorgenommen hatten, durch Rudern mit Gewalt nach Westen zu gelangen.

Am 20. fuhren wir auf der Südostseite zwischen die Inseln hinein und warfen Anker. Hier nahm Kapitän Townley 60 Mann und ging ein indianisches Dorf überfallen, das sieben oder acht Meilen von da lag. Als wir am 24. auf der Höhe des Caps kreuzten, kamen jene vier Kanus von Kapitän Townley wieder zu uns. Als sie die Barke verlassen hatten, waren sie nach dem Westen des Caps und weiter bis in das Tal Valderas gegangen. Dieses liegt am Ende einer tiefen Bucht, es ist an die drei Meilen breit und mündet am Meere in einen sandigen Strand, an dem man bequem landen kann. Am anderen Ende des Tales ist ein kleiner grüner Berg, der weit ins Land hineinreicht, nach dem Meer zu einen Abhang bildet und überaus schön aussieht. Als unsere Kanus bei diesem angenehmen Tal angekommen waren, traten sie mit 37 Mann an Land, um Häuser und Einwohner zu suchen. Kaum waren sie drei Meilen weit vorgedrungen, als sie von 150 Spaniern, teils zu Pferde, teils zu Fuß, angefallen wurden. Nahebei war ein kleines Gehölz, in welches sich die Unsrigen zurückzogen, damit ihnen die feindliche Reiterei nicht schaden könne. Die Spanier aber umzingelten sie an diesem Ort und schossen grausam auf sie los, doch machten sie sich, meistenteils verwundet, aus dem Staube, als ihr Hauptmann und 17 Reiter von den Pferden stürzten. Das Fußvolk, das nur mit Piken und Degen bewaffnet war, wogegen die Reiter jeder ein Paar Pistolen und einige noch dazu einen Karabiner hatten, wollte gar nicht anbeißen, obwohl sie der Zahl nach weitaus mehr als die Reiter waren und es ohne Zweifel ist, daß wir alle niedergemacht worden wären, wenn sie uns angegriffen hätten. Nach diesem Scharmützel nahmen unsere Leute ihre zwei tödlich Verwundeten, legten sie auf ein Pferd und kamen wieder zu den Kanus. Weil sie sich nicht auf die Viehweiden getrauten, um Ochsen zu holen, die dort reichlich waren, erschossen sie ein Pferd, und als sie davon satt gegessen hatten, kamen sie an Bord zurück.

Bis zum 1. Januar 1686 kreuzten wir auf der Höhe des Kaps, dann fuhren wir nach dem Valderas-Tal, um Ochsen zu holen, und warfen am Ende der Bucht, eine Meile vor der Küste, Anker aus. Wir blieben dort bis zum 7., und unsere Kapitäne gingen jeden Morgen mit ungefähr 240 Mann an Land, marschierten bis an einen kleinen Berg und blieben dort mit 50 bis 60 Mann stehen, um die Spanier zu beobachten, welche sich zwar auf den benachbarten Bergen mit starken Truppen sehen ließen, aber doch niemals eine Attacke wagten. Wir salzten also für mehr als zwei Monate Fleisch ein, ungerechnet das, was frisch gegessen wurde, und hätten auch noch mehr einsalzen können, wenn wir besser mit Salz versehen gewesen wären. Nunmehr merkten wir auch, daß wir das philippinische Schiff nicht mehr treffen würden; wir mutmaßten nämlich, es sei in der Zeit, als wir Lebensmittel hatten suchen müssen, bereits auf der Ostseite vorbeigefahren, und in der Tat ist das später durch den Bericht eines Gefangenen bestätigt worden. Damit fiel jetzt auch dieses Vorhaben ins Wasser.

Bisher hatten wir aus zweierlei Gründen vor der Westküste gekreuzt: einmal, weil vornehmlich Kapitän Townley vorgehabt hatte, das Schiff aus Manila zu kapern, das uns schon reich hätte machen können; zum anderen hatte Kapitän Swan und seinen Leuten der Plan im Sinne gelegen, die reichen Städte und insbesondere die Gold- und Silberbergwerke heimzusuchen. Von ihnen glaubten wir zu wissen, daß sie im Lande und auch nahe der Küste lägen, erfuhren aber hernach, daß diese Reichtümer von den Küsten des Meeres weit entfernt sind und daß von dort gar kein Handel nach hier getrieben wird, sondern daß das auf dem Wege über Veracruz nach Europa geschieht. Weil wir nun aber immer noch auf Bergwerke hofften, nahmen wir unseren Weg weiter nach Norden, während Kapitän Townley, der bloß um des Schiffes von Manila wegen hierher gekommen war, sich vornahm, wieder an die Küste von Peru zurückzukehren. Also schieden wir voneinander: er, Townley, nach Osten, wir aber nach Westen mit dem Vorsatz, soweit zu segeln, bis wir spanische Niederlassungen fänden.

Die weitere Reise führte Kapitän Swan bis auf die Höhe der
Südspitze der kalifornischen Halbinsel; Dampier notiert, dies
sei der nördlichste Punkt, den er an der pazifischen Küste er-
reicht habe. Etwas weiter südlich kam es alsdann zu einem
neuerlichen Streifzug der Freibeuter.

In der Bucht des Rio de Sal, welchen Namen die Spanier dem
Fluß gegeben haben, weil er Salzwasser führt, ging Kapitän
Swan Ende Januar mit 150 Mann von Bord und marschierte
mit ihnen tiefer landeinwärts. Nach ungefähr einer Meile kamen
sie an eine Salzlache, wo zwei Indianer vor ihnen über den Weg
liefen, von denen sie einen am Bein verwundeten, so daß er zu
Boden fiel. Sie befragten ihn, und er antwortete, vier oder fünf
Meilen von dort liege eine indianische Stadt, zu der sie hatten
gehen wollen. Unterdessen aber taten sich 100 Spanier zu Pferde
hervor, um die Unsrigen einzuschüchtern und zum Rückzuge zu
bewegen; allein die Spanier hatten weder Waffen noch Mut
genug, das auszunützen. Unsere Leute zogen also weiter, als sie
aber an eine Fläche voll langen dürren Grases kamen, die sie
durchqueren mußten, zündeten die Spanier das Gras an und gedachten, die Unsrigen darin zu verbrennen; diese jedoch ließen
sich nicht aufhalten, obwohl es ihnen einigermaßen beschwerlich
war. Weil sie nun ohne Führer waren, gingen sie an diesem und
dem nächsten Tage nach Gutdünken weiter, bis sie an die von
den Indianern genannte Stadt gelangten. Dort stießen sie auf
einen Haufen Spanier und Indianer, die sich ihnen widersetzten,
aber nach kurzer Gegenwehr die Flucht ergriffen. Unser Wundarzt und ein anderer Mann wurden von Pfeilen getroffen, im
übrigen geschah nichts. In der Stadt fanden wir zwei oder drei
verwundete Indianer, welche sagten, die Stadt heiße Mazatlán
und es wohnten nur wenige Spanier darin, im übrigen aber Indianer. Fünf Meilen davon seien zwei reiche Goldbergwerke, in
welchen die Spanier von Compostela, der Hauptstadt des Landes, viele Sklaven und Indianer arbeiten ließen. Die Nacht über
blieben unsere Leute in Mazatlán, am nächsten Morgen aber
luden sie allen Mais, den sie finden konnten, in Säcke und trugen
ihn zu den Kanus und brachten ihn so auf die Schiffe.

Am 11. Februar schickte Kapitän Swan neuerlich 70 Mann in vier Kanus auf die Suche nach Lebensmitteln aus. Als diese sich gerade darüber hermachten, ein ziemlich reifes Maisfeld abzuernten, nahmen sie einen Indianer gefangen, der ihnen verriet, daß vier Meilen von dem Orte, wo sie ihn erwischt hatten, eine Stadt mit Namen S. Pecaque läge, wohin er unsere Leute, wenn sie es verlangten, gern führen wollte. Hierhin zog nun Kapitän Swan am folgenden Tage mit 140 Mann und dem Indianer als Wegweiser. Als ihn die Spanier anrücken kommen sahen, flohen sie, so daß er ohne besonderen Widerstand in die Stadt hineinkam. Dieses S. Pecaque liegt inmitten von Weiden, nahe einem Walde, und ist von vielen fruchtbaren Bäumen umgeben. Die Stadt ist zwar nur klein, aber überaus ordentlich gebaut, nach der Weise der Spanier mit einem Marktplatz in der Mitte. Die Häuser um diesen Platz haben alle Erker, auch gab es zwei Kirchen in der Stadt. Die Einwohner sind zumeist Spanier, ihre vornehmliche Tätigkeit ist der Ackerbau. Es gibt auch Fuhrleute dort, deren Dienste von den Kaufleuten von Compostela wegen der Bergwerke gebraucht werden. Compostela ist eine reiche Stadt, etwa 21 Meilen von S. Pecaque entfernt gelegen; es ist die Hauptstadt dieses Teiles des Königreiches. Ungefähr 70 Familien Weißer sollen dort wohnen und daneben wohl noch 500 Familien Kupferfarbener. Die Bergwerke, worin die Einwohner von Compostela, wie es heißt, viele Sklaven arbeiten lassen, liegen fünf oder sechs Meilen von S. Pecaque entfernt. Allgemein heißt es, das Silber hier und im Königreich Mexico überhaupt sei feiner und im Verhältnis reiner als dasjenige von Potosi und Peru, wiewohl das Bergwerk nicht sehr viel Ertrag bringt. Die Fuhrleute von S. Pecaque schaffen das Metall aus dem Bergwerke nach Compostela, wo es geläutert wird. Sie versehen auch die in dem Bergwerk arbeitenden Sklaven mit Mais, von dem die Stadt im Überfluß hat. Außerdem gab es dort Zucker, Salz und gesalzenen Fisch.

Eben diese Lebensmittel von hier zu holen, war Kapitän Swans Vorhaben. Demzufolge teilte er seine Leute in zwei Haufen, deren einer die Eßwaren zu den Kanus tragen sollte, während der andere indessen in der Stadt bleiben und das Erbeutete verwahren, später aber mit dem ersten Haufen abwechseln sollte. Nachmittags fingen sie Pferde ein, und am 17. morgens früh kamen 55 Mann mit etlichen beladenen Pferden bei den Kanus an. Sie fanden Schiffe und Mannschaft in gutem Stande, obwohl die Spanier ihnen ein Scharmützel geliefert und einen der Unsrigen verwundet hatten. Darauf hatten unsere Leute Fuß an Land gesetzt und die Spanier verjagt. Gegen Abend traf die andere Hälfte ein und am 18. früh wiederum die ersten, welche am vorigen Tage die Stadt bewacht hatten; ein jeder trug seine Last, und außerdem führten sie noch 24 beladene Pferde mit. Vor ihrer Rückkehr hatte Kapitän Swan einen Gefangenen bekommen, welcher ausgesagt hatte, daß nicht weit von dort etwa 1000 Mann von jeglicher Hautfarbe, Spanier, Indianer, Schwarze und Mulatten, an einem Orte namens S. Jago versammelt und bewaffnet stünden, welcher nur drei Meilen von dort und gleichsam die Hauptstadt unter den an diesem Flusse gelegenen Orten sei. Die Spanier hätten zumeist Gewehre und Pistolen und die anderen Degen und Spieße. Kapitän Swan, der seinen kleinen Haufen nicht gerne aufteilen wollte, beschloß, am folgenden Morgen mit all seinen Leuten sogleich wieder abzumarschieren, weswegen er ihnen befahl, so viele Pferde, als sie nur konnten, zu ergreifen und soviel Lebensmittel

Kampf zwischen Swans Leuten und den Spaniern

als nur möglich zu den Kanus zu schaffen. Am 19. Februar in aller Frühe ließ er Befehl zum Aufbrechen ergehen, allein seine Leute wollten nicht gehorchen, sondern blieben dabei, sie wollten den Ort nicht verlassen, ehe sie nicht alle Lebensmittel auf die Kanus geschafft hätten. Er mußte nachgeben und es geschehen lassen, daß die Hälfte seiner Leute sich wie zuvor auf den Weg machten. Sie hatten damals 54 Pferde, die Swan aneinanderkoppeln ließ; auch ordnete er an, daß sich die Mannschaft teilen und 25 vor und ebensoviel hinter den Pferden marschieren sollten, allein sie wollten jeder seinem Kopfe folgen und ein jeder sein Pferd führen. Die Spanier, welche diesem Marsche zugesehen, hatten sich eine Meile vor der Stadt in einen Hinterhalt gelegt und alles so klug angestellt, daß sie, als sie die Unsrigen angriffen, diese sämtlich niedermachten.

Kapitän Swan, als er die Schießerei hörte, gab denen, die in der Stadt waren, alsbald Befehl, zu marschieren und den anderen zu Hilfe zu kommen. Es waren aber etliche unter dem Haufen, die sich widersetzten, bis zwei feindliche Pferde ohne Reiter, jedoch mit Sattel und Zaumzeug und an jedem ein Paar Pistolenhalfter, dazu das eine mit einem soeben abgefeuerten Karabiner, ganz verschüchtert in vollem Galopp in die Stadt gelaufen kamen, welches ein augenfälliges Zeichen dafür war, daß die Unsrigen in ein Gefecht geraten und von Leuten angegriffen waren, die besser bewaffnet waren, als man geglaubt hatte. Ohne Verzug trat Kapitän Swan mit seinen Leuten den Marsch an, und als er auf die Walstatt kam, sah er die Seinigen alle miteinander auf dem Platz hingestreckt, ganz ausgezogen und so zerfetzt, daß er kaum einen einzigen erkennen konnte. Obwohl er jetzt nicht mehr Mann bei sich hatte, als hier niedergemacht worden, wollten ihm die Spanier dennoch nicht mehr die Stirn bieten, sondern hielten sich stets außer Schußweite. Es war nämlich höchstwahrscheinlich, daß sie uns so viel Volk nicht hätten zuschanden machen können, ohne selbst genau so viele Verluste zu erleiden. Also gelangte Kapitän Swan wieder zu den Kanus, wohin der Mais geschafft worden war, und dann auf die Schiffe zurück. Wir hatten ungefähr 50 Tote, unter denen auch mein lieber Freund, Mr. Ringrose, war, welcher Kapitän

Sharp zu Ehren einen Teil der Freibeuterhistorie geschrieben hat.

Dieser Verlust nahm uns alle Begierde, in dieser Gegend weiteres zu versuchen, und so nahm sich Kapitän Swan vor, bei Cap San Lucas auf Californien das Schiff auszubessern. Dazu hatte er den doppelten Grund, einmal, daß er sich dort vor einem Überfall der Spanier sicher zu sein getraute, zum anderen, daß er, wenn er nur mit den Indianern gute Freundschaft schließen könnte, in der See von Californien etwas entdecken oder mit Beihilfe der Indianer aus Neu-Mexico Silber erbeuten könnte.

Die See von Californien (denn so nennt man das Meer oder die enge Durchfahrt zwischen der Insel und dem festen Lande) ist, soweit ich erfahren konnte, den Spaniern wenig bekannt. Ihre Seekarten sind sich hierüber auch nicht einig, insoweit als einige Californien zu einer Insel machen, aber weder Ebbe und Flut noch die Tiefe des Wassers noch die Häfen, die Flüsse und die Meeresarme dort beschreiben. In Ansehung der Westküste gegen Asien zu sieht es ganz anders aus, denn ihre Bücher von der Seefahrt beschreiben die Küste von dem Vorgebirge San Lucas an bis auf 40 Grad im Norden in allen Einzelheiten. Einige der neuesten spanischen Karten hängen Californien an das Festland an. Ich glaube, daß der sehr weite Weg die Hauptursache dafür ist, daß bisher in diesen Landen nicht mehr entdeckt worden ist; ich halte es aber nicht für unmöglich, daß man auf einem kürzeren Wege, als wir genommen, dorthin gelangen könne – kurz gesagt: man müßte den Weg über den Nordwesten nehmen. Ich weiß sehr wohl, daß man allda verschiedene Male vergebens durchzukommen versucht hat, glaube aber dennoch, daß es nichts Unmögliches ist, die gedachte Durchfahrt zu finden. Alle unsere Landsleute, die sie bislang gesucht, haben von der Westseite her durchzukommen getrachtet und dies Unternehmen von der Davis- oder der Hudson-Bay aus in Angriff genommen. Wenn ich aber dergleichen versuchen sollte, so würde ich anfangs in das Südmeer fahren, dann Californien ansteuern und dann an dieser Insel entlangsegeln und dergestalt von dieser Seite aus eine Durchfahrt in die Westsee suchen. Und während die andern die beste Zeit in nahen und bekannten Ländern zugebracht haben und, ehe sie damit fertig waren, durch das rauhe Wetter gezwungen wurden, ihr Hauptunternehmen fallen zu lassen und wieder nach Hause zurückzukehren, damit sie nicht vom Winter überfallen würden, so würde ich vielmehr im Gegenteil bei den Küsten des Südmeeres, die nicht allzu bekannt sind, anfangen, da ich dann nicht zu befürchten brauchte, ich müsse wieder umkehren. Wenn mein Vorhaben glückte, würde ich vielmehr neue Kenntnisse erwerben und brauchte mich vor den Dingen nicht zu fürchten, welche andere, die aus einem bekannten Lande in ein unbekanntes kommen, abschrecken. Dies ist, soweit ich ergründen kann, die Ursache, weswegen diejenigen, die dergleichen Erforschungen bislang vorgenommen, darin unglücklich gewesen sind und eben zu der Zeit, wo sie ihr Vorhaben zu einem glücklichen Ende hätten bringen können, wieder haben fahren lassen müssen. Und ebenso würde ich es anstellen, wenn ich meinen Weg von Nordosten her beginnen sollte. Den Winter würde ich in der Gegend von Japan, etwa auf Korea oder im Nordosten von China, zubringen; hernach stünden mir der Frühling und der Sommer zur Verfügung, dann führe ich zunächst an die tatarische Küste, und würde mir das nun gelingen, dann käme ich wieder in bekannte Länder und hätte Zeit, um bis nach Archangelsk oder in einen anderen Hafen zu gelangen. Sofern man Kapitän Wood Glauben schenken will, soll zwar im Nordosten wegen des Eises nicht durchzukommen sein: aber wieviele Vorhaben sind nicht schon für unmöglich gehalten und verworfen worden und auf anderem Wege dennoch durchgeführt worden? Lasset uns aber nach dieser Abschweifung wieder zu Kapitän Swan zurückkommen, der die übrigen seiner Leute glücklich wieder zu Schiffe gebracht hatte.

Am Tage nach dem unglücklichen Gefecht ließ er so viel Wasser an Bord bringen, wie sie nur unterbringen konnten, und machte sich zum Weitersegeln fertig. Am 21. Februar fing die Reise an, und wir gelangten bald zu den drei Marien-Inseln. Als wir sie passiert hatten, ließen uns widrige Winde nicht vorankommen, und so kehrten wir zu den genannten Inseln zurück und warfen am 7. März im Osten der mittleren Insel in acht

Faden Tiefe und auf einem guten sandigen Grund Anker. Die drei Marien-Inseln sind unbewohnt; der Boden ist steinig und dürr, Sträucher und Hecken wachsen dort so dicht, daß übel durchzukommen ist; an manchen Stellen gibt es auch viel hohe und gerade gewachsene Zedern. Es gibt auch viel Guanos und Racons dort – dies ist eine Art großer Ratten –, des weiteren indianische Kaninchen sowie Tauben und Turteltauben von ungemeiner Größe und in Mengen. Die See ist mit Fischen, Schildkröten und Seekälbern wohl versehen.

Die mittlere Insel nannte Kapitän Swan Prinz-Georgs-Insel. Am 8. näherten wir uns ihr und warfen Anker. Dann machten wir das Schiff und die Barke hinten und vorne fest und takelten beide ab, um sie auszubessern. Hier machte uns Kapitän Swan den Vorschlag, nach Osten hin zu segeln. Viele von unseren Leuten hatten nicht übel Lust, diese Reise zu tun, viele aber waren so dumm, daß sie dachten, er wollte sie aus der Welt führen, denn fast zwei Drittel unserer Mannschaft glaubten nicht, daß man jemals den Weg dort hin finden könnte; endlich aber erlangte er ihre Zustimmung.

Als wir zu den Marien-Inseln kamen, aßen wir anfänglich nichts anderes als Fleisch vom Seekalbe. Zwei oder drei Tage später aber brachten unsere Fischer alle Tage eine Schildkröte an Bord, welches dann die ganze Zeit, solange wir dort waren, unsere Speise blieb, weil wir den Mais für die Reise aufheben wollten. Den Mais überschlugen wir und stellten fest, daß wir davon ungefähr 80 Scheffel hatten, welche Menge wir in drei Teile einteilten und zwar ein Teil für die Barke und zwei für das Schiff, wie wir denn auch auf dem Schiff 100 Mann und auf der Barke ihrer 50 hatten, dazu noch drei oder vier Sklaven auf jedem der Fahrzeuge.

Ich war seit längerem an der Wassersucht erkrankt, woran schon viele der Unsrigen gestorben waren. Allhier steckte man mich nun in den heißen Sand und bedeckte mich damit bis an den Kopf, ließ mich eine halbe Stunde darin stecken und zog mich danach heraus und ließ mich in einem Zelte ausschwitzen, wiewohl ich schon unter dem Sande grausam geschwitzt hatte. Jedoch bekam mir das sehr gut.

Nachdem wir noch am 28. in der Bucht des Valderas-Tales, wo wir vormals Wasser bekommen, Fische gefangen und zum Teil eingesalzen sowie 32 Tonnen guten Wassers an Bord genommen hatten, war uns nichts weiter zu tun übrig, als die beschlossene Reise nach Ostindien fortzusetzen in der Hoffnung, wir möchten allda mehr Glück haben, als uns an dieser wenig befahrenen Küste bislang beschieden war. Wir waren voller Erwartungen hierher gekommen: nicht allein vertrauten wir auf den Reichtum des Landes und dachten an die guten Häfen, die zu besuchen es der Mühe lohnen würde, sondern wir meinten auch, daß hier viel Schiffahrt, Handel und Wandel getrieben werden müsse und daß Veracruz und Acapulco in Mexico notwendigerweise das seien, was Panama und Portobello in Peru sind, nämlich die Handelsniederlassungen, über welche unaufhörlich die Güter des Südmeeres nach dem Nordmeer abgesandt werden. Dem ist wohl auch so, aber wir fanden uns dennoch betrogen, weil wir vermeint hatten, der Handel würde zur See betrieben, während das doch in Mexico fast gänzlich zu Lande und meistenteils durch Maulesel geschieht. Demnach hatten wir statt eines Gewinns nur große Mühe, Kummer und Verlust als Lohn, ließen uns auch desto leichter zu der Reise nach Ostindien bereden, um zu versuchen, ob uns nicht allda das Glück günstiger sein würde. Um Kapitän Swan aber nicht Unrecht zu tun, muß ich sagen, daß er nicht als Freibeuter nach Ostindien zu gehen verlangte, sondern, wie er mir oft beteuert hat, daß er mit der ersten Gelegenheit, die sich ihm böte, wieder nach England zurückzukehren trachten wollte. Er stellte sich auch nur so, als sei er mit denen von seinen Leuten eines Sinnes, die vor Manila zu kreuzen Lust hatten, nur um Zeit zu gewinnen und bei der ersten sich anbietenden Gelegenheit das Freibeuterhandwerk niederzulegen.

ENDE DES ERSTEN TEILES

ZWEITER TEIL

1686–1688

Nachdem wir etwas reiflicher erwogen, was für ein weiter Weg es von dem Orte, wo wir damals lagen, bis nach der Insel Guam war, die zu den Ladronen * gehört und der erste Platz ist, wo wir wieder Land finden würden, ohne daß wir freilich sicher sein durften, dort Lebensmittel zu bekommen, wurden die meisten von unseren Leuten von diesem Vorhaben doch ziemlich abgeschreckt. Unser einziger Vorrat an Mais, von welchem die Ratten und Mäuse, die sich in großer Zahl auf unserem Schiff befanden, einen Teil gefressen hatten, reichte aus, auf 60 Tage jedem ein halbes Maß zu geben; an anderen Speisen hatten wir kaum mehr als gesalzenen Fisch für drei Mahlzeiten. Hinzu kam noch die große Entfernung des Vorgebirges Corriente von der Insel Guam; das alles zusammen gab uns Ursache genug, vor der geplanten Reise ein Grausen zu haben. Unter allen Gründen, die Kapitän Swan anführte, um seine Leute zu der Reise zu überreden, war aber keiner wirksamer, als daß er ihnen zusagte, auf der Höhe von Manila zu kreuzen. Aus der Hoffnung auf Beute, die alle Schwierigkeiten zu beheben pflegt, fand er die Zustimmung aller, und so gingen wir am 31. März 1686 vom Vorgebirge Corriente aus unter Segel. Wir hatten zwei Schiffe, nämlich dasjenige von Kapitän Swan und unter seinem Oberbefehl die Barke von Kapitän Teat; unsere Mannschaft zählte 150 Köpfe, nämlich 100 auf dem Schiffe und 50 auf der Barke, die Sklaven nicht gerechnet.

250 Meilen vom Festlande bekamen wir einen beständigen Ostnordostwind, der so blieb, bis wir auf 40 Meilen an Guam herangekommen waren. Mittlerweile hatten wir unseren eingesalzenen Fisch an drei Tagen in drei Mahlzeiten verzehrt und weiter nichts zu essen gehabt, als was uns an Mais zugeteilt wor-

* Ladronen: alter Name für die Marianen, eine vulkanische Inselgruppe Mikronesiens.

den. Nachdem wir nun 20 Tage unterwegs gewesen und unsere
Leute sahen, daß wir gut vorankamen und es auch so aussah,
daß der Wind noch länger anhalten würde, da wollten sie sich
mit der kleinen Portion Essen, die ihnen ausgeteilt wurde, nicht
länger zufrieden geben. Kapitän Swan gab ihnen viele gute
Worte und ermahnte sie, noch ein wenig Geduld zu haben; sie
waren jedoch gar nicht mehr zur Ruhe zu bringen, es sei denn,
ihre Portion werde vergrößert. Also mußte ihnen Kapitän Swan,
sehr gegen seinen Willen, nachgeben und ihre Rationen vermehren, so daß nunmehr jeder am Tage einmal zehn Löffel gekochten Mais empfing, während wir vorher nur acht Löffel bekommen hatten. In diesen Nöten hatte sich dennoch einer zu stehlen
unterstanden. Er wurde deshalb dazu verurteilt, von jedem mit
einem zweieinhalbzölligen Tau drei Schläge auf den bloßen
Rücken zu bekommen. Kapitän Swan machte damit den Anfang
und schlug brav zu, welchem Beispiel die anderen nachfolgten.

Am 20. Mai stieß unsere Barke, die drei Meilen vor uns war,
auf einen niedrigen steinigen Grund, wo das Wasser nur drei
Klafter tief war und viele Fische um die Klippen schwammen.
Hieraus schlossen die Männer auf der Barke, daß sie nicht mehr
weit vom Lande seien, wandten das Schiff nach Norden und
warteten auf uns, als sie an den Klippen vorüber waren. Als wir
sie eingeholt hatten, kam Kapitän Teat zu uns aufs Schiff und
erzählte, was er gesehen hatte. Darauf wandten auch wir unser
Schiff nach Norden, wiewohl wir noch ungewiß waren, ob wir
auch den rechten Weg nähmen, und gegen vier Uhr sahen wir zu
unserer großen Freude die Insel ungefähr acht Meilen vor uns
liegen.

Kapitän Swan war heilsfroh, daß wir die Insel sahen, ehe wir
unsere Lebensmittel, deren Reste noch für drei Tage ausreichten,
gänzlich verzehrt hatten. Ich habe nämlich hinterher erfahren,
daß schon der Beschluß gefaßt worden war, wenn alles aufgezehrt gewesen wäre, zuerst den Kapitän zu erschlagen und zu
essen und danach alle anderen, die zu dieser Reise geraten hatten. Aus diesem Grunde sagte Swan einst zu mir auf der Insel
Guam: »Ei, Dampier, an Euch hätten sie wenig Gutes zu fressen gefunden!« Und damit hatte er durchaus recht, denn so rund

und fleischig er selber war, so mager und beindürr war ich. So fuhren wir also an der Insel vorbei, bis wir uns nach Osten wenden konnten, und warfen endlich den Anker aus.

Die Insel Guam ist eine der Ladronen und gehört den Spaniern, welche dort eine kleine Schanze mit sechs Kanonen, einen Gouverneur und 20 bis 30 Soldaten haben. Hier erfrischen sich die philippinischen Schiffe, wenn sie von Acapulco nach Manila segeln; auf dem Rückwege aber lassen die Winde es oft nicht zu, daß sie diesen Weg wieder nehmen.

Am 21. Mai 1686 abends um elf Uhr warfen wir nahe der Mitte der Insel Guam, an der Westseite eine Meile von der Küste, Anker. Von weitem scheint die Insel flach und eben zu sein; je näher man aber herankommt, desto mehr gewahrt man, daß sie gegen Osten stark abfällt. Auf dieser Seite sind viele Felsen, die dem Ungestüm des Meers Einhalt gebieten, das dort wegen der stets stark blasenden beständigen Winde heftig anschlägt, weswegen man dort auch nicht ankern kann. Gegen Westen ist die Insel ziemlich niedrig und voller sandiger Buchten. Das Erdreich ist rötlich und dürr, jedoch ziemlich fruchtbar. Die hauptsächlichen Früchte sind Reis, Ananas, Melonen, Pomeranzen, Zitronen, Kokosnüsse und eine Fruchtart, die wir Brotfrucht nennen.

Die Kokosbäume wachsen nahe am Meer an der Westseite in großen Wäldern. Die Frucht dieser Bäume ist eine Nuß, welche oben am Wipfel des Baumes bündelweise herauswächst, je zehn bis zwölf solcher Nüsse in einem Bündel. Der Ast, an dem so ein Bündel wächst, ist ungefähr so dick und lang wie ein Arm, und wird nach vorn zu immer spitzer, ist gelblich von Farbe, voller Knoten und überaus fest. Die Nuß ist im allgemeinen größer als ein Kopf, ihre äußerste Schale beinahe zwei Daumen dick, ehe man auf die inwendige Schale stößt, die schwarz, dick und sehr hart ist. Der Kern ist innen an der Schale rundum fest angewachsen und in manchen Nüssen fast einen Daumen dick; mitten drin aber ist eine Höhlung, worin, jenachdem die Nuß groß oder klein ist, wohl ein halbes Quart eines süßen, wohlschmeckenden, gesunden und kühlenden Wassers oder Saftes Raum hat. So lange die Nuß noch wächst, ist inwendig alles voll dieses

Wassers und noch kein Kern; sobald sie aber zu reifen beginnt, fängt der Kern an, sich inwendig an die Schale anzulegen. Dabei ist er anfänglich so weich wie Milchrahm; je reifer die Nuß wird, desto dicker und härter wird auch ihr Kern. Wenn er dann ganz ausgereift ist, so ist er zwar ziemlich süß, aber sehr unverdaulich, und daher sieht man auch selten jemanden davon essen außer den Fremden, die diese Eigenschaft nicht kennen. Ist der Kern aber noch jung, süß und so weich wie Brei, so gibt es Leute, die zuerst das Wasser aus der Nuß trinken und nachher mit einem Löffel den Kern auskratzen und essen. Mir ist das Wasser am liebsten gewesen, wenn die Nuß ziemlich reif war, weil es dann ganz süß und klar ist.

Außer dem Wasser in der Nuß läßt sich auch aus dem Baum ein Saft gewinnen, den man Toddy nennt und der eine Art Wein ist, aber trübe wie Molke aussieht. Er schmeckt süß und sehr angenehm, wenn man ihn innerhalb von 24 Stunden trinkt, denn nachher wird er sauer. Diejenigen, die viele dieser Bäume besitzen, ziehen aus diesem Essig einen Spiritus namens Arrak, wie man ihn zwar auch aus Reis und anderen ostindischen Früchten destilliert; aus diesem Toddy jedoch erhält man das meiste, den herrlichen Trank Punsch. Die Art und Weise, wie man den Saft aus dem Baume holt, ist folgende: man schneidet die Spitze eines der Äste ab, an denen Nüsse wachsen wollen, jedoch noch, bevor diese groß werden, und hängt eine Kürbisflasche an den abgeschnittenen Ast, wohinein der Saft, aus dem die Frucht gewachsen wäre, tropft und zwar so lange Zeit, wie die Frucht zur Reife benötigt haben würde, danach aber vertrocknet die Saftquelle wieder. Ein Baum hat im allgemeinen drei fruchtbringende Äste; werden sie nun auf die dargelegte Art abgeschnitten, so trägt der Baum in diesem Jahr weiter nichts. Schneidet man aber nur einen oder zwei dieser Äste ab, so tragen die anderen dennoch Früchte. Solange das Wasser herauströpfelt, muß man es alle Abend und Morgen aus der angehängten Kürbisflasche ausgießen und verkauft es dann in den meisten ostindischen Städten mit großem Gewinn; diejenigen aber, die Arrak daraus destillieren, ziehen noch viel größeren Gewinn daraus, wie man denn auch großen Profit aus der Frucht — sowohl der

Nuß selbst als auch der Schale – zieht. Das Fleisch oder der Kern wird oft gebraucht, Suppen daraus zu machen. Sobald die Nuß trocken ist, nimmt man die äußerste Schale ab und schlägt einige Male ziemlich stark auf die Nuß, worauf sie sich dann in zwei Teile spaltet und das Wasser herausfließt. Hernach kratzt man den Kern mit einem eigens dazu gemachten Eisen aus der Schale heraus und wirft das Herausgekratzte in ein wenig frisches Wasser, welches davon weiß wie Milch wird. Mit diesem Milchwasser kocht man dann Hühner oder anderes Fleisch, welches eine sehr wohlschmeckende Brühe ergibt. Englische Seeleute nehmen dieses Wasser auch anstelle von Milch, um Reis darin zu kochen, welches Rezept sie von den Indianern selbst gelernt haben, und versehen sich deshalb stets ausreichend mit diesen Kokosnüssen.

Noch ein anderer und fast der größte Nutzen der Nüsse besteht in dem Öl, das daraus gemacht und sowohl zum Brennen als zum Backen gebraucht wird. Man macht es, indem man den Kern herausschabt und in frischem Wasser weichen läßt; hiernach kocht man es, und wenn es siedet, kommt das Öl in die Höhe wie sonst der Schaum. Die Nüsse, die man hierzu verwenden kann, müssen schon lange gelegen haben, so daß ihr Kern weich und ölig geworden ist. Aus den Schalen dieser Nüsse macht man in Ostindien Becher, Schüsseln, Koch- und Eßlöffel und sonst allerhand Eß- und Trinkgeschirr.

Ich habe diesen Baum mit Absicht etwas weitläufig beschrieben, um dem Leser seinen großen Nutzen deutlich zu zeigen, da denn dieser Baum vielleicht wohl unter allen Bäumen der Erde derjenige ist, der dem Menschen am meisten und vielfältigsten Gewinn bringt. Indessen genießt dieser nutzbare und in Westindien hochgeschätzte Baum in Ostindien kaum Ansehen, weil man da nicht versteht, wie man ihn auf so vielerlei Art nutzen kann.

Die Brotfrucht, von der ich gesprochen, wächst auf einem Baume, der so stark und hoch ist wie unsere größten Apfelbäume. Sein Wipfel breitet sich mit vielen Ästen und schwärzlichen Blättern weit aus. Die Frucht wächst an den Ästen wie sonst die Äpfel; sie ist so groß wie ein Pfennig-Brotlaib, wenn der Scheffel Weizen fünf Schilling kostet, ist rund und mit einer dicken starken Schale versehen. Die reife Frucht ist gelb und glatt und von angenehmem köstlichem Geschmack. Die Einwohner der Insel essen sie an Stelle von Brot. Sie nehmen sie nicht eher ab, bis sie von der rechten Reife ist, nämlich grün und hart, worauf man sie im Ofen kräftig backt, bis die Schale gleichsam gebraten und schwarz wird. Diese tut man dann fort, da noch eine dünne und mürbe Rinde darunter ist, das Inwendige aber gut, weich und weiß wie die Krume eines Brotes, das einen Pfennig kostet. Diese Frucht hat weder große noch kleine Kerne, sondern ist durchaus so wie Brot; man muß sie aber frisch essen, denn wenn man sie länger als 24 Stunden aufbewahrt, dann wird sie trocken, übelschmeckend und kratzt im Halse, wiewohl sie doch vorher sehr gut schmeckte. Diese Frucht ist acht Monate des Jahres hindurch zu haben.

Die Leute auf der genannten Insel sind kräftig und haben starke wohlgeschaffene Gliedmaßen, eine schwärzliche Hautfarbe wie alle Indianer, schwarze lange Haare, wenig schön proportionierte Augen, eine lange Nase, geschwollene Lippen und ziemlich weiße Zähne, ein längliches Gesicht und wildes Aussehen; jedennoch befanden wir sie sittsam und willfährig. Viele von ihnen sind mit einer Art Aussatz behaftet, welche Krankheit in Mindanao auch sehr verbreitet ist. Sonst aber sind sie ganz gesund, insbesondere in der trockenen Jahreszeit. In der Regenzeit aber, welche im Juni beginnt und bis in den Oktober währt, ist die Luft dicker und ungesünder, so daß Fieber entstehen.

Im übrigen ist wohl kein Volk in der Welt geschickter, Schaluppen oder Prauen zu bauen, wie man sie in Indien nennt, die ihnen zum Nutzen und zur Lust dienen. Diese sind an beiden Enden zugespitzt, das Unterteil ist aus einem Stück wie bei kleinen Kanus, gut ausgehöhlt und von rechter Dicke und dient anstatt eines Kieles. Die Länge beträgt ungefähr 26 bis 28 Fuß, in der Mitte ist es vier, fünf und bisweilen, je nach der Länge des Schiffes, noch mehr Fuß breit. An der einen Seite des Schiffes ist im Abstande von sechs bis sieben Fuß ein anderes kleines Schiffchen oder Kanu befestigt, das aus sehr leichtem Holz gemacht wird und zwar fast so lang wie das große Schiff, aber viel schmaler ist. Dieses wird mit zwei Stangen von einem Bambus genannten Baum, welche ungefähr acht bis zehn Fuß lang und so dick wie ein Mannesschenkel sind, die sieben Fuß Abstand voneinander haben, an dem großen Schiff festgemacht. Diese beiden Stücke Holz, welche die Holländer und Engländer Ausleger nennen, helfen das große Schiff geradezuhalten und verhindern, daß es umschlägt. Ich habe diese Art Schiffe deshalb so eingehend beschrieben, weil ich nicht glaube, daß es auf der Welt anderswo bessere gibt, und weil ich sie selbst ausprobiert und zu meinem großen Vergnügen sehr schnell befunden habe. Wir bedienten uns dabei unserer Meßschnur, die in gleich abgemessenem Abstande zwölf Knoten hatte und auf ein Holz gebunden war, das sich ganz leicht drehen muß. Dieses Holz muß nun eine Person halten und das Ende ins Wasser fallen lassen, so daß die Schnur mit dem Knoten nachgezogen wird und anzeigt, wie weit das Schiff in der Zeit, während die Schnur sich abgewunden hat, gesegelt ist. Dergestalt fanden wir heraus, daß die zwölf Knoten geschwinder im Wasser abgelaufen waren als eine halbe Minute in der Sanduhr, nach dieser Rechnung segelten wir in einer Stunde wenigstens zwölf Meilen, obwohl ich glaube, daß man in derselben Zeit gar 24 Meilen segeln könnte. Dabei war es besonders lustig anzusehen, mit welcher Geschwindigkeit das kleine Schiffchen neben dem großen einherlief.

Die Häuser der auf Guam lebenden Eingeborenen sind klein, aber sehr sauber gebaut und mit Palmetoblättern ordentlich gedeckt. Die meisten Leute wohnen auf der Westseite in Dörfern beisammen, die nahe an der See liegen; sie haben spanische Priester bei sich, die sie in der christlichen Religion unterrichten sollen.

An dieser Westseite, jedoch etwas gegen Süden, haben die Spanier eine kleine Schanze angelegt, worin ein Gouverneur nebst 20 bis 30 Soldaten und sechs Kanonen befindlich sind und außer diesen noch etwa zwei oder drei Priester. Kurz vor unserer Ankunft hatten die Eingeborenen einen Aufstand wider die Spanier gemacht und mehrere derselben erschlagen, doch hatte am Ende der Gouverneur die Oberhand behalten und die Aufrührer von der Schanze weggejagt. Als nun die Indianer dieserart ihre

Hoffnung zunichte gemacht sahen, zogen sie über die bebauten Felder her, verwüsteten sie von Grund auf und flohen danach auf die anderen Inseln. Es waren ihrer vorher wohl 300 bis 400 auf der Insel, jetzt aber nicht mehr als 150, denn alle an dem Aufruhr Beteiligten machten sich aus dem Staube, und wenn auch die Zurückgebliebenen an dem Aufstand selber nicht beteiligt gewesen, so waren doch auch sie mit den Spaniern übel zufrieden, denn sie erboten sich, uns nach der Schanze zu führen und uns zu helfen, auf daß wir uns der ganzen Insel bemächtigen könnten, allein Kapitän Swan war nicht willens, die Spanier auf solche Weise zu beleidigen.

Wir hatten noch nicht Anker geworfen, als des Nachts ein Geistlicher nebst drei Indianern zu uns aufs Schiff kam. Sie fragten uns eingangs, woher wir kämen und wer wir wären. Wir antworteten ihnen auf spanisch, wir wären Spanier und kämen von Acapulco. Weil es finstere Nacht war, konnten sie die Art, wie unser Schiff gebaut war, nicht erkennen und also nicht unterscheiden, wer wir eigentlich wären. Also kamen sie ganz nahe heran; als sie aber gewahr wurden, daß ihre Vorstellung, unser Schiff wäre ein spanisches, sie getrogen hatte, wollten sie entfliehen, doch hielten wir das Schiffchen an und nötigten sie, auf das unsrige zu kommen. Kapitän Swan empfing den Geistlichen mit ausgesprochener Höflichkeit, führte ihn in seine Kajüte und sagte ihm, daß der Mangel an Lebensmittel ihn gezwungen hätte, an ihre Insel zu kommen. Er käme gar nicht als Feind, sondern als Freund dahin, um Sachen, die er nötig hätte, zu kaufen. Deswegen bäte er ihn, an den Gouverneur zu schreiben und ihm zu berichten, wer sie wären und warum sie hingekommen seien; ihn, den Geistlichen, behielte er indessen, weil er ohnedies schon auf dem Schiffe wäre, als Geisel, bis man uns Lebensmittel geschickt hätte. Der Mönch entgegnete darauf, daß an Lebensmitteln auf der Insel Mangel herrsche, doch wäre er sicher, daß der Gouverneur sein Bestes tun würde, damit wir genug davon bekämen.

Morgens früh wurden dann die mit dem Mönch gekommenen Indianer mit zwei Briefschaften an den Gouverneur abgeschickt, deren einen der Mönch, den anderen Kapitän Swan geschrieben hatte. Dieser letztere war aufs allerverbindlichste abgefaßt, und ihm waren vier Ellen Scharlachtuch und ein Stück breiter Gold- und Silberspitzen als Geschenk beigelegt. Der Gouverneur wohnte, wie gesagt, an der Westseite, ganz am südlichen Ende, etwa fünf Meilen von der Stelle, an der wir uns befanden. Wir erwarteten also vor dem Abend keine Antwort, da wir ja nicht wußten, wie schnell die Indianer segeln konnten. Als dieses Kanu fort war, sandten wir zwei von den Unsrigen aus, das eine zum Fischen, das andere an Land, um Kokosnüsse zu suchen. Die Fischer brachten nichts mit, dagegen hatten sich die anderen, die am Lande gewesen waren, mit Kokosnüssen wohl beladen.

Am selben Morgen gegen elf Uhr sandte der Gouverneur Ka- pitän Swan seine Antwort, bedankte sich für das Geschenk und bot ihm so viel Lebensmittel an, als man auf der Insel entbeh- ren könnte. Als Zeichen seiner Dankbarkeit schickte er ihm sechs Schweine von einer zwar kleinen Art, die aber so köstlich und wohlschmeckend waren, wie ich sie nur je gegessen. Man mästet sie mit Kokosnüssen, und sie haben so festes Fleisch, wie nur das allerbeste Rindfleisch sein kann. Der Gouverneur gab gleichzei- tig den Indianern eines Dorfes, das nicht weit von unserem Schiffe lag, Befehl, uns täglich soviel Brotfrucht zu backen, wie wir verlangen würden, und uns so viel Kokosnüsse sammeln zu helfen, wie wir benötigten. Das geschah denn auch, und uns wurde täglich soviel warme Brotfrucht herangebracht, wie wir nur essen konnten. Des weiteren schickte uns der Gouverneur auch täglich ein oder zwei Kanus mit Schweinen und Früchten und verlangte dagegen von uns wieder Pulver, Blei und Ge- wehre, was alles ihm geschickt wurde. Wir hatten auch einen schönen und großen englischen Hund, den der Gouverneur for- derte und den unser Kapitän willig hergab, wiewohl es viele von seinen Leuten nicht gerne sahen, weil sie den Hund sehr schätz- ten. Swan hatte von dem Gouverneur auch einen Empfehlungs- brief an die Kaufleute von Manila begehrt, denn sein Vorsatz war damals, nach der Schanze St. George zu fahren und von da nach Manila, aber diese Absicht hatte er vor unseren Leuten ge- heimgehalten. Während wir hier waren, kam das Schiff von

Acapulco bei der Insel an; wir bekamen es aber nicht zu Gesicht, denn der Gouverneur hatte jemanden zum Schiff geschickt und sagen lassen, daß wir da wären. Hierauf segelte es südwärts, und als es an die Bank kam, wo unsere Barke beinahe gescheitert war, lief es Gefahr, Schiffbruch zu erleiden, denn sein Steuerruder zerbrach, und es hatte Not genug, sich loszuarbeiten, womit die Schiffsleute denn drei ganze Tage zubrachten. Wir erfuhren erst an der Küste von Manila, daß das gedachte Schiff dort sitzengeblieben war, denn die Indianer auf Guam sagten uns nur, daß es in Sichtweite der Insel wäre. Da wurden unsere Leute schon hitzig und wollten ihm nachsetzen, Kapitän Swan aber widerriet dem Vorhaben, weil er damals schon beschlossen hatte, keine Feindseligkeiten mehr zu verüben.

Am 30. Mai schickte uns der Gouverneur sein letztes Geschenk; dieses bestand aus etlichen Schweinen, einem Kruge eingesalzener Mangos, einem anderen dito voll eingesalzener Fische und noch einem mit Brot aus gutem Korn, nach Art von Zwieback, aber nicht ganz so hart, gebacken, und endlich noch sechs oder sieben Sack voll Reis. Er ließ sich dabei entschuldigen, daß er uns nichts mehr werde schicken können, weil man des übrigen noch auf der Insel selbst bedürfe. Auch erinnerte er uns daran, daß die Zeit des Monsuns herankäme; dies ist ein Wind, der viele Monate lang ohne Aufhören weht, und aus diesem Grund riet uns der Gouverneur, wieder fortzusegeln, es sei denn, daß wir wieder nach Amerika zurückfahren wollten. Kapitän Swan ließ sich sowohl für die Höflichkeit des Gouverneurs bedanken als für den guten Rat. Zum Abschied schickte er noch am selbigen Tage den Mönch wieder an Land, den wir vom Tage unserer Ankunft an bei uns behalten hatten, und beschenkte ihn mit einer großen Uhr aus Messing, einem Astrolabium und einem großen Teleskop, woraufhin der Mönch uns wiederum sechs Schweine, ein Spanferkel, drei oder vier Scheffel Bataten und 50 Pfund Manila-Tabak schickte. Weil wir nun mit so viel Lebensmitteln versehen waren, wie wir bis Mindanao brauchten (wohin wir zu fahren beschlossen hatten), so machten wir uns zur Abreise fertig. Unser Vorrat bestand jetzt in so viel Kokosnüssen, wie wir nur unterbringen konnten, in einer genugsamen

Menge Reis und ungefähr 50 eingesalzenen Schweinen. Während wir zu Guam vor Anker lagen, beschlossen wir, nach Mindanao zu segeln, welches eine von den Philippinischen Inseln ist, denn der Mönch und andere hatten uns gesagt, dort herrsche Überfluß an Lebensmitteln, die Bewohner wären Mohammedaner und hätten ehedem mit den Spaniern Handel getrieben, führten aber jetzt Krieg mit ihnen. Das alles machte uns glauben, es würde sehr wohlgetan sein, wenn wir dorthin führen, denn nicht nur lag es ohnedies auf dem Wege nach Ostindien, unserem eigentlichen Reiseziel, sondern in Kürze würde auch der Monsun oder Westwind zu wehen anfangen, der uns baldigst dazu zwingen würde, uns anderswohin aufzumachen, wobei man die große Insel Mindanao der beste Ort und Hafen war, auf den wir hoffen konnten. Hinzu kam noch, wie ich sagte, daß man uns, wiewohl fälschlich, eingeredet hatte, die Mindanäer führten mit den Spaniern Krieg, und da unsere Leute es für schändlich hielten, ohne Erlaubnis zu rauben, so hofften sie von den Herrn der Insel eine solche Kommission zu erhalten, auf daß sie die spanischen Schiffe um Manila herum plündern und Mindanao zu ihrem Treffpunkt machen dürften. Selbst wenn Kapitän Swan Lust bekäme, nach einem englischen Hafen zu segeln, und seine Leute, wie sie argwöhnten, verlassen wollte, rechneten sie darauf, zu Mindanao Schiffe und erfahrene Leute zu bekommen, um vor der Küste von Manila zu kreuzen. Swan selbst war natürlich gern bereit, dorthin zu segeln, weil sich das gut in seinen Plan schickte, und so wurde diese Reise einmütig beschlossen.

Demnach gingen wir am 2. Juni 1686 von Guam nach Mindanao ab, hatten schön Wetter und einen ziemlich starken Ostwind, der drei oder vier Tage anhielt. Danach fing es an zu regnen, und der Wind wandte sich nach Westen, bald danach jedoch wieder nach Osten. Wir machten die Erfahrung, daß unsere Karten auf der Fahrt von Guam nach den Philippinischen Inseln, wie ich vermutet hatte, ziemlich genau zutrafen.

Die Philippinischen Inseln sind nach Philipp II., König von Spanien, benannt worden, und die meisten Inseln dieser Gruppe gehören noch heutigen Tages dieser Krone. Die bedeutendste dieser Inseln, am weitesten nördlich gelegen, ist Luzon. Hier starb Magellan und endete so die Reise, welche er um die Welt zu machen im Begriffe stand. Nachdem er nämlich die Meerenge, die seinen Namen führt und die zwischen der Südspitze Amerikas und Feuerland liegt, passiert und anschließend das Südmeer entlang der Küste Amerikas durchquert, sich dann nach Ostindien gewandt hatte und zu den Ladronen gelangt war, schlug er den Weg weiter nach Osten ein, kam an die Philippinischen Inseln und warf bei Luzon Anker. Da er die dort lebenden Eingeborenen seinem Herrn, dem König von Spanien, untertan machen wollte, mußte er Krieg mit ihnen führen und ward dabei von einem vergifteten Pfeil getroffen. Jetzt stehen diese Inseln alle unter der Herrschaft der Spanier, die dort mehrere Städte gebaut haben, deren wichtigste Manila ist. Die Stadt hat einen großen Seehafen gegen Südosten, genau der Insel Mindoro gegenüber, und ist ein fester Ort und bedeutender Handelsplatz. Die zwei großen Schiffe von Acapulco, von denen bereits die Rede war, laden dort allerhand ostindische Waren, welche fremde Nationen, insbesondere Portugiesen und Chinesen, dorthin gebracht haben. Die englischen Kaufleute aus der Festung St. George senden manchmal ihre Schiffe unter Führung portugiesischer Steuer- und Schiffsleute heimlich hierhin, denn bisher ist es nicht möglich gewesen, die Spanier zu bewegen, mit uns oder den Holländern Handel zu treiben, wiewohl sie doch nur wenige eigene Schiffe haben. Meiner Meinung nach rührt das daher, daß sie befürchten, wir könnten die Reichtümer dieser Inseln entdecken, denn die meisten davon – wenn nicht gar alle – sind reich an Gold, und soweit ich weiß, haben die Spanier außer Manila keinen einzigen befestigten Platz auf den Inseln: auf mehreren dieser Inseln haben sie Städte und Dörfer, sowie Mönche und Priester, um die Indianer, von denen sie das Gold bekommen, im Glauben zu unterweisen. Die Spanier, insonderheit diejenigen unter ihnen, welche auf den kleinen Inseln leben, würden gerne mit uns Handel treiben, wenn die Gouverneure es nicht so streng verboten hätten, denn diese Insulaner haben keine anderen Waren, als man ihnen über Manila liefert und welche ihnen überaus teuer zu stehen kommen.

Am 22. Juni langten wir an der Ostseite von Mindanao an und warfen in einer kleinen Bucht ungefähr eine Meile vom Lande Anker. Nächst Luzon ist Mindanao die größte der Philippinischen Inseln. Sie ist überaus uneben und voller Berge und Täler, der Boden ist durchgehend tief schwarz, ungemein fett und fruchtbar. Die Berge sind zwar steinig, nichtsdestoweniger wachsen auf ihnen Bäume von beträchtlicher Dicke und Höhe. In den Tälern finden sich freundliche Bäche, die sehr gutes Wasser führen, und allerhand Arten von Bäumen, die das ganze Jahr hindurch grünen und blühen. Sie sind sehr groß und gehören zumeist uns unbekannten Gattungen an. Unter ihnen ist einer, der es verdient, daß man ihn kennenlernt. Die Insulaner nennen ihn Libby, er wächst wild nahe den Flüssen, wo er regelrechte Wälder bildet. Dies sind die Bäume, von denen die armen Leute Sago gewinnen, den sie drei oder vier Monate lang an Stelle von Brot essen. Rinde und Holz dieses Baumes sind hart und dünn wie Muschelschalen und voll weißen Markes wie dasjenige des Holunders. Wenn nun der Baum gefällt ist, spaltet man ihn mitten auseinander und nimmt alles Mark heraus. Man stampft es in einem großen Mörser oder anderen Gefäßen kräftig mit einem hölzernen Stößel und tut es dann in ein Tuch oder einen Durchschlag; darauf gießt man Wasser und rührt alles solange durcheinander, bis das Wasser alles Mark durch das Tuch oder den Durchschlag in das daruntergesetzte Gefäß mitgeführt hat, während ein weniges an Hülsen im Tuch zurückbleibt und weggeworfen wird. In dem Gefäß setzt sich alsdann in kurzer Zeit ein Teig unten am Boden ab, von dem man das Wasser abgießt, um dann aus diesem Teig eine Art Kuchen zu formen, der, wenn er gebacken ist, ein gutes Brot abgibt, dessen sich die Einwohner auf Mindanao, wie schon erwähnt, drei oder vier Monate des Jahres hindurch bedienen. An gewissen Plätzen der Insel wächst viel Reis, an bergigen Stellen werden Yamswurzeln, Bataten und Kürbisse angepflanzt, die sämtlich sehr gut gedeihen. Die übrigen Früchte der Insel sind Melonen, Pisang, Bananen, Guavas, Muskatnüsse, Gewürznelken, Betelnüsse, Durian, Jacas *, Kokosnüsse und Pomeranzen.

* Jacas: Früchte des indischen Brotfruchtbaumes (auch: jackfruit).

Den Pisang halte ich für den König aller Früchte, selbst den Kakao nicht ausgenommen. Der Baum, auf dem diese Frucht wächst, wird zehn bis zwölf Fuß hoch. Wenn er zu seiner ganzen Größe gelangt ist, sproßt oben, mitten aus dem Wipfel, noch ein starker Stengel hervor, der ungemein hart und so dick und lang wie ein Arm ist. Um diesen Stengel herum bilden sich büschelweise die Früchte, zunächst also die Blüten, aus denen hernach die Früchte werden. Diese sind so köstlich, daß die Spanier sie allen anderen Früchten vorziehen und sie für die dem Menschen allernützlichste ansehen. Sie wachsen in einer Schote, die sechs oder sieben Daumen lang und armdick ist und die, wenn sie reif ist, gelb und weich wird. Sie sieht einer dicken Wurst ähnlich, und die darinnen steckende Frucht ist ungefähr so hart wie im Winter die Butter, sie ist von vortrefflichem Geschmack und zergeht im Munde wie Marmelade und hat reines Fruchtfleisch ohne Kerne. Von den Europäern, die sich in Amerika ansiedeln, wird diese Frucht so hoch gehalten, daß ihre erste Arbeit, wenn sie sich einen neuen Wohnplatz ausgesucht haben, zu sein pflegt, daß sie ein ausreichend großes Feld mit Pisang anlegen, das sie gar noch vergrößern, jenachdem sich ihre Familien vermehren. Sie beschäftigen einen eigenen Mann, der nichts anderes tut, als diese Bäume zu beschneiden und die Früchte abzunehmen, sobald er meint, daß die Zeit dafür gekommen ist. Man hat diese Früchte beinahe das ganze Jahr hindurch, und oft ernähren sich ganze Familien einzig und allein davon. Diese Bäume wachsen nur auf guten und fetten Böden, auf mageren und sandigen wollen sie nicht gedeihen. Auf den Märkten in den spanisch-amerikanischen Städten wie Havana, Portobello und anderswo findet man Pisangfrüchte in Menge, weil sie die gemeine Speise der armen Leute sind und man ein ganzes Dutzend davon für einen halben Real bekommen kann. Wenn man sie an Stelle von Brot ißt, muß man sie rösten oder kochen, dabei freilich darauf acht geben, daß man das tue, wenn sie zwar recht groß gewachsen, aber doch noch nicht ganz reif oder gelb geworden sind. Die armen Leute oder Schwarzen, die weder Fisch noch Fleisch dazu zu essen haben, machen aus dem Pfeffer in Schalen, den man guineischen Pfeffer zu nennen pflegt, sowie aus Salz und Zitronensaft eine Tunke darüber, die der Frucht einen sehr guten Geschmack verleiht und viel besser mundet als eine trockene Rinde Brot. Um sich Abwechslung zu verschaffen, essen sie manchmal Pisang gebraten und roh zusammen, wie man sonst Brot und Butter ißt; auch dies schmeckt sehr gut, und ich habe selbst auf diese Art manche gute Mahlzeit gehalten. Die Engländer nehmen wohl auch sieben bis acht reife Pisangfrüchte, hacken sie klein wie einen Teig und lassen sie hernach auf Art des bekannten und von ihnen hochgeschätzten Gerichtes, das sie Pudding nennen, kochen. Man macht auch sehr gute Torten davon, und grüne Pisangfrüchte bleiben, in Scheiben geschnitten und an der Sonne getrocknet, lange gut und köstlich an Geschmack, da man sie dann wie Feigen ißt. Von dieser einzigen Frucht ernähren sich in Westindien viel tausend indianische Familien.

Man macht auch sonst einen Trank daraus, indem man zehn oder zwölf reife Pisangfrüchte nimmt, sie in ein Gefäß tut und etwa acht Quart Wasser darüber gießt; das läßt man zwei Stunden ziehen, worauf es wie junges Bier schäumt, und noch zwei Stunden später kann man es trinken. Alsdann tut man es in Flaschen und trinkt nach Belieben davon, jedoch hält es sich nicht länger als 24 bis 30 Stunden, weswegen auch diejenigen, die diesen Trank regelmäßig genießen, ihn auf die beschriebene Weise alle Morgen machen. Als ich das erstemal nach Jamaica reiste, mochte ich nichts anderes als dieses Getränk zu mir nehmen: es ist scharf, kühlend und überaus angenehm, bläht aber sehr, genau wie die Frucht, aus der es gemacht wird, wofern man sie roh ißt; wenn sie aber gekocht oder gebraten ist, tut sie das nicht mehr. Nach 30 Stunden wird der gedachte Trank sauer, und wenn man ihn in der Sonne stehen läßt, wird sehr scharfer Weinessig daraus. Die eigentliche Heimat dieser Frucht ist zwar ganz Westindien, doch gedeiht sie auch in Guinea und in Ostindien gut.

Genauso, wie die Frucht als Speise mannigfach nützlich ist, so ist auch der Baum, der sie hervorbringt, nicht weniger zur Kleidung dienlich, wie ich das zuerst auf Mindanao erfahren habe, wo das gemeine Volk Kleider von Tuche trägt, das aus diesem

Baum verfertigt ist. Wenn man vorhat, Tuch davon zu machen, so haut man den Baum, sobald die Früchte reif sind, dicht über der Erde um, was sich mit einer Axt oder einem langen Messer leicht bewerkstelligen läßt. Dann hackt man auch den Wipfel so ab, daß der Stamm nur etwa acht oder zehn Fuß lang bleibt. Von diesem wird die äußere Rinde abgeschält, die nach der Wurzel zu sehr dick ist, und wenn man zwei oder drei dieser Rinden abgeschält hat, bekommt der Stamm ungefähr die gleiche Stärke und eine weißliche Farbe. Dann spaltet man ihn mitten auseinander und die beiden Hälften wiederum möglichst genau in der Mitte. Diese Stücke läßt man zwei oder drei Tage in der Sonne liegen, welche die Feuchtigkeit ein wenig herauszieht, und alsdann lassen sich an den Enden lauter kleine Fäden sehen. Diese ziehen nunmehr die Weiber, deren Geschäft das Tuchmachen ist, nacheinander heraus, von einem Ende des Stammes bis zum anderen, was sich ohne Mühe machen läßt. Diese Fäden sind alle gleich stark, ungefähr so wie ein gewöhnlicher Flachsfaden; das so erzeugte Tuch ist von gleicher Art und Feinheit, anfänglich ziemlich hart und nicht sehr dauerhaft, sowie etwas klebrig, sobald es feucht wird.

Muskatnußbäume haben wir hier auf Mindanao und nirgend sonst gesehen; auf dieser Insel sind sie groß und schön, aber nicht eben häufig anzutreffen, denn die Einwohner haben kein Verlangen, Muskatnuß und auch Gewürznelken in größerer Menge anzubauen, weil sie fürchten, die Holländer könnten es sich deswegen einfallen lassen, sie unter ihr Joch zu bringen, wie sie das mit den Bewohnern der benachbarten Insel, wo diese Spezereien wachsen, getan haben. Nachdem sich die Holländer einmal auf diesen Inseln festgesetzt, haben sie sich nämlich des gesamten Spezereihandels bemächtigt und gestatten den Bewohnern nicht, Gewürze jemand anderem als nur ihnen zu verkaufen. Sie sind in solchem Maße bemüht, diesen Handel für sich allein zu behalten, daß sie es nicht einmal dulden, daß Spezereien auf unbewohnten Inseln wachsen, sondern schicken Leute hin, welche die Bäume abhauen müssen. Obgleich sie nun so sehr beflissen sind, die Bäume zu vernichten, so gibt es doch viele unbewohnte Inseln, auf denen sie in großer Menge wachsen; das hörte ich von

Holländern, die an den genannten Orten gewesen sind, insbesondere von dem holländischen Kapitän eines Kauffahrteischiffes, den ich zu Achin angetroffen. Dieser sagte mir auch, nicht weit von der Insel Banda wäre eine andere, wo die Gewürznelken von den Bäumen abfielen, auf der Erde liegen blieben und verfaulten, und daß sie zu der Zeit, wenn sie abzufallen pflegten, drei bis vier Zoll hoch unter den Bäumen lägen. Derselbe Kapitän und andere mehr versicherten mir, daß es einem englischen Schiffer nicht schwer fallen würde, von den Einwohnern solcher Inseln soviel an Spezereien einzuhandeln, als er zur Ladung eines Schiffes brauchte.

Der Kaufmann, der so zu mir sprach, war ein freier Kaufmann – eine Bezeichnung, welche die Holländer und Engländer in Ostindien für diejenigen Kaufleute verwenden, die nicht in der Bestallung der Compagnie* sind. Diesen freien Kaufleuten ist es nicht gestattet, in den Gewürzinseln zu handeln, noch an anderen Orten, wo die Holländer ihre Comptoirs oder Niederlagen haben; andererseits steht es ihnen jedoch frei, an bestimmten Plätzen, wo die Compagnie selbst nicht hinkommen darf, Handel zu treiben, wie etwa zu Achin. Die Ursache, weswegen viele indische Fürsten mit den Holländern nicht handeln wollen, ist, daß sie sich vor ihnen fürchten. Den Matrosen, die mit zu den Gewürzinseln fahren, ist auch verboten, mehr als einiges Gewürz zum eigenen Gebrauche zu behalten, das sind ein oder zwei Pfund. Dennoch aber machen es die Seeleute so, daß sie zumeist ein gutes Teil dieser Waren verstecken, welches sie dann, ehe sie in den Hafen von Batavia kommen, wo alle Spezereien, ehe man sie nach Europa schickt, hingebracht werden, nach Möglichkeit an einem nahebei gelegenen Orte ausladen. Treffen sie auf See Schiffe an, die ihnen Gewürznelken abkaufen wollen, dann werden sie von jeweils 100 Tonnen zehn bis fünfzehn Tonnen verkaufen, und dennoch scheint es, wenn sie in Batavia ankommen, als sei ihre Ladung noch vollständig, denn auf die übrige Ladung gießen sie Wasser, wodurch diese dann so an-

---

* Compagnie: durch Privilegien und Monopole begünstigte Gesellschaften für den Handel mit überseeischen Ländern wie die Englisch-Ostindische und die Holländisch-Ostindische Compagnie.

schwillt, daß die Gefäße, worin die Spezereien sind, wieder so voll werden, als wäre nichts daraus verkauft worden. Und das tun sie jedesmal, wenn sie insgeheim davon verkaufen, zumal die Nelken, die sie geladen haben, dermaßen trocken sind, daß sie viel Feuchtigkeit an sich ziehen, wenn man sie naß macht. Dies ist unter viel hundert Exempeln nur eines von den kleinen betrügerischen Stückchen, womit in diesen Ländern die holländischen Matrosen umgehen. Ich glaube wohl, daß es auf der ganzen Welt keine ärgeren Diebe als diese gibt; auch läßt sich kein Mittel ersinnen, daß einer den anderen verriete, denn wenn es einer von ihnen täte, so würden die anderen ihn unfehlbar ermorden.

Aber laßt uns wieder auf die Gewächse der Insel Mindanao kommen. Dort wie fast überall in Ostindien wird die Betelnuß * hoch geschätzt. Diese Frucht wächst am Wipfel des Betelbaumes büschelweise an einem starken Stengel von Fingerdicke ähnlich wie die Kokosnüsse, 40 bis 50 an einem Büschel. Die Nuß ist größer als eine Muskatnuß und sieht derselben ganz ähnlich, außer daß sie runder als jene ist. Die Betelnuß ist in Ostindien sehr begehrt. Man schneidet sie in vier Teile, wickelt sie hernach in ein Arek-Blatt, das mit einem Teige von weichem Kalk oder Gips bestrichen wird, und kaut dies alles miteinander. Jedermann hat in diesen Ländern eine Schachtel mit Kalk bei sich, wohinein er mit einem Finger greift, um sein Betel- und Arekblatt mit diesem Teige zu bestreichen. Arek ist ein Strauch mit einer grünen Rinde, seine Blätter sind etwas länger und breiter als an unseren Weiden. So lange die Betelnuß noch jung und nicht hart ist, wird sie hochgeschätzt. Man schneidet sie mitsamt der grünen Schale, in der sie steckt, in zwei Teile. Sie ist alsdann voller Saft und bewirkt, daß man viel Speichel von sich geben muß. Ihr Geschmack ist herbe im Munde, sie macht die Lippen rot und die Zähne schwarz, erhält sie aber in gutem Stande und das Zahnfleisch sauber. Man versichert auch, daß sie dem Magen gut tue; dagegen verursacht sie oft ein Schwindelgefühl im Kopfe, besonders bei denen, die es noch nicht gewohnt sind, Be-

---

* Betel: siehe hierzu auch S. 214!

tel zu kauen. Aus eigener Erfahrung habe ich hier anzumerken, daß nur die alten Nüsse diese Wirkung haben, hingegen nicht die frischen.

Neben anderen Früchten wächst auf unserer Insel auch Durian. Die Bäume, welche diese Früchte tragen, sind so groß wie Apfelbäume und voller Blätter. Die Rinde ist dick und stark und die Frucht so groß, daß sie ähnlich der Kokosnuß nur am Stamm selbst oder den dicksten Nebenästen wächst. Sie wird ungefähr so groß wie ein großer Kürbis und hat eine grüne, dicke und starke Schale. Wenn die Frucht reif ist, fängt die Schale an, gelb zu werden, doch kann man nicht eher davon essen, bis die Frucht sich oben von selbst öffnet; alsdann erst ist sie reif und gibt einen vortrefflichen Geruch von sich. Wenn sich die Schale dergestalt öffnet, kann man die Frucht in vier Teile zerlegen, und jedes Viertel davon hat wiederum kleine Abteilungen, worin eine gewisse Zahl Früchte stecken, jenachdem ob das Loch groß oder klein ist, denn eines ist größer als das andere. Die größte Frucht hat etwa die Größe eines Hühnereis, ist weiß wie Milch und so wohlschmeckend wie Milchrahm. Diejenigen, die es gewohnt sind, finden den Geschmack sehr köstlich; die hingegen, die nicht so oft davon essen, mögen sie anfänglich weniger, weil der Geschmack demjenigen von gebratenen Zwiebeln nahekommt. Die Frucht muß frisch gegessen werden, jedoch erst, wenn sie voll ausgereift ist, und wenn sie so weit ist, kann man sie nicht länger als einen oder zwei Tage aufheben, denn hernach verdirbt sie, wird schwarz und ist nicht mehr gut. Sie hat auch einen kleinen Kern von Bohnengröße, der eine dünne Schale hat. Wer diesen Kern essen will, muß ihn über das Feuer legen; alsdann geht die Schale ab, und der Kern schmeckt wie eine Kastanie. Des weiteren gibt es auf der Insel noch unzählige andere Arten von Körnern, Wurzeln und Früchten, wobei ein jedes vom anderen so sehr unterschieden ist, daß, wer sie alle beschreiben wollte, ein dickes Buch davon machen müßte.

Dort finden sich auch unterschiedliche Arten von wilden und zahmen Tieren wie Pferde, Ochsen, Kühe, Büffel, Ziegen, wilde Schweine, Hirsche, Affen, Guanos, Eidechsen, Schlangen und viele andere mehr. Dagegen habe ich von Raubtieren dort nie etwas gesehen und auch nicht gehört, daß es sie je da gegeben hat. Die wilden Schweine sehen scheußlich aus, da sie alle große Borstenbüschel über den Augen haben; sie hausen in großer Zahl in den Wäldern. Sie sind insgemein mager, aber ihr Fleisch ist von gutem Geschmack. Rotwild gibt es an den Stellen, wo es ungestört bleibt, in unsäglicher Menge. An giftigen Tieren gibt es hier Skorpione, die mit dem Schwanze stechen, und Hundertfüßler kommen hier genauso häufig vor wie in Westindien auf Jamaica und anderswo. Diese Hundertfüßler sind vier bis fünf Zoll lang, so dick wie ein Gänsefederkiel, aber breit und von rötlicher oder brauner Farbe. Ihr Bauch ist weißlich und sitzt auf beiden Seiten voller Füße; sie halten sich in alten Häusern und trockenem Holze auf, ihr Stich oder Biß tut weher als der eines Skorpions. Auch etliche Arten von Schlangen leben hier, darunter einige sehr giftige.

Obwohl Mindanao so nahe am Äquator liegt, ist die Hitze dort ziemlich mäßig, besonders an der Küste, denn tagsüber hat man allezeit den Seewind und des Nachts einen ziemlich frischen Landwind. Die Ostwinde fangen im Oktober zu wehen an, wiewohl noch nicht anhaltend, bis gegen Mitte November, wo sie dann beständig wehen und schönes Wetter mit sich bringen. Die Westwinde hingegen beginnen im Mai zu wehen, einen Monat später wehen sie gleichfalls beständig; sie bringen Regen, Stürme und große Unwetter mit sich. Im Anfang blasen diese Winde ganz schwach und nur für einen oder zwei Tage, und danach kommen die Stürme. Dies sind Regenwolken mit Donner vermischt, die gewöhnlich von der Seite her, entgegen der Windrichtung, näherrücken. Dadurch verursachen sie, daß der Wind sich auf die andere Seite wenden muß; wenn aber die Wolke vorbei ist, wendet sich der Wind abermals, und die Luft wird klar und hell, während in den Tälern und an den Berghängen dichter Nebel entsteht, der die Erde ganz bedeckt. Auf diese Weise fahren die Stürme acht Tage oder länger fort; hernach kommen sie öfter wieder, sogar zwei- oder dreimal am Tage, und zwar mit äußerst rasenden Winden und den schrecklichsten Donnerschlägen. Wenn der Westwind nun also dergestalt beständig weht, wird das Wetter trübe und der Himmel von schwarzen Wolken bedeckt, worauf es solche Wolkenbrüche gibt und derartig abscheuliches Donnern und Blitzen, daß man sich kaum Schrecklicheres vorstellen kann. Dabei rast der Wind so heftig, daß er die stärksten Bäume ausreißt, und die Flüsse schwellen dermaßen an, daß sie über die Ufer treten, das niedrig gelegene Land gänzlich überschwemmen und sogar große Bäume mit ins Meer führen. Häufig lassen sich dann eine ganze Woche lang weder Sonne noch Sterne sehen. Stürme und Überschwemmungen pflegen gegen Ende Juli und im August am heftigsten zu sein; dann sieht es wahrhaft so aus, als seien die Städte in einen großen See hineingebaut, und anders als mit einem Kanu kann man nicht von einem Hause zum andern gelangen. Diese Zeit über herrscht ein frostiges, ungesundes Wetter; im September aber wird es besser. Die Winde und der Regen verlieren dann an Heftigkeit, die Luft wird allmählich klarer und angenehmer, doch morgens gibt es noch dichte Nebel, so daß man die Sonne vor zehn oder elf Uhr nicht zu sehen bekommt, zumal wenn es die Nacht hindurch geregnet hat. Endlich aber fangen im Oktober die Ostwinde wieder an zu blasen und bringen wieder schönes Wetter mit, das dann bis in den April anhält. Und damit genug von der Witterung auf Mindanao.

Mindanao untersteht der Herrschaft nicht nur eines einzigen Fürsten, auch spricht man dort nicht nur eine einzige Sprache, aber die Eingeborenen sind einander in der Hautfarbe, nach Größe und Gestalt des Leibes sehr ähnlich. Alle oder doch die meisten von ihnen sind einundderselben Religion zugetan, nämlich der mohammedanischen, und in ihren Sitten und Gebräuchen gleichen sie einander völlig. Die eigentlichen, sogenannten Mindanäer bilden den größten Anteil der Bevölkerung, und weil sie mit anderen seefahrenden Nationen Handel treiben, sind sie auch am höflichsten. Diese eigentlichen Mindanäer sind von mittlerer Größe, haben kleine Gliedmaßen, einen geraden Leib, einen kleinen Kopf, ein länglich-rundes Gesicht mit flacher Stirn, tiefschwarze Augen, eine kurze Nase, einen ziemlich großen Mund mit schmalen roten Lippen und schwarzen, aber sehr guten Zähnen, sowie glatte schwarze Haare und endlich eine braune Hautfarbe, die jedoch stärker ins Hellgelbe geht als bei anderen Indianern; das gilt besonders für die Weibsbilder. Es ist ihre Gewohnheit, an den Daumen, vornehmlich der linken Hand, einen sehr langen Nagel zu tragen, welchen sie niemals abschneiden, aber häufig feilen. Sie haben einen sehr guten natürlichen Verstand, sind nachdenklich, geschwinde und hurtig, wenn sie wollen, sonst aber überaus faul und sehr diebisch, und nichts außer dem Hunger kann sie zur Arbeit zwingen. Es ist aber die Faulheit bei den meisten Indianern ein weitverbreitetes Laster, das meines Erachtens weniger von einer angeborenen Neigung herrührt als von der Schärfe ihrer Oberherren, die sie stets in großer Furcht halten. Weil sie nämlich mit ganz unumschränkter Macht über ihre Untertanen herrschen und ihnen alles nehmen, was sie mit ihrer Arbeit gewinnen, so erlischt bei diesen dadurch alle Lust und Liebe, irgend etwas zu tun, und sie denken an nichts anderes, als was sie aus der Hand in den Mund stecken sollen. Insgeheim sind sie stolz und haben einen stolzen Gang, dabei sind sie höflich gegen Fremde, schließen leicht Bekanntschaft und gehen aufrichtig mit ihnen um. Gegen ihre Feinde aber sind sie unversöhnlich, wenn sie beleidigt werden, im höchsten Grade rachgierig und wenden nicht selten Gift an, um ihre Beleidiger zu beseitigen.

Sie tragen nicht viel an Kleidung. Auf dem Kopfe haben sie einen kleinen Turban, dessen beide Enden mit Fransen oder Spitzen besetzt sind. Dieser Turban geht um das Haupt herum und wird auf solche Weise gebunden, daß das Ende mit der Franse oder Spitze herabhängt. Am Leib tragen sie ein kurzes Röcklein oder Hosen, aber weder Schuhe noch Strümpfe.

Die Weiber sind schöner als die Männer. Ihre Haare sind schwarz und lang und hängen geflochten hinten auf dem Rücken. Sie haben rundere Gesichter als die Männer und im allgemeinen angenehmere Gesichtszüge, außer daß ihre Nase sehr kurz und zwischen den Augen so eingedrückt ist, daß es viele kleine Mädchen gibt, bei denen der hervorragende Teil der Nase zwischen den Augen kaum zu erkennen ist, wie denn auch ihre Stirn keine sichtbare Erhöhung hat. Von weitem scheinen sie sehr hübsch zu sein, von nahem aber gewahrt man diese Unschönheiten recht bald. Ihre Gliedmaßen sind sehr klein, und ihre Kleidung besteht aus einem Wams und einem langen Rocke. Dieser Rock ist aus einem Stück, an beiden Enden zusammengenäht, und gegen den Umfang ihres Leibes gerechnet, wohl zwei Fuß zu weit, so daß sie ihn also auf zweierlei Weisen tragen und das unterste nach oben nehmen können, und weil er, wie gesagt, ihnen am Leibe viel zu locker sitzt, so sammeln sie den übrigen Stoff in Falten zusammen, wie es nach der Stärke ihres Leibes paßt, und schürzen das gefältelte Teil zwischen dem Leibe und dem Saum des Rockes auf, wodurch dieser enger wird. Das Wams lassen sie offen, es geht ihnen ein wenig über die Hüften; die Ärmel daran sind länger als der menschliche Arm und am Ende so enge, daß sie kaum die Hand hindurchstecken können. Wenn sie das Wams nun anziehen, müssen sie diese Ärmel über die Hand streifen und viele Falten machen, worauf sie großen Wert zu legen scheinen. Schuhe und Strümpfe tragen sie nicht, auch haben sie sehr kleine Füße.

Dieses Weibsvolk hat die Fremden, insbesondere die weißen Leute, sehr lieb, und es ist gewiß, daß sie mit denselben sehr frei umgehen würden, wenn sie nicht der Landesbrauch dieser Freiheit, der sie so sehr zuneigen und die sie zu wünschen scheinen, beraubte. Nichtsdestoweniger steht es den vornehmsten wie den geringsten unter ihnen frei, mit Ausländern zu reden und sie zu beschenken, wenn auch stets nur im Beisein ihrer Ehemänner.

Hier auf Mindanao ist eine Art zu betteln üblich, wie ich sie auf all meinen Reisen sonst nirgendwo angetroffen habe und die vielleicht von dem geringen Handel herrührt, der allda getrieben wird: wenn nämlich Fremde hier ankommen, begeben sich die Insulaner zu ihnen an Bord, laden sie in ihre Häuser ein und erkundigen sich, wer von ihnen einen Kameraden (welches Wort sie meines Erachtens wohl von den Spaniern gelernt haben) oder einen Pagally habe und wer nicht. Ein Kamerad ist ein männlicher Freund und ein oder eine Pagally ein unschuldig platonischer Freund des anderen Geschlechts. Die Fremden werden gleichsam auf gewisse Art und Weise gezwungen, diese Bekanntschaft und Freundschaft anzunehmen, die anschließend mit

einem kleinen Geschenke bekräftigt und auf dieselbe Weise fort-
geführt wird. So oft künftig der Fremde an Land geht, ist er bei
seinem Kameraden oder seiner Pagally willkommen; dort ißt,
trinkt und schläft er für sein Geld, wird auch allemal mit Tabak
und Betelnüssen beschenkt, was freilich auch das einzige ist, was
er umsonst erwarten darf. Die Weiber der reichsten Leute genießen die Freiheit, öffentlich mit ihren Pagallies umzugehen
und ihnen Geschenke zu machen oder solche von ihnen zu empfangen, sogar die Weiber der Sultane und Generäle, die ständig
eingeschlossen gehalten werden, pflegen dennoch aus ihren Kä-
figen herauszuschauen, sobald ein Fremder vorbeigeht, ihn zu
fragen, ob er eine Pagally wünscht, und ihm ihre Freundschaft
anzutragen, sowie ihm durch ihre Diener Tabak und Betelnüsse
als Geschenk zu senden.

Das Haus des Sultans ist das größte am Platze, es steht auf
ungefähr 180 dicken Pfählen oder Baumstämmen, ist viel höher
als die anderen Häuser und hat eine große breite Treppe, auf
welcher man hineinsteigt. In der ersten Kammer sind 20 eiserne
Kanonen, alle gar sauber und auf ihre Lafetten gestellt. Auch
bei dem General und anderen hohen Herren findet man dergleichen. Ungefähr 20 Schritt von des Sultans Haus ist ein kleines niedriges Häuschen bloß zu dem Zwecke erbaut, darin Ab-
gesandte und fremde Kaufleute zu empfangen. Es ist ebenfalls
auf Pfählen gebaut, der Fußboden aber nur drei oder vier Fuß
über dem Erdboden und mit sehr schönen Matten ausgelegt, weil
der Sultan darinnen auch Rat hält; Stühle finden sich nicht
darinnen, vielmehr sitzt man mit gekreuzten Beinen wie die
Schneider.

Die übliche Speise der Einwohner sind Reis und Sago nebst
ein paar kleinen Fischlein. Die Vornehmen essen Büffelfleisch
oder schlecht angerichtetes Geflügel und sehr viel Reis dazu, den
sie aber nicht mit Löffeln essen, sondern jeder nimmt sich eine
Handvoll auf den Teller, tunkt dann die Hand in Wasser,
damit der Reis nicht anklebt, und knetet daraus einen Ball, so
fest es geht, und steckt diesen endlich in den Mund. Diese Bälle
machen sie so groß, wie sie nur immer in den Mund hineingehen,
und streiten geradezu miteinander, wer den größten Bissen hin-

einbringen kann. Das halten sie untereinander für einen so großen Ruhm, daß sie um dieser lächerlichen Ehre willen manchmal fast wohl ersticken.

Sie waschen sich allezeit nach dem Essen, oder wenn sie etwas Unsauberes angefaßt haben. Sie verbrauchen demnach viel Wasser in ihren Häusern, welches alles, und was sie sonst zur Säuberung ihrer Küchengeräte nötig haben, sowie allen Unflat, den sie machen, sie bei ihrem Feuerplatz hingießen; ihre Kammern sind nämlich nicht gedielt, sondern nur mit gespaltenen Bambuslatten belegt, so daß demzufolge das Wasser, das dort vergossen wird, dahinein zieht, Gewürm darin erzeugt und einen abscheulichen Gestank verursacht. Überdies lassen die Kranken all ihren natürlichen Unflat in die Kammern, welchen herauszuleiten ein eigenes Loch in den Boden gemacht ist. Die Gesunden aber gehen an den Fluß, um ihr Wasser und ihre Notdurft dahineinzulassen. An diesem Flusse sieht man vom Morgen bis zum Abend stets viel Volk beiderlei Geschlechts, wovon ein Teil die gedachten natürlichen Notwendigkeiten verrichtet, während die anderen sich baden und ihre Kleider waschen. Diejenigen, die das letztere tun, ziehen sich aus und stehen nackend dar, bis sie damit fertig sind; dann ziehen sie ihre Kleider wieder an und gehen fort. Manns- und Weibspersonen schwimmen und baden sehr gerne, woran sie auch von Jugend an gewöhnt sind. Ich glaube, daß es sehr gesund ist, sich in diesen heißen Ländern morgens und abends zu waschen, zumindest an drei oder vier Tagen in der Woche. Ich selber habe es so gehalten, als ich in Bencouli* war, und befunden, daß es gesund und erfrischend sei.

Die Einwohner der Insel reden sämtlich zwei Sprachen, nämlich die eigene und die malaiische; ingemein freilich sprechen sie nur die Landessprache, da sie nur wenig Umgang mit Fremden haben. Sie haben Schulen, in denen die Kinder, welche man in der mohammedanischen Religion aufzieht, im Lesen und Schreiben unterrichtet werden. Sie haben auch viele arabische Worte, insbesondere in ihren Gebeten, desgleichen viele verschiedene türkische Redensarten, wenn sie einander morgens begegnen oder voneinander Abschied nehmen.

* Bencouli: das jetzige Bangkahulu an der Westküste Sumatras.

Viele alte Leute von beiderlei Geschlecht reden spanisch, denn die Spanier hatten sich früher auf dieser Insel festgesetzt gehabt und dort verschiedene Schanzen erbaut. Damals hatten sie auch zwei Mönche in die Stadt Mindanao selbst gesandt, die den Sultan und seine Untertanen bekehren sollten; daher also fing das Volk an, spanisch zu lernen. Die Spanier hingegen versuchten, sich einzuschleichen und sie unter ihre Botmäßigkeit zu bringen, und vermutlich würde ihnen das vor langer Zeit schon gelungen sein, wären sie nicht zum Verlassen der Insel gezwungen worden, um Manila gegen einen drohenden Einfall der Chinesen zu beschützen. Kaum aber waren die Spanier wieder abgezogen, da ließ der alte Sultan, der Vater des jetzt regierenden, ihre Festungen niederreißen und ihre Geschütze wegnehmen, schickte auch die Mönche wieder fort und hat seither den Spaniern nicht erlauben wollen, sich neuerlich dort festzusetzen.

In der Stadt Mindanao gibt es nur wenige Handwerker; es sind zumeist Goldschmiede, Grobschmiede und Zimmerleute. Goldschmiede sind es nur zwei oder drei, die sowohl Gold- als Silberarbeiten anfertigen und alles machen, was man wünscht, doch haben sie keinen Laden mit fertigen Waren. Unter den anderen Schmieden gibt es etliche, die in Ansehung des Handwerkzeuges, das sie dazu brauchen, sehr gute Arbeit leisten. Ihre Blasebälge sind ganz anders als die unsrigen. Sie nehmen dazu ein rundes Stück Holz, wie es vom Baumstamm abgeschnitten wird, durchbohren es wie einen Pumpenschaft und setzen es nahe dem Ort, wo das Feuer gemacht wird, gerade auf die Erde. Am untersten Ende dieses Holzes wird an der Seite, ganz dicht gegen das Feuer zu, ein Loch gebohrt und ein Rohr hineingesteckt, das den Wind zum Feuer führt; dieser Wind aber wird mit einem großen Busch Federn, die an einen Stock angebunden sind, dergestalt gemacht, daß man diesen Federbusch oben in das ausgehöhlte Holz steckt und nun durch Auf- und Abziehen die Luft daraus in das Rohr und anschließend in das Feuer treibt. Diese Schmiede haben weder Schraubstock noch Amboß, sondern schmieden auf einem großen harten Steine oder auf einem Stück von einer alten Kanone, dennoch aber verfertigen sie darauf alles und machen, wiewohl sie auch nur Holzkohlen haben, das übliche Hausgerät genauso wie das Eisenwerk für Schiffe überaus ordentlich. Zimmermannsarbeit wissen fast alle Leute zu verrichten und sich der geraden und der krummen Axt zu bedienen. Diese Axt ist klein und so gemacht, daß sie sich von ihrem Stiel abnehmen läßt; dreht man sie dann herum, kann man eine krumme daraus machen. Sägen kennen die Leute nicht; wenn sie nur ein Brett brauchen, spalten sie einen Baum auseinander und machen aus jeder der Hälften eines, das sie mittels der geraden und der krummen Axt glätten. Das braucht zwar viel Mühe und Zeit, doch arbeiten sie für einen sehr bescheidenen Lohn, und überdies bringt die Güte eines solchen Brettes, in dem der Kern des Holzes noch ganz ist, die aufgewendete Zeit und Mühe wieder ein.

Sie bauen gute Schiffe und Barken, die sowohl als Handelsschiffe als zur Lust und zur Kriegsführung gute Dienste tun. Die Kauffahrteischiffe gehen meistenteils nur nach Manila und bringen Bienenwachs dorthin, welches meines Erachtens die einzige Ware ist, die von hier ausgeführt wird. Die Einwohner der Stadt Mindanao haben viel Wachs, welches sie zumeist wie auch das Gold den Leuten aus dem Gebirge abkaufen, und dafür handeln sie sich dann Kattun, Nesseltuch und chinesische Seide ein. Die Holländer kommen mit ihren Barken hierher und kaufen Reis, Wachs und Tabak, denn von dem letzteren wächst hier eine große Menge und mehr als auf irgendeiner anderen Insel oder in irgendeiner Landschaft in Ostindien, soweit sie mir bekannt sind, einzig Manila ausgenommen. Es ist ein Tabak vortrefflicher Art, doch wissen sich die Einwohner dieser Ware und ihres vermutlichen Nutzens nicht so zu ihrem Vorteil zu bedienen, wie die Spanier zu Manila des ihrigen. Ich glaube, daß die Spanier den ersten Tabaksamen von Manila hierher nach Mindanao gebracht haben, nachdem dieser allem Anschein nach vorher aus Amerika nach Manila geschickt worden. Der Unterschied zwischen diesen beiden Tabakarten ist, daß der von Mindanao brauner ist, auch breitere und dickere Blätter hat als der zu Manila, weil das Erdreich zu Mindanao fetter ist; der zu Manila dagegen hat eine hellgelbere Farbe, mittelmäßig große Blätter und ist lieblicher und angenehmer zu rauchen.

Die Mindanäer haben viele Weiber, doch weiß ich nicht, welche Zeremonien bei ihren Hochzeiten üblich sind, außer dieser einen, daß der Bräutigam gemeiniglich ein großes Fest für seine Freunde ausrichtet, wobei sie den größten Teil der Nacht mit lauter Ergötzlichkeiten zubringen.

Der Sultan hat die unumschränkte Gewalt über seine Untertanen, ist ansonsten aber arm, weil, wie schon erwähnt, wenig Handel auf der Insel getrieben wird und also die Leute nicht reich werden können. Wenn der Sultan erfährt, daß einer Geld hat, und wären es nur 20 Taler, welches bei ihnen eine große Summe ist, so wird er zu demjenigen schicken und es unter dem Vorwande besonderer Notwendigkeit erborgen, was dann jener ihm nicht abschlagen darf. Ein andermal wird er jemandem, von dem er weiß, daß er Geld hat, etwas zu kaufen schicken, und das muß der andere alsdann kaufen und bezahlen, er mag wollen oder nicht; hat der Sultan hernach das solchermaßen verkaufte Ding wieder vonnöten und läßt es zurückholen, muß man es ihm wiedergeben. Von Gestalt ist der Sultan klein und zwischen 50 und 60 Jahre alt; er soll ein gar gütiger Herr sein, der sich aber von denen, die um ihn sind, sehr regieren läßt. Er hat eine Sultanin oder Gemahlin und sonst wohl noch 20 oder mehr Weiber, mit denen er die meiste Zeit zubringt. Von der Sultanin hat er eine Tochter und von den andern Weibern etliche Söhne und Töchter. Diese liefen auf den Gassen herum und plagten uns, daß wir ihnen bald dieses, bald jenes geben sollten. Von der jungen Prinzessin aber wurde gesagt, daß sie stets in ihrem Zimmer bliebe und niemals ausginge, auch keine anderen Männer sehe als ihren Vater und Raja Laut, ihren Onkel; sie sollte damals rund 15 Jahre alt sein.

Wenn der Sultan sich zu einem seiner guten Freunde begibt, läßt er sich von vier Männern auf einem kleinen Bette tragen, wobei acht oder zehn Bewaffnete als Leibwache nebenher gehen. Auf diese Weise reist er aber nicht weit, denn das Land ist voller Wälder, und die Wege sind alle nicht mehr als schmale Fußsteige, so daß die Gegend nicht eben zum Reisen einlädt. Wenn er sich verlustieren will, müssen etliche seiner Weiber bei ihm sein. Die Prauen oder Barken, die für diesen Zweck gebaut sind, bieten Raum für 50, 60 und mehr Personen. Die Barke selbst ist sehr sauber gebaut, das Vorder- und das Hinterteil sind abgerundet, und in der Mitte des Schiffes steht ein kleines Haus aus leichtem Bambusholze. Die Wände sind gleichfalls aus gespaltenem Bambusholz und ungefähr vier Fuß hoch, sie haben kleine Fenster zum Auf- und Zumachen aus demselben Holze; das Dach ist beinahe platt und säuberlich mit Palmetoblättern gedeckt. Im übrigen ist das Häuschen in zwei oder drei kleine Kammern eingeteilt, von denen eine allein für den Sultan gedacht ist. Hierin sind der Boden und die Wände um und um gar zierlich mit Matten bedeckt, wie auch ein Teppich nebst Kopfkissen darin ist, worauf er sich legen und schlafen kann. Die andere Kammer ist für seine Weiber und der ersten ziemlich gleich, die dritte aber für seine Bedienten und mit lauter Tabak und Betelnüssen behangen, denn sie kauen und rauchen unaufhörlich. Vorn und hinten im Schiff ist ein Platz für die Ruderburschen, wo sie ihre Bänke und Ruder haben. Quer über das Schiff sind vorn und hinten Balken oder Bambusstangen gelegt, die wohl einen bis vier Fuß über das Wasser hinausragen, worauf wiederum Balken liegen, auf welchen die Steuerleute zu beiden Seiten sitzen und das Schiff lenken.

Der Sultan hat einen Bruder mit Namen Raja Laut, der ein tapferer Mann und der zweite im Königreich ist. Alle Fremden, die des Handels wegen nach dort kommen, müssen sich in allen solchen Angelegenheiten bei ihm melden. Von ihm bekommen sie die Erlaubnis, ihre Waren ein- und auszuführen; selbst die Eingeborenen bedürfen einer solchen Erlaubnis, wenn sie Handel treiben wollen. Nicht einmal der geringste Fischer darf ohne des Raja Laut Zustimmung etwas tun, weil niemand in dem Fluß ein- und ausfahren darf, solange er nicht eingewilligt hat. Raja Laut ist zwei oder drei Jahre jünger als der Sultan und so klein wie jener. Er hat acht Weiber und etliche Kinder von ihnen, darunter einen einzigen Sohn von 12 oder 14 Jahren, der beschnitten wurde, während wir dort waren. Der ältere Sohn war kurz vor unserer Ankunft gestorben, worob der Sultan noch sehr betrübt war. Dieser Sohn hätte nämlich des Sultans junge Prinzessin heiraten sollen; ob sie nun der jüngere heiraten wird, weiß ich nicht, habe auch nichts dergleichen gehört. Raja Laut ist im übrigen ein Mann von großem Verstande; er redet und schreibt spanisch, welche Sprache er schon in seiner Jugend gelernt hat. Weil er öfter mit Fremden umgeht, hat er ein großes Wissen von den Sitten und Gebräuchen anderer Völker erworben, und durch die Lektüre spanischer Bücher hat er einiges vom Zustande Europas gelernt. Er ist der General der Mindanäer und wird für einen erfahrenen Soldaten gehalten, wie denn auch die Weiber bei ihren Tänzen viele Loblieder von ihm zu singen wissen.

Die Religion dieser Völker ist die mohammedanische, und der Freitag ist ihr Sabbat. Ich habe aber nicht gemerkt, daß sie zwischen diesem Tage und einem anderen einen Unterschied machen, jedoch geht der Sultan an demselben Tage zweimal in seine Moschee. Raja Laut geht niemals in eine Moschee, zu gewissen Zeiten aber betet er acht- oder zehnmal des Tages, und diese Betstunden hält er sehr genau inne, er sei, wo er wolle; auch wenn er auf dem Wasser ist, steigt er an Land und betet. Keine Geschäfte, keine Gesellschaft können ihn davon abhalten; er geht alsdann 100 Ruten von der Gesellschaft weit ab, fällt dort auf die Erde, küßt zuerst die Erde, hernach betet er laut und küßt während dieses Gebetes die Erde wiederum etlichemal und tut das auch am Ende abermals. Seine Bedienten, Kinder und Weiber mögen unterdessen reden, singen und lustig sein, so viel sie wollen; er selbst bleibt dennoch ganz ernsthaft. Das gemeine Volk ist nicht sehr andächtig, und ich habe noch niemanden beten oder in die Moschee gehen sehen.

In des Sultans Moschee ist eine große Trommel, die aber nur auf einer Seite überzogen ist; man nennt sie Gong und gebraucht sie statt einer Glocke. Sie wird um die Mittagsstunde und ferner um drei, sechs und neun Uhr geschlagen, für welchen Dienst eigens ein Mann bestimmt ist. Dieser hat eine armesdicke Stange, an deren Ende ein großer Knopf aus Baumwolle gleich einer geballten Faust mit einem starken Faden fest angebunden ist; damit schlägt er zuerst ungefähr zwanzigmal, so schnell er kann, auf die Trommel. Danach beginnt er langsam zu schlagen, anfangs nur gemächlich fünf oder sechs Schläge, darauf etwas geschwinder, endlich wieder so schnell er nur kann, bald aber wieder langsamer. Auf diese Weise wechselt er dreimal ab und hört dann auf, bis wieder drei Stunden vergangen sind, und so treibt er es Tag und Nacht.

Die Knaben werden beschnitten, wenn sie elf oder zwölf Jahre alt oder darüber sind, und zwar mehrere auf einmal. Diese Zeremonie wird mit großer Feierlichkeit vollzogen. Als wir auf der Insel anlangten, war schon etliche Jahre hindurch niemand allda beschnitten worden, doch ließ gerade zu der Zeit Raja Laut seinen Sohn beschneiden. Die Leute warten gemeiniglich mit ihren Kindern, bis der Sultan oder der General oder ein anderer großer Herr einen Sohn hat, der alt genug zur Beschneidung ist; da wird sie denn zur gleichen Zeit an mehreren anderen mitvollzogen. Den Männern wird acht oder zehn Tage vorher kundgetan, sie sollten sich mit ihren Waffen einstellen, und auch sonst werden große Zurüstungen für dieses Freudenfest gemacht. Des Morgens, ehe die Beschneidung angeht, werden dem Vater, der das Fest angerichtet hat – und das ist, wie schon gesagt, entweder der Sultan selbst oder sonst ein großer Herr –, Geschenke gesandt, und gegen zehn oder elf Uhr verrichtet der mohammedanische Priester sein Amt dergestalt, daß er die Vorhaut zwischen zwei Stecken einklemmt und mit einer Schere hurtig abschneidet. Sobald dies geschehen, fangen die draußen vor dem Beschneidungshause stehenden bewaffneten Männer, die sowohl aus der Stadt als vom Lande zusammenkommen müssen, sich so zu gebärden an, als wenn sie einen Feind vor sich hätten, mit dem sie sich mit ihren Waffen schlagen müßten. Es ist aber immer nur einer zur Zeit, der sich so aufführt, wobei die anderen einen Kreis von etwa 200 oder 300 Ruten Weite um ihn herum bilden. Derjenige nun, der fechten soll, tritt in diesen Kreis und schreit zwei- oder dreimal laut, dabei machte er eine grausame Miene. Darauf tut er zwei oder drei große weite Schritte und beginnt folgendermaßen den Kampf: sein großes Schwert hat er in der einen und den Spieß in der anderen Hand, damit durchquert er den Kreis, springt von einem Ende desselben bis zum anderen und fordert mit zornigem Angesicht und drohenden Blicken seinen imaginären Feind heraus, der nichts anderes als Luft ist. Alsdann stampft er mit den Füßen auf, schüttelt den Kopf, knirscht mit den Zähnen und verzieht sein Gesicht auf die schrecklichste Weise. Darauf wirft er seinen Spieß fort und zückt geschwinde seinen Dolch, mit dem er in der Luft herumfuchtelt, als wenn er närrisch oder rasend wäre, wobei er häufig laut schreit. Ist er dann endlich durch diese Bewegungen fast von Kräften gekommen, dann läuft er in die Mitte des Kreises, wo er so tut, als wenn er den Feind in seiner Gewalt hätte, und haut zwei- oder dreimal gewaltig in die Erde, just so, als hiebe er dem Feinde den Kopf ab. Inzwischen schwitzt er am ganzen Leibe, und wenn er gleichsam triumphierend aus dem Kreise herausgegangen ist, tritt ein anderer mit ebensolchem Geschrei und denselben Gebärden wieder hinein, und dieserart währt das Luftgefecht den ganzen Tag. Gegen Abend kämpfen die Vornehmen, nach diesen der General, und endlich beschließt der Sultan selbst das Fest. Dieser, der General und etliche andere der Vornehmen tragen einen Harnisch, die anderen alle aber nicht.

Zuletzt begibt sich der Sultan wieder nach Hause, wohin ihn eine große Volksmenge begleitet, die nicht eher wieder weicht, als bis er die Erlaubnis dazu gibt. Bei unserer Anwesenheit aber kam es zu einem weiteren Schauspiel, denn weil, wie gesagt, des Generals Sohn beschnitten worden war, wollte der Sultan den General in der folgenden Nacht besuchen. Der General seinerseits bemühte sich, den Sultan aufs beste zu empfangen, und bat daher Kapitän Swan, er möge ihm mit seinen Leuten dabei einen Dienst leisten. Darauf befahl uns Kapitän Swan, wir sollten unsere Gewehre nehmen und bis auf weiteren Befehl beim General aufwarten. So warteten wir denn 40 Mann stark bis um acht Uhr abends, bis der General nebst Kapitän Swan mit ungefähr 1000 Mann und einer großen Zahl Fackeln, die es so licht machten, als wenn es heller Tag wäre, heraus und dem Sultan entgegen zogen. Der Marsch war folgendermaßen geordnet: zuerst kam ein Triumphwagen und auf demselben zwei Tänzerinnen, die prächtig gekleidet waren, mit kleinen Kronen auf dem Haupte und einer großen Menge Glitzer- und Flitterzeug daran, von welchem sie außerdem ganze Gehänge trugen, die ihnen über die Brust und die Achsel herabhingen. Diese Weibsbilder sind regelrecht zum Tanzen erzogen worden. Ihre Füße tun wenig dabei, außer, daß sie sich manchmal langsam rundherumdrehen, aber ihre Hände, Arme, Häupter und Leiber sind in einer unaufhörlichen Bewegung, vor allem die Arme, welche sie auf eine so seltsame Weise verdrehen, daß man meinen müßte, es wären keine Knochen mehr darin. Außer diesen beiden Tänzerinnen standen auf dem Wagen nahe bei ihnen noch zwei alte Weiber, deren jede eine Fackel in der Hand hielt, welches dem Flitterwerk zu überaus großem Glanz verhalf. Sechs starke Kerle trugen diesen Triumphwagen. Ihnen schlossen sich sechs oder sieben Fackeln an, die dem General und Kapitän Swan, die nebeneinander gingen, leuchteten. Wir, die wir Kapitän Swan geleiteten, folgten ihm unmittelbar nach, zu sechsen in einem Gliede, ein jeder mit seiner Flinte auf der Schulter und einer Fackel zur Seite. Nach uns kamen zwölf von des Generals Leuten zu viert in einem Gliede, jeder mit einer alten, nach spanischer Art gemachten Muskete. Diesen folgten 40 Lanzenträger und diesen wiederum genausoviele mit großen Schwertern bewaffnete Männer in guter Ordnung. Endlich kam ein großer Haufen Volks ohne alle Ordnung und ohne alle weiteren Waffen außer den Dolchen, die sie an der Seite trugen. Als wir dicht bei des Sultans Hause waren, kam er uns mit seinen Leuten entgegen, worauf wir beiseite traten, damit sie vorbei konnten. Vor dem Sultan her kamen drei Triumphwagen: auf dem ersten waren vier seiner Söhne, die sich mit einem Haufen Steinchen versehen hatten, die sie zum Scherz den Leuten an die Köpfe warfen. Ihnen folgten vier Jungfrauen, des Sultans Nichten oder Schwesterkinder, und im dritten Wagen drei Kinder des Sultans, alle unter sechs Jahren. Hiernach kam der Sultan selbst in einer kleine Sänfte, welche nicht nach der Art der indianischen Palanquins gemacht war, sondern offen, klein und ganz einfach. Ihm schloß sich eine große Menge Volks ohne alle Ordnung an. Sobald der Sultan vorbei war, folgten der General, Kapitän Swan und unsere Leute nach und marschierten bis vor des Generals Haus.

Oben an der Treppe wurden der Sultan, seine Kinder und

Nichten und die anderen vornehmen Personen von des Generals Weibern ehrerbietig empfangen und hineingeführt; Kapitän Swan und wir, die bei ihm waren, schlossen uns an. Bald darauf ließ der General seine Tänzerinnen ins Zimmer kommen, damit sie die Gesellschaft unterhalten sollten. Ich vergaß zu sagen, daß sie hierzulande außer dem Singen keine Musik kennen, ausgenommen eine Reihe von Glocken ohne Klöppel. Es sind ihrer 16 Stück, eine schwerer als die andere, von drei bis zu zehn Pfund. Diese hatte man bei dem General hintereinander auf einen Tisch gesetzt und fast den ganzen Tag lang mit kleinen Stecken angeschlagen, was einen großen Lärm verursachte, mit dem man erst an diesem Morgen aufhörte. Die Tänzerinnen dagegen sangen selbst und tanzten also zu ihrer eigenen Musik. Danach tanzten auch des Generals Weiber, des Sultans Sohn und Nichten: zwei von den letzteren waren 18 bis 19 Jahre alt und die zwei anderen zwei oder drei Jahre älter, sie trugen prächtige lange seidene Kleider und kleine Krönlein auf dem Haupte. Sie waren auch schöner als alle anderen Weibsbilder, die ich da gesehen habe, und hatten angenehme Gesichtszüge, und obgleich ihre Nase klein war, so war sie doch höher als bei den anderen Weibern und gut geformt. Nachdem nun diese Damen sich und die ganze Gesellschaft mit Tanzen wohl unterhalten hatten, befahl uns der General, etliche Raketen steigen zu lassen, welche er und Kapitän Swan zu diesem Nachtfeste hatten machen lassen. Als auch dies geschehen war, machte sich der Sultan mit seinen Leuten wieder nach Hause auf; auch wir zogen wieder ab, und so endigte sich dieser Freudentag. Die beschnittenen Knaben aber, denen ihre Wunde weh tat, mußten wohl 14 Tage mit weit voneinander gespreizten Beinen gehen.

Es ist schon gesagt worden, daß die Mindanäer nicht genau oder eifrig sind, bestimmte Tage oder Zeiten zu ihrer Andacht zu beachten, ausgenommen freilich den Ramadan, wie sie ihre Fastenzeit nennen. Dieser Ramadan fiel damals kurz nach unserer Ankunft auf den Monat August. Sie fasten alsdann den ganzen Tag, und am Abend gegen sieben Uhr bringen sie fast eine Stunde im Gebete zu, an dessen Ende sie beinahe eine Viertelstunde lang ihren Propheten mit heller Stimme anrufen. Dabei heulen Alte und Junge auf eine so abscheuliche Weise, daß man meinen möchte, sie hätten sich vorgenommen, ihn plötzlich aus dem Schlaf zu wecken und ihn zu schelten, daß er sich ihrer so wenig annehme. Wenn dieses Gebet getan ist, pflegen sie einander einige Zeit zu bewirten, ehe sie schlafen gehen. Und so treiben sie es alle Tage, wenigstens einen Monat lang, denn manchmal währt der Ramadan auch zwei oder drei Tage länger. Er fängt mit dem Neumond an und dauert, bis man den Mond wiederum von neuem sieht, welches denn manchmal erst drei oder vier Tage nach seinem Wiedererscheinen geschieht, insbesondere wenn die Nächte dunkel sind. Wenn man nun den neuen Mond gesehen hat, dann werden am folgenden Mittag alle Geschütze gelöst, und alsdann hat der Ramadan ein Ende.

Ein Hauptstück ihrer Religion besteht darin, daß sie sich oft waschen, nicht besudeln und, wenn es denn doch geschehen, sich wieder waschen. Wenn sie essen oder etwas Unreines anfassen sollen, nehmen sie sich sehr in Acht, daß sie sich nicht besudeln. Schweinefleisch halten sie für etwas ganz Abscheuliches, und zwar für so abscheulich, daß einer, der davon gegessen oder nur ein Schwein angerührt hat, viele Tage lang nicht zu ihnen kommen darf. Indessen ist die Insel so voll wilder Schweine, daß sie des Nachts herdenweise aus den Wäldern bis in die Stadt, ja bis in die Häuser, kommen und überall den Unflat aufwühlen. Die Einwohner baten uns, wir sollten nur aufpassen und die Schweine abschießen. Das taten wir auch oft, und wenn wir einige geschossen hatten, trugen wir sie sogleich aufs Schiff und durften alsdann aber nicht in die Häuser der Mindanäer kommen.

Dieweil ich von den Schweinen rede, muß ich hier noch einen artigen Possen anführen, der sich mit dem General zutrug. Er wollte ein Paar Schuhe auf englische Art gemacht haben, wiewohl er selten genug Schuhe zu tragen pflegt. Einer von unseren Leuten machte ihm ein Paar, die ihm auch sehr wohlgefielen. Etliche Tage später aber hatte ihm jemand gesagt, daß der Zwirn, womit die Schuhe genäht waren, an den Enden Schweineborsten hätte. Darüber erzürnte er sich so sehr, daß er die Schuhe dem, der sie gemacht, wieder schickte nebst anderem Leder und dem

Befehl, er solle ihm daraus ein Paar andere Schuhe machen, jedoch sollte der Zwirn dazu vorne andere Borsten haben; das geschah dann auch nach seinem Wunsch, und die Schuhe sind ihm hernach ganz recht gewesen.

Nachdem also eingehend vom Zustand der Insel Mindanao in natürlichen, weltlichen und geistlichen Dingen Auskunft gegeben worden, will ich fortfahren und erzählen, was sich sonst während unserer Anwesenheit dort zugetragen hat.

Wir waren am 18. Juli vor dem Flusse Mindanao angelangt. Wir taten sieben bis neun Kanonenschüsse, auf welche uns von der Küste mit drei Schüssen geantwortet wurde, worauf wir abermals einen Schuß lösten. Kaum hatten wir den Anker ausgeworfen, als Raja Laut und einer von des Sultans Söhnen in einem Kanu mit zehn Ruderern angefahren kamen und uns auf spanisch fragten, wer wir wären und woher wir kämen. Mister Smith, der zu Leon in Mexico gefangen gewesen war, antwortete in derselben Sprache, wir wären Engländer und seit langem außerhalb unseres Vaterlandes. Darauf versetzten sie, wir sollten ihnen willkommen sein; des weiteren fragten sie uns um vielerlei Sachen von England, vornehmlich, was unsere ostindischen Kaufleute anlangte und ob diese uns etwa hingesandt hätten, hier einen Handelsplatz einzurichten. Mister Smith sagte ihnen, wir kämen nur hin, um Lebensmittel einzukaufen, worüber sie in etwa mißvergnügt zu sein schienen, denn sie hatten schon vor einiger Zeit erfahren, daß wir im Osten der Insel angelangt waren, und demnach geglaubt, man hätte uns aus England abgeschickt, um uns dort niederzulassen und Handel mit ihnen zu treiben, was sie mit höchstem Verlangen zu wünschen schienen. Auch war kurz vorher Kapitän Goodlud dort gewesen und hatte mit ihnen verhandelt; sie erzählten uns, daß er bei seiner Abreise gesagt hätte, sie möchten sich darauf verlassen, daß ehestens ein Abgesandter aus England zu ihnen kommen und eine solche Vereinbarung mit ihnen treffen würde.

Wenn ich indessen alles wohl betrachte, glaube ich, wir hätten nichts besseres tun können, als ihrem Verlangen stattzugeben, uns bei ihnen niederzulassen und dort zu bleiben, denn gewißlich wäre uns das nicht nur nützlicher gewesen anstatt, wie wir taten, Landstreichern gleich herumzuschweifen; vielmehr würde es auch dem dortigen Lande keinen geringen Profit eingetragen haben, indem auf diesem Wege mehr Engländer dorthin gezogen worden wären und nicht allein auf dieser, sondern auch auf vielen benachbarten Gewürzinseln Handel getrieben haben würden.

Obgleich wir nun nicht aus England gesandt worden waren, uns dort festzusetzen, so ist doch gewiß, wenn man alle Umstände in Rechnung zieht, daß wir uns in der Tat in so guter, wo nicht gar besserer, Lage befanden, als wenn wir eben deswegen ausgeschickt worden wären. Es gab kaum ein nützliches Handwerk, das nicht jemand von uns beherrschte; es waren Brettschneider, Zimmerleute, Tischler, Ziegelstreicher, Maurer, Schuster, Schneider und so fort unter uns, und es ging uns nur ein Grobschmied ab, doch der war auf Mindanao leicht zu finden. Wir hatten einen guten Vorrat an Eisen, Blei, allerhand Arten von Werkzeugen wie Sägen, Äxte, Hämmer und dergleichen, auch genügend an Pulver, Kugeln und guten kleinen Geschossen. Die Hitze waren wir mittlerweile schon gewohnt und durch viele Arbeit ganz abgehärtet, obendrein waren es lauter herzhafte und kühne Männer, die sich nicht leicht durch eine Gefahr abschrecken ließen. Mit einem Worte: wir waren des Herumschwärmens müde und fingen an, nach der Ruhe zu seufzen. Wir hätten uns alle glückselig geschätzt, uns irgendwo niederzulassen, wo immer es auch sein mochte. Wir hatten auch ein gutes Schiff und Leute genug, die zu entbehren waren, sei es zum Aufbau neuer Wohnorte oder um sie mit neuen Nachrichten und Waren für die Kaufleute nach England zu schicken. Kapitän Swan besaß schon 5000 Pfund in Gold, welches er und seine Kaufleute meistenteils aus den Waren erlöst, die sie vormals Kapitän Harris und seinen Leuten verkauft hatten. Hätte er nur einen Teil davon zum Kaufe von Spezereien verwendet, dann wären die Kaufleute damit mehr als zufrieden gewesen. Allein, kommen wir nach dieser Abschweifung wieder darauf zurück, wie man uns zu Mindanao empfangen hat.

Raja Laut und sein Vetter blieben in ihrem Kanu und wollten nicht zu uns an Bord kommen, weil, wie sie sagten, sie vom

Sultan keinen Befehl dazu hatten. Nach einer halbstündigen Unterredung ersuchten sie Kapitän Swan, mit an Land zu kommen, versprachen auch, ihm zu Lebensmitteln zu verhelfen, wiewohl diese gegenwärtig dort recht knapp wären; sie setzten jedoch hinzu, daß in drei oder vier Monaten die Reisernte anfinge, und dann könnte man davon soviel bekommen, wie man nur wollte. Weil nun Kapitän Swan einsah, daß wir der Jahreszeit wegen bei dieser Insel eine Weile würden bleiben müssen, hielt er es für ratsam, den Sultan so sehr als möglich auf seine Seite zu bringen, denn dieser könnte ihm künftig bei seinem Vorhaben entweder behilflich oder hinderlich sein. Demzufolge nahm Kapitän Swan sich vor, dem Sultan bald ein Geschenk zu machen, das aus drei Ellen scharlachnem Tuche, ebenso langen goldenen Schnüren, einem türkischen Säbel und einem Paar Pistolen bestand, dem Raja Laut aber drei Ellen scharlachnes Tuch und ebensoviel goldene Schnüre.

Am anderen Tage, nachdem die genannten Geschenke überbracht worden, ließ der Sultan Kapitän Swan zu sich bitten. Dieser steckte seine Flagge an die Schaluppe und fuhr damit an Land, wobei er den ganzen Weg über zwei Trompeter blasen ließ. Sobald er ausstieg, begrüßten ihn zwei vornehme Bediente, die einige Soldaten bei sich hatten, auch lief eine große Menge Volks hinzu, die den Kapitän sehen wollte. Der Sultan erwartete ihn im Audienzzimmer und beschenkte ihn mit nichts anderem als Tabak und Betelnüssen. Dann ließ er zwei englische Briefe herbringen, die Kapitän Swan lesen sollte, um daraus zu ersehen, daß schon ostindische Kaufleute sich in seinem Lande niederzulassen willens gewesen wären und auch bereits ein Schiff hingeschickt hätten. Der eine der Briefe war von den ostindischen Kaufleuten aus England an den Sultan gerichtet, welche, soviel ich mich erinnere, darin vornehmlich um gewisse Freiheiten anhielten, eine Festung zu bauen. Diesen Brief habe ich von dem Sekretär, der sehr stolz auf dieses Schriftstück war, zu sehen bekommen. Er war in einer sehr schönen Handschrift abgefaßt, und außerdem waren die Schriftzeilen sämtlich durch eine goldene Linie voneinander abgetrennt. Den anderen Brief hatte Kapitän Goodlud zurückgelassen; er war an alle Engländer gerichtet, die etwa dorthin kommen möchten. Der Inhalt bestand nur aus Angelegenheiten, den Handel, die Warenpreise, die Maße und Gewichte auf Mindanao betreffend. Endlich hatte Goodlud seinen Brief mit folgenden Worten beschlossen: »Trauet keinem von diesen Leuten, denn sie sind alle Schelme und Diebe, aber stille, saget nichts davon!« Nach einiger Zeit erfuhren wir, daß einer von des Generals Leuten dem Kapitän Goodlud einige Waren gestohlen hatte. Man erwischte ihn jedoch schnell, und Raja Laut ließ ihn nach Art des Landes folgendermaßen bestrafen. Morgens mit Sonnenaufgang wurde der Verbrecher ganz nackend so fest an einen Pfahl gebunden, daß er weder Hände noch Füße rühren konnte, und mit dem Angesicht der Sonne genau gegenübergestellt; nach Mittag wurde er mit dem Gesicht gegen Abend gekehrt, so daß ihm die Sonne wiederum in die Augen schien. In solcher Positur mußte er nun den ganzen Tag lang in der Sonnenhitze schmachten, die allda überaus groß ist, und wurde außerdem noch von den Fliegen grausam geplagt. Manchmal muß sich ein solcher Schuldiger auch der Länge nach auf dem Sand niederlegen, der sehr heiß ist, und also den ganzen Tag die Sonnenhitze und die Peinigung durch die Stechfliegen am ganzen Leibe ausstehen.

Unterdessen hatte Kapitän Swan unser Schiff in den Fluß Mindanao bringen lassen, weil es an diesem bequemen Orte vor den Westwinden besser in Sicherheit lag, welche in Bälde aufs heftigste zu wehen beginnen würden. Hierauf kamen die Mindanäer oft zu uns aufs Schiff und baten uns, zu ihnen zu kommen, boten uns die Pagallies an, wie das oben bereits beschrieben worden. Da die unsrigen solche Freundschaftsbezeigungen seit langer Zeit hatten entbehren müssen, waren sie desto eifriger, diese Höflichkeit anzunehmen, und in Kürze hatten die meisten unserer Leute einen oder zwei solcher Kameraden und ebensoviele Pagallies, insonderheit jene, welche gute Kleider und einen gut gespickten Beutel besaßen. Aber auch die Ärmsten und Geringsten unter ihnen konnten kaum über die Gasse gehen, so wurden sie sozusagen in die Häuser geschleppt und darinnen, zwar einfach genug, mit ein wenig Tabak, Betelnüssen oder wohlriechendem Wasser beschenkt, jedoch machte die spürbare

Aufrichtigkeit und Einfalt, mit der diese Geschenke gemacht wurden, sie desto kostbarer und annehmbarer.

Das Wetter war damals recht schlimm und ungestüm und der Regen ungemein stark. Das Wasser im Fluß schwoll so sehr an, und die Strömung wurde so heftig, daß wir große Not hatten, unser Schiff in Sicherheit zu halten. Fast alle Augenblicke wurden dicke Baumstämme angetrieben, welche zuweilen an unserm Schiffe hängenblieben, so daß sie beinahe unsere Taue zerrissen, wodurch wir hätten auf die Sandbänke oder ins Meer getrieben werden können. Beides wäre sehr gefährlich gewesen, zumal wir keinen Ballast geladen hatten. Die Stadt Mindanao ist ungefähr eine Meile lang, aber gar nicht breit. Sie liegt gekrümmt entlang der rechten Seite des Ufers den Strom hinauf, doch stehen auch auf der anderen Seite viele Häuser. Dazumal aber sah es aus, als wenn die Stadt mitten in einen See gebaut wäre, und man konnte nicht anders als mit einem Kanu von einem Haus zum andern gelangen. Diese windige und regnerische Zeit fing zu Ende Juli an und dauerte durch den größten Teil des Monats August.

Sobald das Wetter dann wieder ein wenig besser geworden war, mietete Kapitän Swan ein Haus, um unsere Segel und Waren hineinzutun, bis wir unser Schiff ausgebessert hatten. Wir hatten sehr viel Eisen und Blei, davon verkaufte der Kapitän dem Sultan und dem General acht oder zehn Tonnen und nahm statt der Bezahlung Reis an. Weil die Mindanäer keine guten Rechenmeister sind, müssen ihnen die dort wohnenden Chinesen solche und andere Rechnungen machen. Danach kaufte Kapitän Swan dem General Bauholz ab und ließ einige von unseren Leuten Bretter daraus machen, um den Boden unseres Schiffes damit zu belegen. Er hatte zwei Sägen aus England mitgebracht und vier oder fünf Mann, die damit umzugehen wußten.

Als die Zeit des Ramadan vorüber war und wieder schöneres Wetter wurde, ließ der General Kapitän Swan zuliebe alle Abende Tänzerinnen kommen. Diese sind, wie ich erwähnt habe, von Jugend auf dazu erzogen, wiewohl auch sonst die anderen Weiber sich sehr im Tanzen üben. Es tanzen ihrer wohl 40 bis 50 zusammen, sie halten einander an den Händen, bilden einen großen Kreis und singen, ohne aus dem Takt zu geraten. Dabei treten sie aber nicht von der Stelle und machen auch sonst keine Bewegung, bis der ganze Chor singt; alsdann werfen sie gleichzeitig das eine Bein nach vorn und schreien, oder vielmehr heulen alle aus vollem Halse. Manchmal, nachdem sie im Chor gesungen haben, belassen sie es beim Händeklatschen. Um nun des Generals Güte in etwa zu erwidern, ließ Kapitän Swan seine Violinisten holen und diejenigen von unseren Leuten, von denen er wußte, daß sie sich auf die englischen Tänze verstehen. Das wiederum gefiel dem General sehr wohl, und so wurden die Nächte meistenteils mit solchen Ergötzlichkeiten zugebracht.

Gegen Mitte November begannen wir, an unserem Schiffsboden zu arbeiten, den wir von Würmern sehr zerfressen fanden, denn hiesigenorts ist die Wurmplage erschrecklich schlimm. Wir merkten das erst, als wir schon einen Monat lang auf dem Fluß gelegen hatten, denn da entdeckten wir, daß unsere Kanus so voller Löcher waren wie die Honigkuchen. Die Barke, die nur einen einfachen Boden hatte, war dermaßen durch und durch zerfressen, daß sie nicht mehr über Wasser blieb; das Schiff hingegen hatte einen doppelten Boden, und die Würmer waren nicht durch das Haar hindurchgedrungen, welches zwischen beide Böden gestopft war. Nunmehr merkten wir, daß der General es nicht aufrichtig mit uns meinte, denn als er zu uns ans Schiff kam und sah, wie die äußeren Bretter losgerissen wurden und daß darunter noch ein guter, dichter Boden war, schüttelte er den Kopf und schien ganz mißvergnügt darüber zu sein; auch sagte er, dies wäre das erste Schiff mit einem doppelten Boden, das er bislang gesehen. Hinterher sagte man uns, daß an eben der Stelle, wo wir lagen, ein holländisches Schiff innerhalb von zwei Monaten gänzlich zerfressen worden wäre, worauf der General sämtliche Geschütze davon genommen hätte. Vielleicht hatte er auch gehofft, das unsrige zu bekommen, und ich glaube, daß er nur deswegen so bemüht gewesen war, uns in den Fluß hineinzuhelfen, denn beim Hinauskommen half uns niemand mehr.

Nachdem wir nun alle wurmstichigen Bretter abgerissen und

andere angeschlagen hatten, dieser doppelte Boden auch geteert und gegen Anfang Dezember 1686 das alles fertig war, fuhren wir am 10. dieses Monats wieder aus dem Fluß hinaus, schafften das Eisen und Blei, das wir nicht hatten verkaufen können, wieder an Bord und fingen an, Wasser und Reis für die Weiterfahrt an Bord zu nehmen. Kapitän Swan blieb noch an Land und wußte selbst nicht, wann oder wohin er reisen wollte; dessen aber bin ich gewiß, daß er nicht wie seine Leute willens war, auf der Höhe von Manila zu kreuzen. Denn als ich ihn einmal danach fragte, antwortete er mir, was er ehemals in diesem Punkte getan, habe er gezwungenerweise tun müssen, da er aber nunmehr frei in seinen Entschlüssen sei, wollte er sich zeit seines Lebens nicht mehr zu dergleichen nötigen lassen, denn, so sprach er, es gibt keinen Fürsten auf der Erde, der den Schandfleck von solchen Taten abwischen kann. Was für andere Absichten er haben mochte, weiß ich nicht, denn er war von Natur recht unfreundlich, indessen machte er keinen anderen Vorschlag und ordnete an, daß Proviant für die Weiterreise an Bord gebracht würde. Ich glaube jedoch gewißlich, wenn er die Absicht ausgesprochen hätte, nach einem englischen Handelsplatze zu gehen, würde die meisten seiner Leute darein gewilligt haben. Obwohl sich dennoch einige andere einem solchen Plan würden widersetzt haben, so hätte doch Kapitän Swans Autorität sich ohne Zweifel auch bei ihnen durchgesetzt; es war nämlich erstaunlich anzusehen, wie sehr sich alle vor ihm fürchteten, und das kam wohl daher, daß er die widerspenstigsten und tollkühnsten seiner Männer zu bestrafen pflegte.

Am 20. Dezember kamen wir von einer Jagd zurück, zu welcher der General uns eingeladen hatte. Kapitän Swan hatte uns allesamt gebeten, zu Weihnachten an Bord zu sein und diesen Tag miteinander feierlich zu begehen. An dieser Stelle muß ich daran erinnern, daß wohl ein Drittel unserer Leute stets an Land bei ihren Kameraden und Pagallies waren; einige hatten auch von ihren Herren Mädchen gedungen, die sie als Beischläferinnen gebrauchten. Weil etliche der Unsrigen soviel Geld hatten, daß sie nicht recht wußten, was damit anfangen, so vertaten sie es oft auf unkluge Art, und diese Verschwendung hatte zur

Folge, daß man sie zu betrügen suchte. Die Mindanäer verstanden sich bald gut darauf, unseren einfältigen Schafen das Gold (denn Silber hatten wir nicht) aus dem Beutel zu locken. Es waren aber nicht allein die übermäßigen Preise, welche die Mindanäer auf die Waren schlugen und auf welche Weise sie den Unsrigen den Beutel fegten, sondern auch die Kameraden und Pagallies rupften sie des öfteren, denn unsere Leute waren so großzügig oder – besser zu sagen – so dumm, daß sie in der Hoffnung, eine Nacht bei den Pagallies zu schlafen, ihnen für eine halbe Unze Gold einen Ring, ein silbernes Armband oder einen Armreif zu geben pflegten.

Als wir nun am Weihnachtstage allesamt an Bord versammelt waren, hofften wir, Kapitän Swan würde uns sein Vorhaben eröffnen, jedoch tat er nichts dergleichen. Am Tage nach Weihnachten lud der General wieder fünf bis sechs Engländer, unter denen ich mich befand, zur Jagd an Land ein. Auf seiner Prau fuhren wir an den Ort, wo er jagen wollte; dabei mußten ihm seine Weiber, Kinder, Bedienten nebst Geld und Gütern stets folgen. Während der Fahrt wurden wir in der Kabine des Generals unterhalten, noch vor Einbruch der Nacht trafen wir an Ort und Stelle ein. Auf dieser Fahrt hatte einer von des Generals Bedienten etwas versehen, wofür er folgendermaßen bestraft wurde: man band ihn, auf dem Bauche liegend, mit dem ganzen Leibe an eine Bambusstange, die an dem Kanu festgemacht war und zwar so nahe der Wasseroberfläche, daß er bei der geringsten Bewegung des Schiffes hineingetaucht wurde. Er kam aus dem Wasser oft solange nicht wieder herauf, daß er kaum Atem holen konnte, ehe ihn die Bewegung des Schiffes neuerlich untertauchte.

Nachdem wir ungefähr zwei Meilen gefahren waren, gelangten wir in einen breiten, tiefen Fluß und endlich an ein ziemlich großes Dorf, wo wir ausstiegen und wo man für uns in einem Hause Quartier machte. Der General nahm mit seinen Weibern die eine Seite des Hauses ein und wir die andere. Am Abend tanzten die Weiber aus dem Dorfe vor dem General. Solange wir uns hier aufhielten, ging der General jeden Morgen sehr früh mit seinen Leuten aus und kam erst um vier oder fünf Uhr am

Nachmittage wieder zurück. Er machte uns wiederholt einen Haufen Komplimente wegen des großen Vertrauens, das er in uns setzte, indem er vorgab zu glauben, daß seine Weiber und Güter bei uns sechsen (denn wir hatten ja unsere Gewehre bei uns) ebenso sicher aufgehoben wären wie bei hundert seiner eigenen Leute. Dessenungeachtet ließ er jedoch ständig einen seiner vornehmsten Bedienten bei uns zu Hause, ohne Zweifel aus Furcht, daß wir uns sonst mit den Weibern allzu gemein machen würden. Diese kamen, wenn der General zu Hause war, nicht aus ihrer Kammer; sobald er aber nur ausging, waren sie in unserer und blieben den ganzen Tag bei uns und stellten uns tausenderlei Fragen über unsere englischen Weiber und Gewohnheiten, wozu man wissen muß, daß einige von uns schon soviel von ihrer Sprache gelernt, daß sie diese Fragen verstehen und Antwort darauf geben konnten. Ich erinnere mich, daß sie einmal fragten, wieviel der König in England Weiber hätte, worauf wir antworteten, eines, denn mehrere ließe unser Glaube nicht zu. Sie sagten, das wäre eine sehr wunderliche Gewohnheit, daß ein Mann nur mit einem einzigen Weibe zufrieden sein sollte, und hielten dieses Gesetz für schlecht; andere hingegen lobten es, so daß ein regelrechter Zank unter ihnen ausbrach. Durch diese Bekanntschaft und die häufigen Gespräche mit den Weibern erfuhren wir etliches von ihren Gebräuchen und dem Vorzug, den unter ihnen die eine vor der anderen genießt. Der General schläft bei ihnen der Reihe nach; diejenige aber, die am ersten ein Knäblein zur Welt bringt, genießt bei ihm doppelte Gunst, und wenn die Reihe an sie kommt, so schläft sie zwei Nächte bei ihm, die anderen aber nur eine. Vor derjenigen, welche die kommende Nacht bei dem General schlafen soll, scheinen die anderen besonderen Respekt zu haben, denn zum Wahrzeichen dessen trägt diese ein gestreiftes seidenes Tuch um den Hals, an welchem auch wir die Königin des jeweiligen Tages erkennen konnten.

An diesem Orte blieben wir fünf oder sechs Tage, ohne auch nur den Schatten eines Ochsen zu erblicken, um dessenthalben wir doch dorthin geführt worden waren. Der General wollte uns auch nicht erlauben, mit ihm auszugehen und uns nach wilden Kühen umzusehen, sonst aber ließ er es uns an nichts fehlen. Weil uns das aber auf die Dauer nicht gefiel und wir ihn zu häufigen Malen baten, er sollte uns die Freiheit geben, das Wild selber zu suchen, sagte er uns endlich, er hätte einen Krug voll eines aus Reis gemachten Getränkes, damit wollten wir uns gütlich tun, und dann sollten wir mit ihm gehen.

Der genannte Trank wird aus gekochtem Reis gemacht, den man in einen Krug tut, worin er lange weichen muß; wie er weiter verfertigt wird, weiß ich nicht, außer daß er sehr stark und angenehm zu trinken ist. An dem Abend nun, da sich der General verlustieren wollte, ließ er den Krug mit dem Getränke in unsere Kammer bringen und trank zuerst selber davon; hernach kamen seine Leute nacheinander an die Reihe, bis sie voll wie die Schweine waren. Als sie nun solcherart genug hatten, ließen sie auch uns trinken, sie hingegen wollten danach hinter uns nicht mehr davon trinken. Der General tanzte eine Weile in der Kammer herum, da er aber schon eine volle Ladung innehatte, legte er sich bald schlafen.

Am anderen Morgen gingen wir mit ihm in die Savanne, wo 100 Mann einen großen Kreis machten, um das Wild einzuschließen, wie das ihre Art zu jagen ist, da sie keine Hunde haben. Ich bekam nichts zu sehen außer etwa acht oder zehn Kühen, die so wild waren wie die Gemsen, und endlich hatten unsere Leute doch noch drei junge Kälber erlegt und an Bord gebracht; das war aber auch alles, was wir bekamen. Mit diesem Verfahren war Kapitän Swan arg unzufrieden, denn der General hatte ihm versprochen, soviel Rindfleisch zu verschaffen, als wir nötig hätten, und als es nun zur Tat kam, konnte oder wollte er nicht Wort halten. Genauso hielt er es mit dem Reis, den wir für das verkaufte Eisen haben sollten; auch das verschob er von einem Tag auf den andern, ohne daß wir ihn endlich zur Abrechnung bringen konnten. Aber nicht nur daran erkannten wir, daß weder Treu noch Glauben bei ihm waren; hinzu kam noch, daß er kurz nach der vorgehend beschriebenen Beschneidung seines Sohnes sich stellte, als wenn er für die Unkosten dieses Festes sehr nötig Geld brauchte, weil er ja wußte, daß Kapitän Swan eine beträchtliche Menge Goldes bei sich hatte, wovon er sich

20 Unzen bei ihm entlieh. Als es nun aber ans Zurückgeben ging, sagte der General, daß es üblich wäre, ihm zu solchen Festtagen ein Geschenk zu machen, und somit hätte er das Gold als Geschenk angenommen. Des weiteren verlangte er die Mahlzeiten, die Swan und seine Leute bei ihm genossen, bezahlt zu bekommen, was denn Kapitän Swan recht befremdlich vorkam, der auch nicht wußte, wie er sich helfen sollte. Diese Widerwärtigkeiten nun und anderer Kummer, der Kapitän Swan innerlich bedrängte, machten ihn sehr verdrießlich und unruhig. Zudem trieb ihn sein Schiffsvolk täglich zur Weiterreise in Ansehung der Tatsache, daß gerade zu der Zeit der Monsun oder Ostwind am stärksten blies, welches der einzige Wind war, der uns weiter nach Indien bringen konnte.

Um diese Zeit waren etliche von den Unsrigen, des ewigen Herumschwärmens müde, tiefer ins Land hinein geflohen und hatten sich allda verborgen, denen, wie insgemein vermutet wurde, Raja Laut Beistand geleistet hatte. Andere, die nicht glaubten, daß sie an einen englischen Hafen kommen würden, hatten ein Kanu gekauft und wollten damit nach Borneo fahren, denn kurz zuvor war ein mindanäisches Schiff von dorther zurückgekommen und hatte einen Brief überbracht, der an das bedeutendste englische Kaufhaus auf Mindanao gerichtet war. Der General wünschte, daß Kapitän Swan diesen Brief öffnete, dieser jedoch wollte nicht, da er annahm, der Brief käme von gewissen ostindischen Kaufleuten, in deren Geschäfte er sich nicht einmischen wollte. Als ich dann später zu Achin Kapitän Bowry traf und ihm von dem Brief erzählte, sagte dieser, er hätte den Brief geschickt und geglaubt, die Engländer hätten sich auf Mindanao niedergelassen. Aus eben diesem Grunde hatten wir uns eingebildet, es gäbe auf Borneo ein englisches Kaufhaus; so waren wir auf beiden Seiten betrogen. Was nun das Kanu anbetrifft, mit dem einige von uns nach Borneo fahren wollten, so nahm Kapitän Swan es ihnen fort und bedrohte die Anführer der Aufwiegler aufs ärgste; sie ließen sich aber dennoch nicht abhalten und kauften heimlich ein anderes, allein ihr Vorhaben wurde wiederum entdeckt und von Kapitän Swan hintertrieben.

Diesmal war das gesamte Schiffsvolk äußerst mißvergnügt

und betrieb vielerlei Anschläge, das alles aber nur, weil sie nichts zu tun hatten. Der größte Unterschied der Lebensweise war an denen zu sehen, die Geld und die keines hatten. Jene waren an Land, und es verlangte sie durchaus nicht, Mindanao zu verlassen, während die anderen an Bord waren und beständig in Kapitän Swan drangen, er sollte wieder in See gehen, und in ihrem Mißvergnügen anfingen, sich aufrührerisch zu gebärden. Die Eisenhändler schickten sie an Land, den aus Zuckerrohr und anderen Dingen gemachten starken Arrak und Honig zu kaufen, um daraus Punsch zu brauen, daran sie sich vollsoffen, so daß es hernach gar zu Zank und Raufereien kam. Dieses Unfugs wegen mochte ich nicht an Bord gehen, denn ich habe stets großen Abscheu vor Völlerei gehabt; unsere Leute auf dem Schiff dagegen hatten sich ihr ganz und gar ergeben.

Kapitän Swan hätte dieses Unwesen leicht steuern können, indem er seine Autorität dabei gebrauchte; weil aber er und seine Kaufleute stets am Lande blieben, war auf dem Schiffe kein Kommando, und jeder tat, was ihm beliebte, ja einer stiftete gar noch den andern an, Böses zu tun. Endlich wurde Kapitän Swan denn doch dazu bewogen, seine Meinungen und Entschlüsse dem Schiffsvolk mitzuteilen, und er erteilte Befehl an alle, sich am 13. Januar 1687 an Bord einzufinden. Da wir mit großem Verlangen auf die Eröffnungen des Kapitäns warteten, kamen wir also willig an Bord. Allein zu seinem Unglück hatte Kapitän Swan zwei Tage vorher seinen Kanonier an Bord geschickt, der etwas aus seiner, Swans, Kabine holen sollte. Dieser nun warf beim Suchen allerhand Sachen durcheinander und legte dabei unter anderem auch des Kapitäns Tagebuch, das er auf der Fahrt von Amerika bis zur Insel Guam verfaßt hatte, auf die Seite. Dieses Buch nahm einer der Unsrigen, John Read aus Bristol, in die Hand, ein zwar junger, aber kluger, höflicher und ehrlicher Mann, der etwas von der Schiffahrt verstand und selber auch ein Tagebuch führte. Die Begierde, zu sehen, ob des Kapitäns Buch mit dem seinigen übereinstimmte, bewog ihn dazu, jenes an sich zu nehmen, wie das unter Seeleuten, insbesondere den jüngeren und noch unerfahrenen, wenn sie nur Gelegenheit dazu haben, insgeheim zu geschehen pflegt. Als er nun das

Buch aufschlug, bekam er gleich das Blatt zu Gesichte, worauf Kapitän Swan mit bitteren Worten über die meisten seiner Leute und im besonderen über einen anderen John Reed, einen Mann von Jamaica, herzog. Dieses Buch suchte er zwar nicht, aber weil es sich gerade so schickte, hätte er gern mehr davon erfahren und nahm es also, während der Kanonier noch mit Suchen beschäftigt war, mit sich weg, um es in aller Muße zu durchblättern.

Als der Kanonier das seine erledigt hatte, schloß er die Kammertür zu und begab sich wieder an Land, ohne noch weiter an das Buch zu denken. Dieses zeigte nun John Read aus Bristol dem John Reed aus Jamaica und allen, die an Bord waren, und weil sie ohnedies dazu geneigt waren, einen verwegenen Streich zu begehen, glaubten sie, in dem Buche genügend Anlaß zu haben, ihr Vorhaben in die Tat umzusetzen. Kapitän Teat, der bei anderer Gelegenheit von Kapitän Swan übel behandelt worden, machte sich die Gelegenheit zunutze, sich an ihm zu rächen: er stellte demnach alles noch gröber dar und rief, man sollte Swan die Kommandogewalt ganz nehmen, wobei er hoffte, sie selber zu bekommen. Es war nicht schwer, das Schiffsvolk, das einer so langen und verdrießlichen Reise längst müde geworden, zu allem zu überreden, was man nur wollte; die meisten zweifelten ohnedies, ob sie je wieder nach Hause kommen würden, und fragten also auch nichts danach, was sie täten oder wo sie hingingen, woran allein der Müßiggang schuld war. Sie willigten also in alles ein, was Teat ihnen vorschlug, und verbanden sich endlich alle miteinander, Kapitän Swan abzusetzen und dieses Vorhaben vor denen auf dem Lande so lange geheimzuhalten, bis das Schiff unter Segel wäre. Man hätte das auch sogleich getan, wenn nur entweder der Ober- oder Unterwundarzt an Bord gewesen wäre. Sie schickten also am anderen Morgen einen Mann an Land, der unter dem Vorwande, es sei jemand an Bord gefallen und habe ein Bein gebrochen, geschwinde einen von den beiden kommen lassen sollte. Der Oberwundarzt sagte, er könne erst am nächsten Tage mit dem Kapitän kommen, er schickte aber den Unterwundarzt Hermann Coppinger. Dieser machte sich fertig, an Bord zu gehen, einen Tag ehe Swan und alle anderen sich dort einfinden sollten, und ich ging mit ihm, denn niemand ahnte, welche Pläne dort geschmiedet worden waren, wovon wir dann bei unserer Ankunft zu hören bekamen, nachdem wir sehen mußten, daß der Mann mit dem gebrochenen Bein nur eine Erfindung war. Als der Wundarzt nun wie gewünscht an Bord war, wurde noch ein Kanu an Land geschickt, um alle diejenigen, die man antreffen würde, an Bord zu holen, freilich ohne ihnen den Grund dafür zu nennen, damit Swan es nicht etwa erführe.

Am 13. morgens zogen sie den Anker auf und lösten einen Kanonenschuß. Kapitän Swan schickte sogleich seinen Oberbootsmann an Bord, um zu sehen, was da los wäre. Diesem teilten sie ihre Beschwerden mit und zeigten ihm auch das Tagebuch, doch konnte er sie dazu überreden, seine und der Kaufleute Antwort bis zum folgenden Morgen abzuwarten. Hierauf ließen sie den Anker zwar wieder fallen, als aber einer der Kaufleute, Mister Harthop, am nächsten Morgen an Bord kam und ihnen riet, entweder die Sache beizulegen oder wenigstens zu warten, bis sie besser mit Reis versehen wären, wollten sie nichts davon hören, sondern zogen den Anker, während er noch an Bord war, wieder auf. Endlich brachte er es doch noch so weit, daß sie versprachen, auf den Kapitän und diejenigen seiner Leute, die etwa noch an Bord kommen wollten, bis zwei Uhr mittags zu warten, jedoch ließen sie niemanden mehr an Land außer einem namens Wilhelm, der ein hölzernes Bein hatte, und noch einen, der ein Brettschneider war.

Wäre Kapitän Swan jetzt noch an Bord gekommen, dann hätte er ihr ganzes Vorhaben über den Haufen werfen können, allein er blieb nicht nur selber fern, wie es ein kluger und beherzter Kapitän nicht würde getan haben, sondern sandte auch sonst niemanden, außer als die Frist abgelaufen war. Also ließen wir Kapitän Swan nebst ungefähr 36 Mann zurück, sowie sechs oder acht Mann, die ins Land geflohen waren, ungerechnet die 16, welche, meistenteils wegen ihnen beigebrachten Giftes, gestorben waren. Die Mindanäer sind nämlich im Vergiften große Meister, und geschehe es um der geringsten Ursache willen. Auch hatten ihnen die Unsrigen manchmal nicht wenig Anlaß gegeben, mit

ihnen mißvergnügt zu sein, sei es überhaupt wegen mancherlei
Schurkereien, die sie ihnen angetan, sei es wegen allzu großer
Vertraulichkeit, die sie in der Männer Gegenwart mit den Weibern gehalten. Die Mindanäer kennen einige Arten von Gift,
welche nur langsam wirken, wovon einige von uns schon damals
etwas beigebracht bekommen hatten, wenngleich sie erst etliche
Monate später starben.

Wir fuhren am 16. Januar 1687 um drei Uhr nachmittags von
dem Fluß Mindanao ab in der Absicht, vor Manila zu kreuzen.
Während wir aber auf Mindanao stille lagen, wurden wir ge-
wahr, daß sich die Zeit während unserer Reise geändert hatte.
Nachdem wir so weit gegen Westen, und zwar allemal mit der
Sonne, fortgereist waren, fanden wir, daß der Unterschied der
Zeit 14 Stunden betrug, die wir bei stetiger Nachfolgung des
Sonnenlaufs gewonnen hatten. Dies trifft ziemlich genau zu, da
zwischen dem Mittagskreise von England, wenn er durch Cap
Lizard gezogen wird, und Mindanao ungefähr 210 Grad Unterschied sind. Alle Europäer, welche ihren Weg nach Osten über
das Vorgebirge der Guten Hoffnung, das heißt: von der anderen
Seite und gegen den Lauf der Sonne, nehmen, zählen einen Tag
mehr, gleich wie die Mindanäer selbst auch auf diese Weise rechnen, denn sie nennen den Tag, an dem ihr Sultan die Moschee
besucht, Freitag, da dies doch in Europa erst der Donnerstag ist.
Dennoch aber zählen die Spanier auf Guam die Tage ebenso wie
wir Europäer, wofür die Ursache, so meine ich, ist, daß sie den
Weg aus Spanien nach Westen gewählt und über Amerika und
so weiter nach den Ladronen und den Philippinischen Inseln genommen hatten. Jedoch ist mir unbekannt geblieben, wie man
die Tage zu Manila und in den übrigen Philippinischen Inseln,
wo Spanier wohnen, zählt.

Am 3. Februar ankerten wir in einer Bucht einer der Westseite einer Insel, die westlich der Insel Cebu liegt. Hier befahl
Kapitän Reed (eben jener, den Kapitän Swan in seinem Tagebuch so hart angegriffen hatte und der an seiner Stelle Kapitän
geworden war) den Zimmerleuten, den Schiffsboden auszubessern, um das Schiff zum Segeln tauglicher zu machen. Als das
geschehen war, legten wir das Schiff auf die Seite, säuberten den

Perspectivisches Aussehen der Cüste Lucon nahe bey
Manille 6 francösische Meilen weit von der Cüste,
wo der höchste Berg gegen Osten oder Sonnen Aufgang
befindlich.

Boden, schmierten es mit Unschlitt und nahmen hierauf Wasser ein, welches dort sehr gut ist. Auf der Insel, auf welcher neben allerhand dicken, hohen Bäumen viel Rohr wuchs, wie man es in England vielfach zu Stäben und dergleichen verwendet, sahen wir weder Wohnungen noch sonstige Anzeichen von Einwohnern. Dagegen entdeckten wir auf einer kleinen, mitten in unserer Bucht gelegenen Insel, die voller Gebüsch war, eine unglaubliche Menge von Fledermäusen, die so groß wie Enten waren, wenn nicht größer, und sehr lange Flügel hatten. Ich hatte schon zu Mindanao eine solche gesehen und halte dafür, daß jeder Flügel sieben bis acht Fuß lang war, denn niemand von uns konnte beide Flügelspitzen erreichen, er mochte seine Arme noch so sehr ausstrecken. Diese Flügel bestehen aus derselben Haut wie bei anderen Fledermäusen und sind von brauner oder mausefalber Farbe. An dieser Haut sind gleichsam Rippen der Länge nach angewachsen und können drei oder vier Falten machen, an den Gelenken und Enden dieser Rippen haben sie spitzige, krumme Haken, mit denen sie sich allenthalben anhängen können. Sobald die Sonne untergegangen war, fingen sie an, in großen Haufen wie die Bienenschwärme auszufliegen, von ihrer kleinen Insel nach der größeren, und wohin dann weiter, weiß ich nicht. Dieses Fliegen dauerte, bis wir sie der Dunkelheit wegen nicht mehr sehen konnten, und am Morgen, sobald es nur zu tagen begann, sahen wir sie wieder wie eine Wolke zu ihrer kleinen Insel zurückkehren. Es unterhielt uns jeden Morgen und Abend eine Stunde lang, das anzusehen.

Hier verblieben wir bis zum 10. Februar 1687, da waren wir mit unseren Arbeiten fertig und gingen mit einem Nordwind wieder unter Segel. Nachdem wir im Nordwesten der Insel Mindora geankert hatten, setzten wir am 21. unsere Reise fort und befanden uns am 23. im Südosten der Insel Luzon, welches der Ort war, nach dem wir uns so lange gesehnt hatten. Wir sahen alsbald ein Schiff von Norden kommen, dem setzten wir nach und bekamen es nach zwei Stunden. Es war eine spanische Barke, die nach Manila gehen sollte und keine Waren geladen hatte, weswegen wir sie wieder fahren ließen. Am 24. erbeuteten wir ein anderes spanisches Schiff, das mit Reis und baumwollenem

Tuche beladen und gleichfalls nach Manila unterwegs war. Seine
Ladung sollte auf das nach Acapulco gehende Schiff geschafft
werden: der Reis zur Ernährung des Schiffsvolkes auf der Hin-
und Herreise, die Leinwand zum Segelmachen. Der Schiffer dieses Fahrzeuges war Bootsmann auf dem von Acapulco kom-
menden Schiffe gewesen, das wir zu Guam verfehlt hatten, weil
es damals schon zu Manila angelangt war. Er erzählte uns, wie
groß das genannte Schiff wäre, wie sehr es sich vor uns gefürchtet hätte und was ihm sonst widerfahren wäre. Der Ort, wo wir
die beiden Schiffe wegnahmen, war aber nur sieben oder acht
Meilen von Manila entfernt.

*Eine kurze Beschreibung der Insel Luzon und der Stadt Manila,
worin Dampier der Erzählung des mit an Bord gewesenen
Wundarztes Coppinger folgt, beschließt unser Autor, indem er
sagt, sie seien der Stadt nicht so nahe gekommen, daß man sie
habe sehen können, jedoch habe er von See aus die Gegend ab-
gezeichnet, deren Kupferstich seinem Bericht beigegeben ist.*

Weil nun die Jahreszeit schon zu sehr fortgeschritten war, um
etwas zu unternehmen, beschlossen wir, nach Pulo Condor zu
segeln, einer kleinen Gruppe von Inseln, die vor der Küste von

Cambodscha liegt, unser erbeutetes Schiff dahin mitzunehmen und das unsrige, sofern wir einen geeigneten Ort fänden, dort auszubessern; gegen Ende Mai wollten wir dann wieder nach Manila zurückfahren und dem Schiffe von Acapulco auflauern, das ungefähr um diese Zeit dort einzutreffen pflegte. Vermöge der Karten, die wir bei uns hatten und nach denen wir uns in diesen uns sonst gänzlich unbekannten Ländern richteten, schien uns der genannte Ort abseits des Schiffsweges zu liegen und demnach sehr passend für uns, um dort eine Zeitlang verborgen zu bleiben und die Rückkehr des Schiffes abzuwarten, auf das unser Begehren abzielte. Wir vermieden es natürlich so weit als möglich, den Handelsplätzen nahezukommen, damit wir nicht erkannt und womöglich gar von Kräften angegriffen würden, die uns an Stärke überlegen waren.

Nachdem wir auf Luzon noch unsere Gefangenen an Land gesetzt hatten, segelten wir am 26. Februar dort ab und bekamen Pulo Condor erst am 13. März zu sehen. Gegen Mittag warfen wir Anker an der Nordseite der Insel, einer sandigen Bucht gegenüber. Pulo Condor ist die Hauptinsel der Gruppe und die einzige bewohnte. Auf dieser Insel wachsen verschiedene Arten von Bäumen, darunter eine, die ich sonst nirgends angetroffen. Der Stamm dieser Bäume hat einen Durchmesser von drei bis vier Fuß; man kann daraus einen Saft ziehen, der zu flüssigem Teer wird, wenn man ihn nur ein wenig kocht und zu hartem Pech, wenn man ihn stark kocht. Beide Sorten dieses Pechs sind, wie wir getan und befunden haben, zu mancherlei Zwecken zu gebrauchen. Diesen Saft gewinnt man auf die folgende Art und Weise: man muß ungefähr einen Fuß über dem Erdboden ein großes Loch in den Baum machen, das bis an den Kern des Stammes reicht, und danach über diesem Loche von dem Stamm abwärts lange Späne abhauen, bis man an das Loch kommt. Wenn dann dieser halb angehauene Stamm platt gemacht worden ist und so einem halbkreisförmigen Stumpf gleichsieht, macht man da unten ein anderes Loch wie ein kleines Becken hinein, wohinein dann der Saft vom oberen Teile des Baumes tröpfelt, und zwar in solcher Menge, daß man den Inhalt des Loches, das etwa ein oder zwei Quart faßt, täglich aus-

Perspectivisches Aussehen der Insuln Pulo Condo-
ro, wie sie 8. französische Meilen an der mittägigen
Seiten zu sehen seynd.

leeren muß. Solchergestalt läuft es etliche Monate, dann hört es auf, und der Baum erholt sich wieder.

An Obstbäumen wachsen auf diesen Inseln Mango, gewisse Bäume, die eine Art von Weintrauben tragen, und solche, die eine Art wilder Muskatnüsse hervorbringen. Die Mangofrucht wächst auf einem Baume, der die Größe eines Apfelbaums hat. Die Frucht ist nicht größer als ein kleiner Pfirsich, aber länger und gegen den Stiel zu ganz dünn. Wenn sie reif ist, wird sie gelb und ist dann voller Saft, von angenehmem Geruch und köstlichem Geschmack. Solange sie mürbe ist, pflegt man sie entzweizuschneiden und mit Salz und Weinessig einzumachen, tut auch ein wenig Knoblauch hinzu, und dies ist dann das köstliche und sehr geschätzte Mango Achar, wobei ich meine, daß Achar Tunke bedeutet. Man macht auch sonst in Ostindien und insbesondere in Siam und Pegu * allerhand Arten von Achar, auch aus zarten Bambussprößlingen, welche Art neben dem aus Mango gemachten am meisten gebraucht wird. Diese Mangos und auch andere Früchte waren gerade reif geworden, als wir dort ankamen, und die ersteren gaben einen so herrlichen Geruch von sich, daß wir sie mitten in den Wäldern riechen konnten, wenn der Wind uns entgegenwehte, obwohl wir doch noch weit von ihnen waren und sie nicht sehen konnten, so daß wir gar keine Schwierigkeiten hatten, sie stets zu finden. Diese Frucht kommt vielerorten in Ostindien vor, doch hatte ich noch nicht gewußt, daß sie auch wild wächst, und habe sie auch sonst nirgendwo anders gesehen; freilich sind die wilden Früchte etwas kleiner als die in Gärten angebauten, aber durchaus genau so köstlich wie diese.

Neben anderen Tieren – Schweinen, Eidechsen und Guanos – gibt es hier auch allerlei Geflügel, so Papageien verschiedener Arten, wilde und zahme Tauben, sowie eine Art wilder Hühner, die bis auf die Größe unseren Haushühnern ganz ähnlich sind: sie werden nämlich nicht größer als Krähen. Die Hähne krähen wie die unsrigen, nur viel schwächer und heiserer. Dadurch ver-

---

* Pegu: Stadt und ehemalige Residenz in Birma, nördlich von Rangun, in der sich eine Riesenstatue Buddhas befindet, sowie das gleichnamige Königreich.

rieten sie sich auch in den Wäldern, so daß wir sie finden und schießen konnten. Ihr Fleisch ist sehr weiß und köstlich zu essen.

Die genannten Inseln liegen sehr bequem am Wege von und nach Japan, China, Manila, Tonkin, Cochinchina und insgemein allen Orten der fernöstlichen Küste, die von Ostindien aus zu erreichen sind, einerlei ob man nun den Weg durch die Meerenge von Malacca oder durch die Sundasee zwischen Sumatra und Java wählt. Eine dieser beiden Meerengen muß man passieren, sowohl wenn man von Europa kommt, als wenn man aus Ostindien zurückkehrt, es sei denn, daß man um die meisten ostindischen Inseln herumführe, wie wir es taten. Im Notfall kann man sich auf diesen Inseln erfrischen und hier bequem alles erhalten, was man benötigt, denn außer den Lebensmitteln findet man allda Mastbäume, Segelstangen, auch hartes und weiches Pech. Es wäre auch ein sehr günstig gelegener Platz, um von hier aus Handel mit Cochinchina zu treiben. Zur Sicherung eines Packhauses könnte man hier eine kleine Festung bauen und vor allem auch den Hafen gut sichern, der sich sehr leicht befestigen ließe. Die Einwohner sind, wie man uns sagte, aus Cochinchina gebürtig. Auch war ein Mann hier, der gut malaiisch redete, und auch wir begannen, in dieser Sprache ein wenig zu radebrechen, nachdem einige von uns sich diese Sprache schon auf Mindanao einigermaßen zu eigen gemacht hatten. Diese malaiische Sprache ist zwar wohl diejenige, die man für den Handel gebraucht; sie ist aber nicht die natürliche Sprache der Einwohner, denn auf den meisten ostindischen Inseln spricht man die sogenannte Lingua franca *. Ich glaube, daß diese gewöhnlich auch auf Malacca, Sumatra, Java und Borneo gesprochen wird; nur auf Celebes, den Philippinischen und den Gewürzinseln scheint man sie sich lediglich zum Zwecke des Handels erborgt zu haben.

Die Leute auf Pulo Condor sind von kleiner Figur, dabei gut gestaltet, jedoch dunkler als die Mindanäer. Sie haben ein längliches Gesicht, glatte schwarze Haare, kleine schwarze Augen, eine ziemlich erhabene, mittelgroße Nase, dünne Lippen, weiße

* Lingua franca: eigentlich Name der Verkehrssprache der levantinischen Bevölkerung und der Europäer.

Zähne und einen kleinen Mund. Sie sind sehr höflich, aber überaus arm. Ihre Hauptarbeit ist es, den Saft aus den oben beschriebenen Bäumen zu ziehen und das Pech daraus zu machen. Sie tun es in hölzerne Gefäße, und wenn sie eine Ladung beisammen haben, bringen sie es in ihr Vaterland Cochinchina. Andere fangen Schildkröten, kochen das Fett, nehmen das Öl ab und bringen es gleichfalls in ihr Land. Sie fangen die Schildkröten mit großen weitmaschigen Netzen, wie sie die Fischer auf Jamaica auch gebrauchen, während ich sie sonst nirgend gesehen habe. Die Einwohner auf Pulo Condor sind so freigiebig mit ihren Weibern, daß sie uns diese an Bord brachten und zu Dienst anboten; einige von uns mieteten sie auch um einen geringen Preis. Dieser Brauch soll, wie man mir sagte, bei vielen Völkern Ostindiens im Schwange sein, so in Pegu, Siam, Cochinchina und Cambodscha. Ich weiß auch, daß es in Tonkin geschieht (wohin ich nachdem eine Reise tat), da die meisten von unseren Leuten, solange wir dort stille lagen, Weiber an Bord gehabt, wie denn auch in Afrika an der Guinea-Küste unsere Kaufleute, Faktoren und Bootsleute sich der schwarzen Weiber bedienen. Es scheint dies aber aus einer politischen Absicht herzurühren, denn wenn die vornehmsten Mandarine oder Edelleute, ja in Guinea sogar die Könige, ihre Töchter und Weiber den Faktoren und Schiffskapitänen beiwohnen lassen, vermeinen sie, sich dieselben dadurch desto fester zu verbinden. Die Europäer hingegen tun es deshalb, weil für den Fall, daß zwischen ihnen und den eingeborenen Bewohnern in Handels- oder anderen Sachen Unverträglichkeiten entstehen und diese mit der bei heidnischen Nationen üblichen Hinterlist Rache zu üben beabsichtigen, eine solche Delila ihrem Liebhaber dasselbe Unternehmen zu eröffnen pflegt, so daß es beizeiten verhindert werden kann.

Die Eingeborenen sind Götzendiener, doch weiß ich nicht, wie sie ihren Götzendienst betreiben. Auf der großen Insel sind hie und da einige Häuser und bebaute Äcker und gegen Süden ein kleines Dorf mit einem Götzentempel, worin in der einen Ecke das Bild eines Elefanten, ungefähr fünf Fuß hoch und von entsprechender Dicke, und in der anderen Ecke ein etwas kleineres Pferd zu sehen sind. Beide Bilder drehen den Kopf nach Süden.

Der Tempel selbst ist niedrig, nicht sehr groß, aus Holz und mit Stroh bedeckt, wie überhaupt die Häuser hier schlecht gebaut sind. Diese Elefanten- und Pferdebilder sind am häufigsten anzutreffen, und ich habe sie auch auf meinen Reisen in den Tempeln in Tonkin gesehen, wo daneben auch einige andere Bilder von anderen Tieren, Vögeln und Fischen sich finden. Von solchen Bildern aber, die menschenähnlich oder irgendwie abscheulich gestaltet wären wie bei den Chinesen, wüßte ich nicht, daß ich sie allda gesehen hätte. Es haben nämlich die gedachten chinesischen Schiffs- und Kaufleute, von denen es hier auf See sehr viele gibt, auf ihren Schiffen Götzenbilder, die grausam und scheußlich anzusehen sind, und daneben Altäre und angezündete Lampen. Wenn sie an Land gehen, nehmen sie dieselben mit, zumal außer jenen, die ihnen allen gemeinsam sind, jede Person sein eigenes Götzenbild für sich hat. Ich habe gesehen, daß an ihren Festtagen die Bonzen oder Priester Hände voll gemalter Papierchen herbeibrachten, welche sie unter mancherlei Zeremonien verbrannten, wobei sie genau darauf acht gaben, daß ja kein Stückchen unverbrannt bliebe. Am selben Tage schlachteten sie eine Ziege, die sie einen ganzen Monat vorher gemästet hatten; diese opferten sie ihren Götzen, richteten sie hernach zu und verspeisten sie miteinander. Als ich zu Madras in der Festung St. George war, bemerkte ich, daß die Heiden, die in den Vorstädten wohnen, viele Nächte hintereinander ein großes Fest feierten. Männer und Weiber waren schön gekleidet, hatten viele Fackeln angezündet und trugen ihre Bilder in einer regelrechten Prozession herum; ich konnte aber nicht erfahren, was das alles zu bedeuten hatte. Ich sah auch, daß etliche Öl mit sich trugen, um ihren Lampen davon zuzugießen, damit sie desto heller brennen möchten. Sie fingen ihren Umzug gegen elf Uhr nachts an, und nachdem sie bis gegen zwei oder drei Uhr morgens die Gassen ganz ehrbar auf- und abspaziert waren, trugen die Vornehmsten die Bilder unter vielen Zeremonien wieder in den Tempel, wobei im besonderen die Weiber mit hineingingen.

Ich habe schon gesagt, daß wir am 14. März 1687 bei diesen Inseln anlangten. Am nächsten Tage nun suchten wir einen bequemen Ort, das Schiff auszubessern, und am 16. liefen wir in den Hafen ein, wo wir uns mit diesen Arbeiten beschäftigten. Etliche von uns hieben Bäume ab, Bretter daraus zu schneiden; andere takelten das Schiff ab, und noch andere bemühten sich, ein Haus zu bauen, in das die Waren hineingebracht werden sollten und worin die Segelmacher arbeiten konnten. Die Bauern kamen und brachten uns Obst, Schweine und zuweilen Schildkröten, die wir für Reis eintauschten, von dem wir in dem bei Manila gekaperten Schiffe genug hatten. Wir kauften auch viel von dem Pechsafte, den wir kochten und mit dem wir den Boden unseres Schiffes teerten. Wir mischten Kalk darunter, den wir an derselben Stelle gemacht hatten, woraus dann ein Teig wurde, der sehr gut klebte.

In diesem Hafen blieben wir vom 16. März bis zum 16. April und ließen inzwischen aus der Leinwand, die wir auf dem erbeuteten Schiffe gefunden hatten, ganz neue Segel machen, so viel man ihrer auf einem Schiffe nötig hat. Auf Vorrat versahen wir uns auch mit einem großen Mast, damit wir ihn im Notfall hätten, und schnitten auch Bretter, unseren Schiffsboden damit zu überziehen. Das hatten wir zu Mindanao nicht zur Gänze getan, sondern noch alte Bretter daran gelassen, die nun durch neue ersetzt wurden. Während wir hier vor Anker lagen, starben zwei von unseren Leuten, denen man zu Mindanao Gift beigebracht hatte. Sie hatten es uns schon gesagt, nachdem sie es bemerkt hatten, und waren seitdem stets kränklich geblieben. Unser Wundarzt öffnete ihre Leichen, wie sie gewünscht hatten, gleich nach ihrem Tode und fand, daß ihre Leber ganz schwarz war, so leicht und trocken wie ein Korkstück.

Als wir mit allem fertig waren, ließen wir das gekaperte spanische Schiff zurück und behielten von dem Reis, den es geladen hatte, nur soviel uns nötig war, und fuhren nach der Stelle im Norden der Insel, wo wir anfänglich geankert hatten, um dort Wasser einzunehmen. Wir bewerkstelligten das, indem wir Rinnen aus Bambusholz über eine halbe Meile weit bis an die See legten, das Wasser hineinschöpften und also fortleiteten. Unterdessen hatte Kapitän Reed einen alten Einwohner, und zwar eben jenen, von dem ich gesagt, daß er die malaiische Sprache gut beherrschte, dazu überredet, uns als Pilot in den Golf von

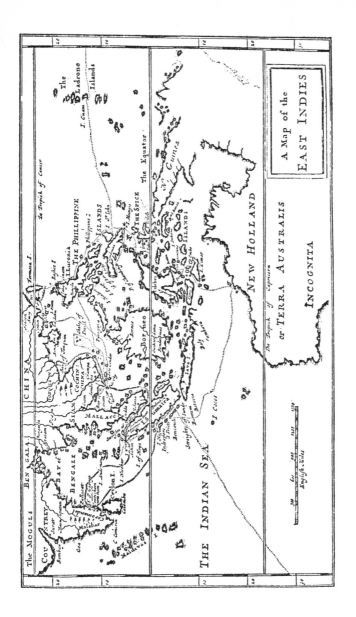

A Map of the
EAST INDIES

Siam zu geleiten, denn er hatte uns gesagt, daß ihm das Land daherum gut bekannt wäre.

Am 24. April kamen wir im Golf von Siam an, der sehr breit und lang ist. Von dieser Bucht und Küste will ich aber später eine besondere Beschreibung geben, um das weitläufiger tun zu können. Am 21. Mai gingen wir wieder nach Pulo Condor unter Segel. Auf dem Wege dorthin trafen wir ein großes Schiff, das von Palimbam auf der Insel Sumatra abgesegelt und mit Pfeffer beladen war, den es nach Siam bringen sollte. Des Windes wegen fuhr es mit uns zusammen nach Pulo Condor, wo wir beiderseits am 24. Mai ankerten. Das Schiff war auf chinesische Weise gebaut, voll kleiner Kammern oder Abteilungen wie unsere Fischerkähne. Zu diesem Schiff sandte Kapitän Reed ein Kanu, um zu erfahren, wo es herkäme, und weil er es für ein malaiisches Schiff hielt, worauf insgemein viele und tollkühne Leute sind, die alle ihren Dolch an der Seite führen, hatte er unseren Leuten befohlen, es solle niemand aus unserem Kanu dort an Bord gehen; freilich taten sie das dennoch alle bis auf einen, der im Kanu zurückblieb. Als nun die Malaien, ungefähr 20 Mann stark, uns so wohlbewaffnet an Bord kommen sahen und der Meinung waren, ihr Schiff sollte ihnen fortgenommen werden, zogen sie auf ein verabredetes Zeichen alle ihre Dolche und erstachen fünf oder sechs von den Unsrigen, ehe diese überhaupt wußten, was es bedeuten sollte. Die übrigen von uns sprangen über Bord, teils in das Kanu, teils in die See, und retteten sich auf diesem Wege. Unter denen, die ins Meer sprangen, war einer, namens Daniel Wallis, der vor und nach dieser Begebenheit nie hatte schwimmen können, während er es jetzt recht gut konnte, und zwar für ziemlich lange Zeit, ehe man ihm aus dem Wasser heraushelfen konnte.

Als nun unser Kanu wieder zurückkam, bemannte Kapitän Reed zwei andere und schickte sie aus, sich an den Malaien zu rächen. Sobald diese aber die Unsrigen kommen sahen, bohrten sie ihr Schiff in Grund und retteten sich in ihrer Schaluppe an Land. Kapitän Reed ließ ihnen nachsetzen, doch liefen sie in die Wälder und versteckten sich darin. Mit dem Vorsatz hierzubleiben ging unser Wundarzt hier an Land, jedoch sandte der Kapitän ihm Leute nach, die ihn wieder zurückbrachten. Ich hatte zwar genau dieselben Gedanken und wäre gern auch an Land geblieben, wollte aber noch einen bequemeren Ort aussuchen. Als wir das letztemal zu Mindanao an Bord gingen, wußten weder der Wundarzt noch ich etwas von der Verabredung der Meuterei und der Absicht der anderen, Kapitän Swan zu verlassen und mit dem Schiffe durchzugehen. Nunmehr aber waren wir vollends dessen überdrüssig, noch länger bei diesen fast rasenden Leuten zu bleiben; wir suchten also eine Gelegenheit, uns von ihnen fortzustehlen und einen Ort zu suchen, von wo wir an einen englischen Handelsplatz gelangen könnten.

Nachdem wir Wasser und Holz aufgefüllt und das Schiff auch sonst in einen solchen Stand gesetzt hatten, daß es einen Sturm überstehen konnte, bedienten wir uns des ersten guten Windes und gingen am 4. Juni 1687 von Pulo Condor nach Manila unter Segel. Das nach Siam bestimmte, mit Pfeffer beladene Schiff blieb noch da und wartete auf Ostwind. Ein Mann seiner Besatzung, ein portugiesischer Mestize, kam zu uns aufs Schiff, wo wir ihn behielten, hauptsächlich weil er viele der in diesen Landen gebräuchlichen Sprachen kannte. Allein der Wind wurde so widrig, daß wir nach langem Bemühen endlich alle Hoffnung, Manila zu erreichen, fahren ließen. Statt dessen beschlossen wir, die nahegelegene Insel Prata anzulaufen. Dies ist, so heißt es, eine kleine, niedrige, ganz von Klippen umgebene Insel, die auf dem halben Wege zwischen Manila und Kanton liegt, welch letzteres die Hauptstadt einer chinesischen Provinz ist, wo sehr viel Handel getrieben wird. Die Gefährlichkeit des Ortes, vor der sich die Chinesen sehr fürchteten, schreckte uns nicht, doch hinderte uns auch hier der Wind, dieses Ziel zu erreichen; vielmehr trieb uns der fortwährend wehende Südostwind auf die chinesische Küste zu. Wir sahen erst am 24. Juni Land und warfen noch am selben Tage im Nordosten der Insel S. Johannis Anker. Sie liegt vor der Südküste der chinesischen Provinz Quangtung oder Kanton.

Ihre Bewohner sind Chinesen, der chinesischen, also nunmehr der tatarischen Krone unterworfen. Die Chinesen sind von Natur groß, von gerader Gestalt und selten fett; sie haben ein langes

Gesicht, eine hohe Stirn, aber kleine Augen, die Nase ist ziemlich breit und in der Mitte erhaben, der Mund ist weder groß noch klein, die Lippen sind ziemlich dünn. Sie haben eine aschene Gesichtsfarbe und schwarze Haare auf dem Haupt, aber wenige im Bart, weil sie sich diese dort ausreißen, und nur am Kinn lassen sie hie und da wenige, dann aber sehr lang, wachsen, worauf sie sich etwas Sonderliches einbilden. Sie kämmen sie oft, knüpfen auch manchmal Knoten darein, wie sie denn auch an der Oberlippe zu beiden Seiten solche langen Haare anstelle eines Knebelbartes tragen. Die alten Chinesen hielten sehr viel auf ihr Haupthaar und ließen es sehr lang wachsen, strichen es aber mit den Händen fleißig hinter die Ohren. Auch pflegten Manns- und Weibspersonen es auf eine Nadel zu wickeln und auf den Rücken zu werfen. Als jedoch die Tataren sich zu Herren über China machten, nahmen sie den Chinesen mit Gewalt diese ihnen so tief eingewurzelte Gewohnheit, welcher Schimpf ihnen mehr zu Herzen ging als die verlorene Freiheit und Ursache zu einer Empörung gab. Sie wurden aber überwunden und mußten also Gehorsam leisten, weswegen sie denn heutzutage nach der Mode ihrer Überwinder, der Tataren, sich das Haar glatt abscheren und nur einen Zopf stehen lassen, kurz oder lang, wie es einem jeden beliebt. In anderen Ländern halten sie noch an ihrer alten Gewohnheit fest; sollte man aber in China einen antreffen, der lange Haare trüge, so hätte der gewiß den Kopf verloren. Viele von ihnen haben, wie sie mir selbst gesagt, lieber ihr Vaterland verlassen, als die Freiheit, lange Haare zu tragen, verlieren wollen. Die Chinesen tragen weder Hut noch Mütze noch Turban, sondern haben, wenn sie ausgehen, einen kleinen Sonnenschirm in der Hand, der ihnen zum Schutz gegen Sonne und Regen dient. Wenn sie nicht weit ausgehen, nehmen sie nur einen etwas großen Luftweher aus Papier oder Seidenzeug wie bei uns die Frauenzimmer; damit bedecken sie dann ihr Haupt, und jedermann hat dergleichen oder einen rechten Sonnenschirm, wenn er auch bloß über die Gasse geht. Die übliche Männerkleidung besteht aus einem Überrock und Hosen; Strümpfe tragen sie selten, aber Schuhe oder, besser gesagt, Pantoffeln, die auf unterschiedliche Art gemacht werden. Die

Weiber haben sehr kleine Füße, also auch kleine Schuhe. Man bindet ihnen von Kindheit an die Füße so fest, wie sie nur vertragen, und sie binden sie noch alle Abende so, bis sie in das Alter kommen, wo sie nicht mehr wachsen, weil nämlich die Kleinheit der Füße hier als ausgesprochen schön angesehen wird. Diese lächerliche Gewohnheit beraubt sie aber auf gewisse Weise des Gebrauchs ihrer Füße, denn wenn sie in ihren Häusern herumgehen, ist das eher ein Wackeln zu nennen; auch müssen sie sich bald wieder hinsetzen, so daß man meinen möchte, sie brächten ihre ganze Lebenszeit sitzenderweise zu. Sie gehen selten aus dem Hause, und ich will wohl glauben, was einige sagen, diese so fest bei ihnen eingeprägte, an sich selbst aber unvernünftige Gewohnheit rühre von einer listigen Absicht der Männer her, daß nämlich die Weiber nicht herumlaufen und miteinander scherzen, sondern fein zu Hause bleiben sollten. Sie sind ja auch gleichsam an ihre Arbeit angenagelt und wissen mit der Nähnadel sehr wohl umzugehen, machen überaus schöne Stickereien, sogar auf ihre Schuhe.

Die Chinesen beiderlei Geschlechts sind sehr scharfsinnig, wie aus den schönen Sachen, die aus ihrem Lande stammen, vor allem aus dem Porzellan, zu ersehen ist. Auch sind die Chinesen große Spieler; sie treiben das ohne Unterlaß bei Tage und bei Nacht, bis sie alles, was sie besitzen, verspielt haben, wonach sie sich dann selbst zu henken pflegen. Nach dem Bericht der dort wohnenden Spanier haben das die chinesischen Faktoren zu Manila dort oft getan. Auch die Spanier selbst sind dem Spiele sehr zugetan und verstehen sich sehr gut darauf, jedoch sind die Chinesen darin noch listiger als sie, wie sie überhaupt ein sehr listiges Volk sind. Wenn man alles, was diese Nation und ihr Land an Besonderem aufzuweisen hat, beschreiben wollte, müßte man ein ganzes Buch voll schreiben; dazu bin ich freilich nicht geschickt, weil ich zu wenig Kenntnis von alledem besitze.

Ich will daher lieber bloß bei den Dingen bleiben, die ich auf der Insel S. Johannis beobachtet habe, wo wir eine Weile liegenblieben. Ich war fast alle Tage unterwegs, um Proviant, wie Schweine, Geflügel und Büffelochsen, einzukaufen. Auf der Insel ist eine kleine Stadt, die auf feuchtem, morastigem Grunde erbaut ist; die Häuser stehen wie bei uns auf der Erde und nicht auf Pfählen wie zu Mindanao, sind aber klein, niedrig, mit Stroh gedeckt, mit nur wenig Hausrat versehen und sehr unsauber. Die meisten Einwohner dieses kleinen Fleckens schienen mir Ackerleute zu sein, denn sie waren damals sehr damit beschäftigt, ihre wichtigste Frucht, den Reis, einzusäen. Der Boden, den sie dazu gebrauchen, muß flach und naß sein, daher sieht er, wenn er zugerichtet ist, einem Teige von Kot ähnlich. Sie haben einen kleinen Pflug, mit dem sie ackern und vor den sie einen Büffel spannen, welchen ein Mann vor sich hertreibt, der zugleich auch den Pflug hält. Wenn dann der Reis reif und abgeerntet ist, legen sie ihn auf einen runden Platz, der insonderheit zum Dreschen angelegt worden ist und einen harten Boden hat, binden darauf drei oder vier Büffel mit den Schwänzen aneinader und lassen sie immer rundherum auf dem Reis laufen und solange auf ihn treten, bis alles aus dem Stroh herausgedroschen ist.

Als ich einstmals mit sieben oder acht von unseren Leuten an Land war und wir dort etwas verweilen mußten, schlachteten wir ein kleines Schwein und brieten es, und während wir es noch zurichteten, kam einer der Einwohner und setzte sich zu uns nieder. Als das Schwein fertig gebraten war, schnitten wir ein ziemliches Stück ab und gaben es ihm; er nahm es gerne an, machte aber allerhand Zeichen, indem er nach dem Walde wies, worauf wir schlossen, er wollte noch mehr haben, doch kehrten wir uns nicht daran. Nachdem wir gegessen, winkte er uns, ihm nachzufolgen, welches ich endlich zusammen mit zwei oder drei anderen tat. Er ging voran und führte uns einen schmalen finstern Steig durch lauter Hecken in einen kleinen Wald, worin ein alter Götzentempel stand, der ungefähr zehn Fuß im Quadrat hatte. Die Mauern waren aus Ziegeln, ungefähr neun Fuß hoch und zwei Fuß dick, der Boden war mit breiten Ziegeln gepflastert, und mitten darauf stand eine alte eiserne Glocke, die etwa zwei Fuß hoch war und ganz auf der Erde aufstand. Nach oben wurde sie, fast wie unsere Glocken, immer spitziger; ganz oben aber gingen drei Stücke Eisen, jedes ungefähr armesdick und etwa zehn Zoll lang, in die Quere heraus, die mit der Glocke zusammen gegossen zu sein schienen. Sie standen gleich weit voneinander und gaben mit ihrer dreieckigen Figur das vollkommene Ebenbild der Pfote gewisser monströser Tiere ab, deren Klauen so spitz sein sollen. Ohne Zweifel war dies ein chinesischer Götze, denn sobald unser andächtiger Wegweiser davor kam, fiel er mit dem Angesicht auf die Erde und winkte uns zu, wir sollten desgleichen tun. Auf einem Altar von behauenem weißen Stein standen verschiedene irdene Gefäße, darunter eines voller kleiner Hölzer, die an einem Ende angebrannt waren. Unser Wegweiser machte uns viele Zeichen und wollte uns fast mit Ungestüm dazu nötigen, daß wir von unserem Fleische noch etwas holen und dalassen sollten. Wir taten das jedoch nicht, ließen ihn endlich darin und gingen davon.

Während wir hier vor Anker lagen, sahen wir auf einem kleinen See zwischen den Inseln und dem festen Lande viele große und kleine chinesische Schiffe, von denen eines ganz nahe bei uns Anker warf. Ich fuhr nebst einigen unserer Leute hin, um es recht zu besehen. Das Vorder- und das Hinterschiff waren flach und viereckig gebaut, das Vorderschiff nicht so breit wie das Hinterschiff. Auf Deck standen kleine Hütten, mit Palmetoblättern gedeckt und ungefähr drei Fuß hoch, worin sich die Bootsknechte aufhielten. Es war noch eine andere große Hütte da, darinnen ein Altar und eine brennende Lampe waren, aber kein Götzenbild. Der Laderaum war in lauter kleine Kammern aufgeteilt, und diese waren so gut und fest zusammengefügt, daß, falls in eine der Kammern Wasser eindringt, es doch nicht weiterkommen und nicht mehr Schaden anrichten kann als bei den Waren, die auf dem Boden derselben Kammer liegen. Jeder dieser Räume gehört einem oder zwei Kaufleuten, die ihre Waren darin verschließen und auch selbst dabei bleiben können. Diese Schiffe haben nur zwei Mastbäume, nämlich einen großen und einen Fockmast. Die Stange und das Segel des Fockmastes ist viereckig, das Segel an dem großen Maste aber oben schmal wie bei einer Barke.

Nachdem wir wieder in See gestochen waren, erhob sich am 4. Juli nachmittags ein böser Sturm. Der Himmel wurde sehr trübe und überzog sich wie auf einen Schlag mit lauter schwarzen Wolken, die wir von weitem schon den ganzen Morgen gesehen hatten. Weil der Wind immer heftiger wurde, zogen wir fast alle Segel ein. Um Mitternacht wurde der Wind so heftig und der Regen so stark, als würde er mit Kannen herabgegossen. Es donnerte und blitzte ganz ungeheuer, und die See schien ganz feurig und jede Welle ein Blitz zu sein. Der heftige Wind peitschte die See erschrecklich hoch, die Wellen stießen aneinander und schlugen gewaltig unten an unser Schiff. Eine Welle riß die Galerie vom Vorderteil unseres Schiffes ab und zugleich einen von unseren Ankern, der zwar stark angebunden war, aber dennoch abgerissen wurde und der, weil er an das Schiff anschlug, beinahe ein Loch hinein gemacht hätte. Der Wind wütete weiter bis um vier Uhr morgens, wo wir auch die Taue durchhieben, mit denen die beiden Kanus, welche wir mitführten, hinten an das Schiff angebunden waren. Darauf ließen Donner und Regen etwas nach, und wir sahen ganz oben auf dem hohen Maste, wo man die Flagge anmacht, das St. Elmsfeuer*. Darüber freuten sich unsere Leute sehr, denn wenn dieses Licht in der Höhe erscheint, hält man es gemeiniglich für ein Zeichen, daß das größte Ungewitter vorüber ist; sieht man es dagegen auf dem Oberdeck, dann wird es für ein unglückliches Anzeichen gehalten. Das St. Elmsfeuer ist ein kleines, helles Licht; wenn es wie das uns erschienene oben auf dem großen Mast zu sehen ist, gleicht es einem Sterne, auf dem Oberdeck dagegen sieht es wie ein großer leuchtender Wurm aus.

Wir ergaben uns von zwei bis sieben Uhr morgens dem Winde und der Strömung, und nachdem der Wind sehr nachgelassen hatte, zogen wir das Focksegel wieder auf und segelten damit bis um elf Uhr, als wir eine große Windstille bekamen, die zwei Stunden lang anhielt. Der Himmel war überaus schwarz und gräßlich anzusehen, und weil gar kein Wind wehte, wurde unser Schiff hin und her geschlenkert wie eine Eierschale. Zeit meines Lebens hatte ich noch keinen solchen Sturm ausgestanden. Es stand uns ein Mondwechsel bevor, und dieser Sturm war

* St. Elmsfeuer: nach Sankt Elmo, dem Schutzheiligen der romanischen Seeleute, benannte elektrische Entladung, die sich bei Gewitterlage an den Spitzen und Kanten von Masten usw. zeigt.

zwei oder drei Tage vor Neumond gekommen. Als nun das Wetter wieder besser geworden war, machten wir am 6. Juli unsere Stengen wieder an und trockneten uns und unsere völlig durchnäßten Kleider. Dieser Sturm hatte unsere Gedanken so sehr verrückt, daß wir nur trachteten, irgendwohin zu entweichen, wo wir sicher liegen würden, ehe der volle Mond eintrete, damit wir nicht wieder einen so harten Sturm ausstehen müßten. Wenn nämlich der eine oder andere Monat Sturmwinde mit sich zu bringen pflegt, so geschieht das insgemein ungefähr zwei oder drei Tage vor dem vollen oder dem neuen Mond.

Wir zogen unsere Seekarten zu Rate, wo wir hingehen könnten, und beschlossen, zu den sogenannten Pescadores-Inseln zu segeln. Da wir niemanden an Bord hatten, dem diese Küsten bekannt gewesen wären, mußten wir uns also nur nach den Karten richten, die uns zwar anzeigten, wo dieser oder jener Ort oder diese Insel gelegen ist, nicht aber, was für Häfen, Reeden oder Buchten da wären, viel weniger noch, was für Früchte dort zu haben oder was für Festungen und Handelsplätze dort anzutreffen seien; das mußten wir alles selbst herausfinden. Die gedachten Pescadores sind mehrere große unbewohnte Inseln nahe der Insel Formosa, zwischen dieser und dem chinesischen Festlande, fast mitten unter dem Wendekreis des Krebses gelegen. Auf diesen ziemlich hohen Inseln gibt es viele Hügel und darauf Schanzen, die vor Zeiten vielleicht zu etwas nütze waren, jetzt aber nicht mehr. Am 20. Juli bekamen wir eine dieser Inseln zu Gesicht; wir segelten zwischen den Inseln hin, konnten aber nirgends ankern, bis wir an den Hafen kamen, der zwischen den beiden östlichen Inseln ist. Wir fuhren unvorsichtigerweise hinein und erstaunten, als wir so viele Schiffe vor Anker liegen sahen. Noch mehr aber staunten wir, als wir einer großen Stadt ansichtig wurden, denn wir hatten nicht geglaubt, viel weniger gar gewünscht, jemanden zu sehen, sondern vielmehr beabsichtigt, uns ganz verborgen zu halten. Nachdem wir aber nun einmal so nahe daran waren, liefen wir kühn in den Hafen ein und sandten alsogleich unser Kanu nach der Stadt.

Beim Aussteigen wurden unsere Leute von einem Offizier

empfangen und unser Quartiermeister als der Ranghöchste zum Gouverneur des Ortes geführt, der ihn fragte, von welcher Nation wir wären und was wir allda zu tun gedächten. Der Quartiermeister entgegnete, wir wären Engländer und wollten nach Amoy. Dies ist eine große Handelsstadt, an einem schiffreichen Flusse in der Provinz Fokien gelegen. Ferner sagte unser Abgesandter, daß wir in einem Sturme sehr beschädigt worden wären und uns nicht getrauten weiterzusegeln, wir wollten also unser Schiff gerne dort ausbessern und nur solange verharren, bis der volle Mond eingetreten wäre und wir nicht noch mehr Stürme zu fürchten hätten. Der Gouverneur versetzte, wir würden zu Amoy bessere Möglichkeit, das Schiff auszubessern, gefunden haben, doch erbot er sich ganz freundlich, unserem Quartiermeister gegenüber, wir sollten alles bekommen, was uns nötig wäre und was er hätte; wir müßten aber nicht an Land kommen, sondern er wollte Leute an Bord schicken und fragen lassen, wessen wir bedürften, und uns diese Dinge dann bringen lassen. Hierauf entließ er unseren Abgeordneten und beschenkte ihn mit einem kleinen Kruge voll Mehl, drei oder vier Kuchen, ungefähr einem Dutzend Ananasfrüchten und mit Wassermelonen.

Am folgenden Tage kam ein ansehnlicher Offizier mit einem zahlreichen Gefolge an Bord. Er trug eine schwarzseidene, auf besondere Art gemachte Mütze mit schwarzen und weißen aufrechtstehenden Federn, welche hinten fast das ganze Haupt bedeckten. Seine Oberkleider waren alle von schwarzer Seide; der Überrock von derselben Farbe war offen und reichte bis an die Knie, die Hosen waren aus demselben Tuch. Unter dem Überrocke hatte er noch mehr seidene Kleider, aber in anderen Farben, und an den Füßen trug er schwarze Stiefel aus weichem Leder. Auch seine Bedienten trugen schöne schwarzseidene Gewänder. Dieser Offizier brachte uns als Geschenk des Gouverneurs als erstes eine junge Kuh mit, die zwar klein, aber sehr fett und fleischig und von so köstlichem Geschmack war, daß ich in fremden Ländern nirgends sonst so wohlschmeckendes Rindfleisch gegessen habe. Ferner brachte er uns zwei große Schweine, vier Ziegen, zwei Körbe feines Mehl, 20 große breite Kuchen oder Brote sehr guten Geschmacks, zwei große Krüge voll Arrak und endlich 55 Krüge voll Hog-Chu, wie die Eingeborenen einen starken Trank nennen, der, wie mir gesagt wurde, aus Weizen gemacht wird, der Mumme* ähnlich sieht und auch so schmeckt. Unser Kapitän Reed schickte dem Gouverneur als Gegengabe einen auf spanische Art sehr sauber gemachten silbernen Degen, einen Karabiner aus England und eine goldene Kette, und als der Offizier an Land trat, begrüßten wir ihn noch mit drei Kanonenschüssen.

Wir blieben hier bis zum 22. Juli liegen und gingen dann mit einem Südwestwind wieder unter Segel. Wir richteten unsere Fahrt auf gewisse Inseln, die zwischen Formosa und Luzon liegen, auf unseren Karten aber keinen Namen führen, sondern nur mit der Zahl 5 bezeichnet sind. Auf dem Wege dorthin kamen wir an die Küsten von Formosa, welches wir zur linken Hand liegen ließen. Diese große, bergige und waldige Insel wurde früher von Chinesen bewohnt. Die englischen Kaufleute fuhren oft dorthin, weil ein sehr guter Hafen dort war, in dem die Schiffe sicher lagen. Seitdem aber die Tataren sich des chinesischen Reiches bemächtigt, haben sie, wie mir gesagt wurde, den Hafen zerstört, damit die Chinesen, die einen Aufstand gemacht hatten, sich dort nicht festsetzen könnten; die Kaufleute mit ihren Handelsgeschäften sind nach dem Festlande verwiesen worden. Am 6. August langten wir bei den obengenannten fünf Inseln an, und unsere Leute gaben der östlichsten von ihnen den Namen Bashi nach einem Trank, der dort häufig getrunken wird.

Auf dieser Insel gibt es nur einen einzigen Ort. Die dortigen Eingeborenen sind klein und untersetzt, haben durchweg ein rundes Gesicht, eine niedrige Stirn und starke Augenbrauen; die Augen sind nußgrau und klein, jedoch größer als die der Chinesen, Lippen und Mund sind von mittlerer Größe, die Zähne weiß und die Haare schwarz. Auf dem Kopf haben sie gegen die Sonne weder Hut noch Mütze noch Turban noch sonst etwas. Das Mannsvolk trägt meistens nur ein kleines Stück Leinwand, seine Blöße zu bedecken, doch haben einige eine Art Wams an,

---

* Mumme: bekanntes, sehr dickes, dunkelbraunes Bier aus Braunschweig.

das aus Pisangblättern gemacht und so rauh ist, daß ich dergleichen nirgendwo gesehen habe, ja noch rauher als eine Bärenhaut. Die Weiber tragen ein Röckchen aus Baumwolle, welches ihnen etwas über die Knie reicht; diese grobe Leinwand machen sie selber. An den Ohren tragen Männer wie Weiber große Ringe aus einem gelben Metall. Ob dies Gold ist oder nicht, kann ich nicht mit Gewißheit sagen. Ich habe es dafür gehalten, weil es schwer war und die Farbe unseres blassen Goldes hatte. Die Einwohner haben nur kleine niedrige Häuser, deren Wände aus Pfählen bestehen, die mit Baumzweigen durchflochten sind. In einer Ecke dieser Hütten ist eine Feuerstätte, in einer anderen liegen Bretter, auf denen man schläft. Ihre kleinen Dörfer sind an den Seiten oder auch auf den Gipfeln der steinigsten und steilsten Berge dergestalt gebaut, daß drei bis vier Reihen Häuser immer eine höher als die andere stehen und man nur mittels einer Leiter in die erste und so weiter zu den anderen hinübergelangen kann. Diese Leiter braucht im Falle eines feindlichen Angriffs nur hochgezogen zu werden, und es ist alsdann unmöglich hinaufzukommen, weil es genauso wäre, als wollte man an einer senkrecht aufsteigenden Mauer hinaufklettern. Damit die Einwohner aber auch von oben nicht angegriffen werden können, sind sie darauf bedacht, solche Berge auszuwählen, die entweder auf einer Seite gegen die See abfallen oder doch so steil oder so beschaffen sind, daß man sie unmöglich auf andere Weise besteigen kann. Im Schiffsbau sind die Leute recht geschickt. Neben ihren kleinen Schaluppen, die aus ganz schmalen Brettern gefügt sind, welche nur von hölzernen Nägeln zusammengehalten werden, haben sie auch ziemlich große Boote. Darinnen ist für 40 bis 50 Personen Raum, und auf jeder Seite sind 12 oder 14 Ruder. Die Hauptarbeit der Männer ist der Fischfang, doch habe ich nicht gesehen, daß sie viel gefangen haben; das mochte freilich auch an der gegenwärtigen Zeit des Jahres liegen. Die Weiber hingegen bestellen die Äcker.

Ich habe nie gesehen, wie sie selber Ziegen oder Schweine schlachteten, doch baten sie uns um die Gedärme der Tiere, wenn sie uns Ziegen verkauften. Die Därme von Schweinen schienen sie nicht anzurühren, wenn aber unsere Matrosen die zum

Wurstmachen benötigten Ziegendärme genommen und den Rest ins Wasser geworfen hatten, fischten die Insulaner sie wieder heraus und nahmen sie mit an Land. Dort entfachten sie ein Feuer, sengten die Haare von der Haut ab und brieten diese letztere dann solange über einem Kohlefeuer, bis sie zum Essen tauglich schienen. Darauf zerrissen sie sie mit den Zähnen, kauten und schluckten sie herunter. Das Gedärm, das für sie ein so herrliches Gericht ist, richten sie dergestalt zu: sie nehmen aus dem Magen all das halbverdaute Gras und sonstiges heraus, das sie darin finden, und tun es in einen über dem Feuer stehenden Topf und rühren es häufig um, so daß es, indem beim Kochen alle Kräfte und Säfte herausgesogen werden, einen abscheulichen und üblen Gestank ausströmt. Wenn sie nun zwei oder drei kleine Fische hatten, machten sie diese sorgfältig sauber, so daß man meinen mochte, sie könnten keinerlei Unsauberkeit leiden, schälten dann das Fleisch von den Gräten und schnitten es so klein wie möglich. Wenn jetzt das, was sie im Topfe hatten, wacker gekocht hatte, nahmen sie es vom Feuer, warfen ein wenig Salz hinein und aßen es mit den Händen und die klein geschnittenen Fische roh dazu. Sie haben auch noch ein anderes Gericht, nämlich Heuschrecken, die einen Leib von ungefähr anderthalb Zoll Länge und die Dicke der Spitze eines kleinen Fingers haben. Ihre Flügel sind breit, aber zart und die Beine lang und dünn. Damals war gerade die Zeit, wo dieses Ungeziefer häufig kommt und die Blätter der Bataten und andere Kräuter abfrißt. Die Eingeborenen gehen mit Netzen auf die Jagd und kehren mit einem einzigen Besenstrich ein ganzes Maß Heuschrecken zusammen. Haben sie genug davon, dann lassen sie sie in einem Topfe über dem Feuer braten; dabei gehen die Flügel und Beine ab, Kopf und Leib aber, die sonst braun sind, werden rot wie gekochte hamburgische Krabben. Weil der Leib voll Feuchtigkeit ist, so ist dies ein wäßriges Essen, der Kopf aber knirscht zwischen den Zähnen. Von diesem Gericht habe ich einmal gekostet und es genug sein lassen; zu dem weiter oben beschriebenen Mahl jedoch hätte sich mein Magen nicht bequemen mögen.

Insgemein trinken die Eingeborenen nur Wasser wie alle

Indianer, doch haben sie außer diesem noch einen anderen
Trank, der aus Zuckerrohr gemacht wird. Dies lassen sie stark
auskochen und mischen gewisse schwarze Körner darunter, tun
den Trank alsdann in große Krüge und lassen ihn zwei oder
drei Tage darinnen gären; sobald er nun ausgegoren ist, wird er
klar und ist alsbald zu trinken. Dies ist ohne Zweifel ein herrliches Getränk und kommt dem englischen Bier in Farbe und
Geschmack sehr nahe. Es ist auch überaus stark und nach meinem
Dafürhalten nicht minder gesund, weil denn unsere Leute, die
den Trank viele Wochen hindurch häufig genossen und sich oft
daran vollsoffen, nicht krank davon wurden. Die Insulaner
brachten uns täglich viel von diesem Getränk, und zwar sowohl
aufs Schiff als zu unseren Leuten, die auf der Insel Bashi arbeiteten, welche eben vom Namen dieses Getränkes ihren eigenen
Namen bekommen hat.

Die Waffen der Leute auf Bashi sind hölzerne Spieße, an
denen selten eine eiserne Spitze ist; andere Waffen besitzen sie
nicht. Eine Art Küraß sieht man noch bei ihnen, der aus Rinds-
leder gemacht ist, ohne Ärmel wie die Panzerhemden, auf beiden
Seiten zugenäht und mit Löchern, um den Kopf und die Arme
hindurchzustecken. Dieses lederne Wams reicht ihnen bis an die
Knie und sitzt oben an den Achseln dicht am Leibe, während es
unten auf jeder Seite wohl drei Fuß weit ist.

Ich habe bei ihnen keinen Gottesdienst und keine Götzenbilder gesehen und ebensowenig bemerkt, daß sie einen Tag
höher als den anderen hielten, wie denn auch keiner unter ihnen
selbst höheres Ansehen als ein anderer genießt; vielmehr schienen sie einander alle gleich zu sein. Es war jedoch jeder Herr
in seinem Hause, und die Kinder mußten ihre Eltern ehren.
Dennoch aber schienen sie einige Gesetze oder Gebräuche oder
eine gewisse Herrschaftsform doch zu kennen. Denn während
wir dort stille lagen, sahen wir einen jungen Menschen, den sie
eines Diebstahls wegen, soweit wir es verstehen konnten, leben-
dig begruben. Sie machten eine große Grube, zu der eine große
Menge Volks kam, um von dem Missetäter Abschied zu nehmen.
Unter anderm war da ein Weib, das sehr kläglich sich gebärdete
und das wir für seine Mutter hielten, die ihm auch die Ringe

von den Ohren abnahm. Als er von dieser und etlichen anderen Abschied genommen, was alles er ohne die geringste Bewegung tat, mußte er in die Grube hinunter, welche darauf mit Erde wieder gefüllt wurde, daß er also erstickte. Die hiesigen Einwohner haben nur ein Weib, mit dem sie ganz friedlich leben, und die Kinder sind den Eltern sehr gehorsam. Die Knaben gehen mit ihren Vätern fischen, die Mädchen aber bleiben mit den Müttern zu Hause. Sobald sie kräftig genug sind, werden sie auf die Äcker geschickt, um Yamswurzeln und Bataten zu graben. Davon bringen sie dann alle Tage auf ihren Köpfen so viel nach Hause, wie für die ganze Haushaltung nötig ist, denn sie haben weder Mais noch Reis. Mag es wegen ihres aus Ziegendärmen gemachten Gerichts auch so scheinen, als ob diese Leute säuisch lebten, so halten sich doch sonst Weiber und Männer an ihrem Leibe sehr reinlich. Sie sind auch überaus friedliebend und höflich. Mit Verwunderung habe ich betrachtet, wenn 20 bis 30 von ihnen von ihren Schiffchen zu uns an Bord kamen, daß sie nicht den geringsten Unfug vornahmen; vielmehr hielt sich ein jeder still und gesittet und suchte den andern in seiner Not beizuspringen. Sie sind aber nicht nur bei ihresgleichen so verträglich, sondern gehen auch mit Fremden ganz aufrichtig und ehrlich um. Manchmal trinken sie auch stark und erhitzen sich dabei die Köpfe, doch habe ich nie den geringsten Streit unter ihnen bemerkt.

Wir wollen nun wieder auf unsere Reise zurückkommen. Als wir am 6. August dort Anker warfen und unsere Segel zusammenbanden, kamen wohl 100 kleine Schiffe an uns heran mit drei oder vier Personen in jedem, so daß unser Oberdeck ganz voll dieser Leute war. Anfangs fürchteten wir uns vor dieser großen Menschenmenge, deshalb ließen wir 30 oder 40 Stück Handgewehre hinten ins Schiff bringen und stellten drei oder vier Schildwachen mit schußfertigen Flinten auf das Oberdeck, um alsbald Feuer zu geben, wenn sie Gewalt verüben sollten. Sie hielten sich aber ganz friedlich, außer daß sie etwas altes Eisenwerk vom Oberdeck mitnahmen. Dabei sah einer von uns, daß ein Indianer sich bemühte, einen eisernen Nagel von einem Lafettenrade abzureißen; darauf nahm er den Dieb beim

Kopfe, und der machte sogleich ein großes Geschrei. Hierauf sprangen alle andern augenblicklich von unserem Schiffe, teils in ihre Kähne, teils ins Wasser, und machten sich nach dem Lande auf. Als wir aber sahen, daß sie so sehr erschraken, zeigten wir uns gegen den Gefangenen, der am ganzen Leibe zitterte, sehr freundlich, gaben ihm auch ein Stückchen Eisen und ließen ihn los, worauf er sogleich ins Wasser sprang und zu seinen Landleuten schwamm, welche noch um unser Schiff herumruderten, um zu sehen, was wir mit ihrem Gesellen anstellen würden. Weil wir nun die Gelegenheit, mit ihnen Handel zu treiben, nicht verlieren wollten, winkten wir ihnen, sie sollten wieder zu uns kommen; etliche taten es auch und verhielten sich seitdem ganz ehrlich.

Wieder mußten die Engländer einen heftigen Sturm über sich ergehen lassen; dabei wurden sie vorübergehend von sechs ihrer Leute, die sich noch an Land befunden hatten, getrennt.

Mittlerweile hatte der letzte Sturm die Unsrigen ganz feige gemacht, denn obwohl dieser nicht so heftig gewesen war wie jener, den wir vor der Küste von China ausstehen mußten und noch in frischer Erinnerung hatten, so hatte der andere Sturm doch die Einbildung vergrößert und unter den Schiffsleuten einen solchen Schrecken verursacht, daß sie aus Furcht, von einem dritten Sturm überfallen zu werden, die Begierde, vor Manila zu kreuzen, gänzlich verloren. Ein jeder wünschte, zu Hause zu sein, wie das vorher wohl schon hundertmal gewünscht worden war; allein Kapitän Reed und Kapitän Teat, die uns befehligten, rieten uns, nach Cap Comorin zu fahren; dort wollten sie uns ihr weiteres Vorhaben mitteilen, welches ohne Zweifel war, im Roten Meer zu kreuzen, und damit war jedermann einverstanden. Der Ostmonsun konnte nun nicht mehr lange ausbleiben, und so wäre es das Beste gewesen, die Straße von Malacca zu passieren, allein man entschloß sich, da wir niemanden bei uns hatten, der die dortige See kannte, an der Ostseite der Philippinischen Inseln vorbei und nach Süden gegen die Gewürzinseln zu segeln und auf der Höhe der Insel Timor in das

Indische Meer einzulaufen. Freilich war auch dieser Weg langwierig und nicht ohne Gefahr, allein man war gegen die Hauptgefahr, nämlich englischen oder holländischen Schiffen zu begegnen, in Sicherheit. Ich selber war mit dem Entschluß sehr zufrieden, denn je weiter wir fuhren, desto mehr konnte ich lernen und erfahren, und das war mein Hauptzweck. Außerdem hoffte ich, auf diesem Wege mehr Möglichkeiten zu finden, meine Absicht zu verwirklichen, das heißt: bei der ersten passenden Gelegenheit mich von meiner Gesellschaft zu trennen.

Am 3. Oktober verließen die Engländer die Bashi-Inseln. In der Nähe von Mindanao legten sie bei zwei kleinen Inseln an, um ihr Schiff auszubessern, und erfuhren dort Näheres von den weiteren Schicksalen Kapitän Swans und der Männer, die sie mit ihm in Mindanao zurückgelassen hatten. Dampier versuchte vergeblich, einer Aussöhnung mit Kapitän Swan das Wort zu reden, fand aber keine Gegenliebe bei den anderen, und so wurde die Reise fortgesetzt.

Nachdem wir am 2. November 1687 wieder unter Segel gegangen waren, kamen wir bei anhaltendem Winde am 19. auf die Höhe der Insel Celebes. Wegen widriger Winde kostete es uns einige Mühe, bis wir mit geraumer Not an die Ostseite der Insel gelangten. Am 22. November befanden wir uns drei Meilen vom Lande, als wir gegen zwei oder drei Uhr morgens im Wasser ein Geräusch hörten, als ob gerudert würde. Wir dachten, man wolle uns unversehens überfallen, nahmen also unser Gewehr zur Hand und machten uns zum Widerstand fertig. Sobald es Tag geworden, sahen wir eine große Prau, die nach mindanäischer Art gebaut war und ungefähr 60 Mann Besatzung haben mochte, nebst sechs kleineren Booten. Sie alle waren etwa eine Meile weit von uns und ohne Zweifel gekommen, uns auszukundschaften. Bei der Abfahrt mochten sie wohl gar gemeint haben, sie könnten unser Schiff erbeuten; als sie uns aber in Augenschein genommen, wagten sie das nicht mehr, sondern schienen sich eher vor uns zu fürchten. Wir steckten eine holländische Flagge auf, um sie zum Näherkommen zu verlocken, allein sie taten das Gegenteil und verschwanden alsbald aus unserem Blicke.

Am 30. November lagen wir etwa zehn Meilen von Celebes in einer Windstille fest, die bis Nachmittag andauerte. Darauf erhob sich aus Südwesten ein heftiger Sturmwind, und gegen Abend sahen wir zwei oder drei Katarakte oder wasserziehende Wolken. Dies waren die ersten Wasserhosen, die ich in Ostindien sah, denn in Westindien hatte ich sie schon öfters gesehen. Ein solcher Katarakt ist ein kleines zerfetztes Teil einer Wolke, das ein Stück weit abwärts hängt und dem Aussehen nach von dem schwärzesten und finstersten Teil der Wolke herkommt. Diese Katarakte hängen stets gekrümmt und machen zuweilen in der Mitte gleichsam einen Bogen, oder – besser gesagt – sie sehen aus wie ein Menschenarm, der am Ellenbogen ein wenig geknickt wird. Ich habe jedenfalls noch keine Wasserhose gesehen, die gerade aufwärts gestanden hätte. Die untere Spitze ist nicht dicker als ein Arm, aber oben an der Wolke, woraus sie entspringt, ist sie freilich dicker.

Wenn nun die See anfängt, unruhig zu werden, sieht man sie ungefähr hundert Schritt im Umfange schäumen und sich zuerst ganz langsam, dann aber immer stärker im Kreise herumbewegen. Hierauf erhebt sich das Wasser in dem schon genannten Umfange noch höher und bildet gleichsam eine Säule, die je höher, desto spitziger wird, bis sie an die Spitze des herunterhängenden Kataraktes gelangt, worauf sie sich mit diesem vereinigt und allem Anschein nach gewissermaßen eine Röhre bildet, durch welche das Wasser in die obere Wolke hineingezogen wird. Das ist ganz augenscheinlich daran zu merken, daß die Wolke alsobald dicker und schwärzer wird. Gleich darauf fängt die Wolke an, sich zu bewegen, während sie vorher ganz still gestanden hatte; die Säule aber folgt ihr nach und zieht auf diesem Wege stets das Wasser an sich, und aus dieser Bewegung entsteht auch der Wind. Wenn dies nun etwa eine halbe Stunde oder etwas länger oder kürzer gedauert hat, bis nämlich die Wolke voll Wasser ist, so zerbirst sie, und alles Wasser, das in ihr wie auch in dem herunterhängenden und dem unteren Teil der Wassersäule gewesen war, fällt auf einmal wieder ins Meer zurück, was ein mächtiges Getöse macht und zugleich das Wasser heftig bewegt. Ein Schiff, das unter einen solchen zerberstenden Katarakt gerät, hat große Gefahr auszustehen. Deswegen trachteten wir auch, uns so weit als möglich davon zu entfernen. Da der Wind aber ausblieb, gerieten wir von neuem in dieselbe Furcht, denn im allgemeinen herrscht Windstille, wo solche Wasserhosen sich bilden, außer an der Stelle selbst, wo sie entsteht. Wenn man nun einen Katarakt kommen sieht und nicht weiß, wie man ihm entgehen kann, versucht man ihn mit Kanonenschüssen zu vertreiben; freilich habe ich noch nie gehört, daß man damit etwas ausgerichtet habe.

Am 5. Dezember kamen wir im Nordwesten der Insel Boeton an, und weil das Wetter gegen Abend schön war, setzten wir unser Kanu aus und befahlen unseren Moskiten, von welchen Indianern wir zwei oder drei bei uns hatten, Schildkröten zu fischen, die hier häufig zu finden waren. Allein weil sie so sehr scheu waren, mußten wir die Nacht abwarten, um sie mit Wurfspießen zu jagen, wie das auch in Westindien zu geschehen pflegt. Schildkröten müssen nämlich alle acht bis zehn Minuten einmal über das Wasser heraufkommen und Atem holen, wobei sie dann so laut schnaufen, daß man sie 30 bis 40 Ruten weit hören kann, woraus denn die Fischer merken, wo sie sind, und viel leichter als bei Tage nahe an sie herankommen können, da die Schildkröten besser sehen als hören.

Eine Meile von unserem Ankerplatze an der Ostseite der Insel Boeton liegt eine große Stadt mit Namen Callasusung. Sie ist auf der Anhöhe eines kleinen Berges erbaut, umgeben von einer Ebene voller Kokosbäume und auf der einen Seite von einer guten steinernen Mauer eingeschlossen. Die Häuser sind so gebaut wie zu Mindanao, aber viel ordentlicher, und die ganze Stadt ist sehr sauber und erfreulich anzusehen. Ihre Einwohner sind klein, aber gut gewachsen. Ihrer Größe, Hautfarbe und Kleidung nach sind sie den Mindanäern ähnlich, außer daß sie sich viel reinlicher halten. Sie sprechen malaiisch und sind alle Mohammedaner. Ihrem Sultan, welcher ein kleiner Mann von ungefähr 40 bis 50 Jahren ist, sind sie sehr gehorsam.

Eine Stunde, nachdem wir geankert hatten, schickte dieser

Sultan einen Bedienten zu uns an Bord und ließ fragen, wer wir wären und was wir hier zu tun hätten. Er empfing unsere Antwort und kehrte bald vom Land mit der Nachricht zurück, der Sultan wäre sehr erfreut, zu hören, daß wir Engländer wären; er ließe uns versichern, wir sollten von allem haben, was auf der Insel wüchse, und er wollte am nächsten Tage früh selbst zu uns aufs Schiff kommen. Daraufhin ließen wir das Schiff säubern und trafen, so gut wir konnten, Anstalten, ihn gebührend zu empfangen.

Um zehn Uhr kam der Sultan auf einer nach mindanäischer Art sehr sauber gebauten Prau angefahren. Oben auf dem Maste flatterte eine große weißseidene Flagge, die um den Rand herum zwei oder drei Daumen breit rot bestickt war und in der Mitte einen grünen gestickten Greif zeigte, der eine geflügelte Schlange in den Klauen hatte, die sich zu wehren und loszuarbeiten schien und mit aufgesperrtem Rachen ihren Feind zu verschlingen und mit ihrem langen Schwanze seine Füße zu verletzen drohte. Ähnliche Sinnbilder führen auch andere indianische Fürsten als Wahrzeichen. Der Sultan war mit einigen seiner Edelleute und Kinder in der Kammer des Schiffes. Seine Leibwache bestand aus zehn Musketieren, die draußen auf dem Schiffe, zur Hälfte auf der einen, zur Hälfte auf der anderen Seite standen. An der Kammertür stand eine mit einem langen breiten Schwert und einem Schilde bewaffnete Schildwache, hinter der Kammer zwei andere gleicherweise bewaffnete Männer und noch je zwei, die vorn und hinten im Schiffe ihren Platz hatten. Der Sultan hatte einen seidenen Turban auf dem Haupte, der an den Seiten mit schmalen goldenen Schnüren verbrämt war, von oben aber hing nach mindanäischer Mode eine breite goldene Schnur zu beiden Seiten herunter. Seine Hosen waren aus himmelblauer Seide, und quer über beide Achseln hing ihm ein rotseidenes Tuch, jedoch nicht lang, so daß der größte Teil des Rückens und die Hüften nackend blieben. Schuhe und Strümpfe aber hatte er gar nicht. Unser Kapitän empfing ihn mit fünf Kanonenschüssen und führte ihn dann in seine Kajüte. Sobald der Sultan nun auf unserem Schiffe war, erlaubte er seinen Untertanen, mit uns zu handeln, worauf die Unsrigen ihnen abkauften, was sie haben wollten. Es schien, als wenn dem Sultan der Engländer Ankunft sehr lieb wäre; auch sagte er öffentlich, daß er sie längst zu sehen gewünscht hätte, da er von ihrer Aufrichtigkeit und ihrem ehrlichen Verhalten viel Gutes gehört hätte, wohingegen er über die Holländer klagte, wie das auch die Mindanäer und insgemein alle Indianer tun, und wünschte, daß sie weit weg von ihm wären.

Nach einer zwei- oder dreistündigen Unterredung kehrte der Sultan wieder an Land zurück, wobei wiederum fünf Kanonenschüsse gelöst wurden. Für den nächsten Tag ließ er Kapitän Reed zu sich bitten; der ging dann auch an Land und nahm einige seiner Leute mit, darunter auch mich. Beim Aussteigen wurden wir von zwei der vornehmsten Bedienten empfangen und in ein recht hübsches Haus geführt, wo der Sultan auf uns wartete. Dieses Haus lag am äußersten Ende der erwähnten Stadt, durch die wir zwischen dem Gedränge des Volkes ziehen mußten, das zusammengelaufen war, um uns zu sehen. Als wir an das Haus kamen, fanden wir dort 40 arme, nackende Soldaten mit Musketen in zwei Reihen aufgestellt, durch welche wir ebenfalls passierten. Dieses Haus war nicht wie die in Mindanao oder die anderen hier am Orte auf Pfähle gebaut, sondern das Zimmer, in das wir geführt wurden, war zu ebener Erde und mit geflochtenen Matten zum Niedersitzen ausgelegt. Man legte uns Tabak, Betel und frische Kokosnüsse vor. Das Haus aber wurde von Männern, Weibern und Kindern umringt, die sich zu den Fenstern drängten, um uns anzuschauen. Nachdem wir eine Stunde dort gewesen waren, nahmen wir Abschied und begaben uns an Bord zurück.

Am folgenden Tage kam der Sultan wieder zu uns und brachte unserem Kapitän einen kleinen Jungen zum Geschenk mit. Er war aber noch zu klein, um auf dem Schiffe Dienste zu tun, womit sich der Kapitän dafür entschuldigte, daß er ihn nicht annehmen wollte. Hierauf ließ der Sultan einen größeren holen, der dann auch angenommen wurde. Unserem Kapitän wurden auch zwei Ziegenböcke geschenkt und einige Büffel versprochen, allein ich glaube, daß hier nur wenig von solchem Vieh zu finden ist. Wir kauften ungefähr 1000 Pfund Bataten. Unsere

Leute kauften auch viel Crocadores und große Papageien von vielerlei Farben, die so schön waren, wie ich sie sonst nirgendwo gesehen. Ein Crocador ist so groß wie der größte Papagei und sieht einem solchen auch sonst in allem ganz ähnlich, außer in der Farbe, da denn der Crocador milchweiße Federn hat und auf dem Kopfe einen Federbusch wie eine Krone.

Wir blieben hier nur bis zum 12., denn weder der Hafen noch der Ankergrund waren gut, die Jahreszeit gleichfalls nicht angenehm, und die Sturmwinde fingen an, sich oft und kräftig zu regen. Als wir uns zum Fortsegeln fertig machten, stellten wir fest, daß unser Anker so fest zwischen den Klippen steckte, daß wir ihn ungeachtet aller angewendeten Gewalt nicht wieder herausbekommen konnten, weswegen wir das Tau kappen und ihn dalassen mußten. Wir gingen nach Südosten unter Segel und sahen am 26. Dezember die Südwestspitze der Insel Timor, ungefähr acht Meilen von uns. Da wir nun wußten, daß sowohl die Holländer als die Portugiesen Niederlassungen auf dieser großen Insel hatten und es auf alle Weise zu vermeiden trachteten, auf Schiffe dieser Nationen zu stoßen, so richteten wir unseren Weg nach Süden in der Absicht, nach Neu-Holland zu gehen, das ein Teil der Terra Australis Incognita ist, und zu sehen, was dieses Land uns zu bieten hatte. So segelten wir denn stets nach Süden zu, passierten eine große Sandbank vor der Küste Neu-Hollands und langten dort, nachdem unsere Seekarten sich als nicht ganz genau erwiesen hatten, am 4. Januar 1688 an. Wir konnten ganz dicht an Land fahren, fanden aber zunächst keinen rechten Ankerplatz und gingen erst am nächsten Tage in einer Bucht zwei Meilen vor der Küste vor Anker.

Neu-Holland ist ein großes weitläufiges Land. Ob es eine Insel ist oder ein Kontinent, kann man noch nicht recht sagen; ich bin aber dessen gewiß, daß es weder an Asien noch Afrika noch Amerika anhängt. Der Teil, den wir sahen, ist niedrig und eben. Nahe der See sind Sandbänke, die Vorgebirge aber bestehen aus Felsen wie auch einige von den Inseln in unserer Landebucht. Es gibt hier nur lauter dürren sandigen Boden und kein Wasser, es wäre denn, man grübe danach. Indessen wachsen doch verschiedene Arten von Bäumen hier, wenn sie auch nicht groß sind und wir auch nicht viel Wald gesehen haben. Die meisten und größten Bäume waren Drachenblutbäume. Sie sind ungefähr so stark und hoch wie unsere großen Apfelbäume. Die Rinde ist schwärzlich und ziemlich rauh, die Blätter sind ebenfalls dunkel. Aus den Knorren und Spalten des Stammes dringt ein Harz, welches wir bei uns hatten, wobei wir fanden, daß beides einerlei Farbe und Geschmack hatte. Unter den Bäumen wächst langes, aber ganz dünnes Gras. Von Obstbäumen haben wir gar nichts gesehen. Auch sahen wir weder vierfüßige Tiere noch Fußspuren davon, außer einmal, wo es so aussah wie die Spur eines Schäferhundes. Es gibt wohl einige Landvögel, sie sind aber nicht größer als etwa eine Amsel, und Seevögel sieht man auch nur ganz selten. Die See ist auch gar nicht fischreich, es sei denn, man rechnete die Seekuh und die Schildkröte zu den Fischen, denn von diesen beiden Tierarten gibt es sehr viel; sie sind aber außerordentlich scheu, wiewohl doch sie von den Eingeborenen kaum verfolgt werden, die weder Schiffe noch Eisen haben.

Die Bewohner dieser Gegenden sind wohl die allerelendesten Menschen auf der ganzen Welt. Die Hottentotten von Monomotapa mögen so bettelarm sein, wie sie wollen, so sind sie dennoch gegen die hiesigen Eingeborenen reiche Herren, denn sie haben doch Häuser, Kleider aus Fell, Schafe, Geflügel, Früchte, Straußeneier und dergleichen, was alles diese hier nicht haben, die sich – die menschliche Gestalt ausgenommen – vom dummen Vieh nur wenig unterscheiden. Sie haben einen großen, geraden und dünnen Leib mit langen, dünnen Gliedmaßen, einen großen Kopf mit runder Stirn und starken Augenbrauen. Die Augenlider halten sie stets halb geschlossen, damit die Fliegen nicht hineinkriechen, denn diese sind dort so unerträglich, daß man sie auch durch Wedeln nicht vom Gesichte fernhalten kann; wenn man nicht beide Hände gebrauchte, würden die Fliegen in die Nasenlöcher kriechen, ja, wenn man die Lippen nicht schließen wollte, gar auch ins Maul. Daher kommt es nun, daß diese Leute, die von Jugend auf durch Ungeziefer geplagt sind, nicht wie andere Menschen die Augen offen haben, und daher auch können sie nicht anders in die Weite sehen, als indem sie den

Kopf in die Höhe heben, so als wollten sie nach etwas gucken, das über ihnen schwebt. Die Eingeborenen haben eine große Nase, dicke Lippen und einen weiten Mund. Ich weiß zwar nicht, ob sie die beiden vordersten Zähne am Oberkiefer mit Absicht ausreißen, aber gewiß ist, daß diese zwei Zähne allen Manns- und Weibspersonen, alt wie jung, fehlen. Bärte haben sie auch nicht, und ihr Gesicht ist lang und sehr häßlich anzusehen, so daß niemand an ihrem Anblick das geringste Gefallen finden kann. Ihre Haare sind schwarz, kurz und kraus wie das der Mohren, nicht aber lang und glatt, wie es die Indianer sonst insgemein zu haben pflegen. Im übrigen sind ihr Gesicht und die anderen Teile ihres Leibes ganz schwarz wie bei den Mohren in Guinea. Sie tragen keine Kleider, sondern bloß mitten um den Leib einen Gurt von Baumrinden und an demselben eine Handvoll langes Gras oder drei bis vier Zweige mit Blättern, ihre Scham zu bedecken.

Sie wohnen auch nicht in Häusern, sondern schlafen in der freien Luft und haben kein anderes Unterbett als die Erde und keine andere Decke als den Himmel. Ob ein jeder seinem eigenen Weibe beiwohne oder alle miteinander, weiß ich nicht, sondern nur so viel, daß ihrer eine Anzahl von 20 oder 30 Personen beisammen zu sein pflegen, da denn Männer, Weiber und Kinder durcheinander laufen. Ihre einzige Nahrung besteht in einigen kleinen Fischlein, die sie in gewissen Behältnissen fangen, welche sie in den kleinen Meeresarmen aus quer übereinander gelegten Steinen bauen. Die Flut bringt jedesmal etliche dieser Fischlein mit sich, welche dann nach abgelaufener See oder Ebbe in den genannten Behältnissen zurückbleiben müssen, worauf sie von den Indianern mit Eifer zusammengesucht werden. Und wenn auch große Fische vorhanden wären, welche freilich nur selten zurückbleiben, wenn das Wasser abläuft, so könnten sie diese doch nicht fangen, weil sie keinerlei Werkzeug dazu haben. Mag es nun viel oder wenig sein, was die See in jenen Behältnissen zurückläßt, die Eingeborenen sammeln es und tragen es nach ihrem Wohnplatze, wo die Alten und die Kinder auf sie warten. Sobald sie angelangt sind, legen sie das, was ihnen die göttliche Fürsorge beschert hat, auf Kohlen, lassen es da ein wenig braten und essen alle miteinander davon. Zuweilen fangen sie so viel, daß alle im Überflusse davon erhalten können, zu mancher Zeit aber nur so wenig, daß jeder einzelne kaum etwas zu kosten bekommt: sei es nun viel oder wenig, so erhält doch jeder seinen Teil davon, die Alten und die Kinder, die nicht auf Fischfang gehen können, sowohl als die anderen. Wenn sie gegessen haben, legen sie sich schlafen, bis die Ebbe wieder kommt; dann ist wieder alles auf den Beinen, einerlei, ob es Tag oder Nacht, Regen oder Sonnenschein ist. Sie müssen sich um ihre Leibesnahrung kümmern oder eben Hunger leiden. Die Erde trägt, soweit wir gesehen haben, weder Kohl noch Hülsenfrüchte noch Korn noch sonst etwas, wovon sie sich ernähren könnten. So sind auch weder Vögel noch wilde Tiere da, die sie ja ohnedies nicht einmal fangen könnten, weil sie keinerlei Werkzeug dazu haben.

Ich habe auch niemals beobachtet, daß sie bestimmten Dingen göttliche Ehre antäten. Einige Waffen haben sie, um ihre Fischbehälter zu beschützen oder ihre Feinde anzugreifen, falls jemand kommen sollte, der sie bei ihrem armseligen Fischfange beunruhigen wollte. Als wir ausgestiegen waren, sie also an die gewohnten Stellen, wo sie die Fische zusammenlasen, nicht herankommen konnten, stellten sie sich, als wollten sie uns erschrecken. Einige hatten hölzerne Schwerter, andere dergleichen Spieße: das Schwert war in Gestalt eines Säbels gemacht, an dem einen Ende spitzig und hernach, damit es desto härter werde, im Feuer noch etwas gebrannt. Weder Eisen noch Metalle habe ich dort gesehen, und es scheint, daß sie sich gleichfalls solcher steinernen Äxte bedienen, wie sie gewisse Indianer in Amerika zu gebrauchen pflegen. Wie sie Feuer machen, weiß ich nicht genau, doch scheint es, daß sie, wo wir Stahl und Feuersteine verwenden, statt dessen gleich anderen Indianern Holz dafür gebrauchen. Ich habe das einmal Indianer machen sehen und es auch selbst versucht. Man nimmt ein flaches und hartes Stück Holz und macht auf einer Seite ein Loch hinein, darauf muß man noch ein anderes rundes und hartes Stück Holz von der Dicke ungefähr eines kleines Fingers nehmen und es an einer Seite anspitzen, diese Spitze dann in das Loch des breiten Holzes stecken und es mit der Hand so lange herumdrehen und in das breite Holz hineinbohren, bis es anfängt zu rauchen und endlich Feuer zu fassen.

Diese Leute haben eine kehlige Sprache, und wir konnten keines ihrer Worte verstehen. Als wir nun, wie ich schon gesagt, am 5. Januar Anker warfen und Leute an der Küste sahen, schickten wir sogleich ein Kanu dahin, um mit ihnen Bekanntschaft zu machen, und in der Hoffnung, einige Lebensmittel von ihnen zu erhalten; als sie aber das Kanu herankommen sahen, flohen sie und verbargen sich. Wir suchten hierauf drei Tage lang ihre Wohnungen, fanden aber nichts außer etlichen Plätzen, wo sie Feuer gemacht hatten. Endlich hörten wir auf zu suchen, ließen aber allerhand Kleinigkeiten an den Stellen liegen, wo wir meinten, daß sie wieder hinkommen würden. Wir fanden auch an diesen Orten kein Wasser, außer in den sandigen Buchten alte Brunnen.

Endlich gingen wir nach den Inseln und trafen einen Haufen Einwohner darauf an; auf der einen mochten es wohl mehr als 40 Männer, Weiber und Kinder sein. Anfangs, als wir kaum den Fuß an Land gesetzt hatten, bedrohten uns die Männer mit ihren Spießen und Schwertern; wir scheuchten sie aber durch einen Kanonenschuß, den wir sie zu erschrecken taten, schnell auseinander. Die Insel war so klein, daß sie sich nicht verbergen konnten, aus welchem Grunde sie auch, und insbesondere die Weiber und Kinder, in der größten Sorge zu sein schienen, als sie sahen, daß wir dennoch ausstiegen und gerade auf sie zukamen. So nahmen die hurtigsten Weiber einige von ihren Kindern und liefen mit großem Geheul fort, so daß ihnen die anderen Kinder schreiend folgten, während die Männer stehen blieben. Etliche Weiber, die nicht fliehen konnten, blieben bei dem Feuer und stellten sich so jämmerlich an, als wenn wir etwa gekommen wären, sie zu fressen. Als sie aber sahen, daß wir nicht willens waren, ihnen etwas Böses zu tun, besänftigten sie sich wieder, und die Fortgelaufenen kamen auch bald wieder zurück. Bei diesem Wohnplatze war nur ein einziges Feuer, das auf der Seite, wo der Wind herkam, mit einigen Baumreisern bedeckt war.

Nachdem wir nun eine Weile dort gelegen hatten, wurden die

Männer gar bekannt mit uns, und wir kleideten etliche von ihnen in der Hoffnung, sie würden uns in Ansehung dessen ihrerseits wiederum einen Dienst erweisen. Denn weil wir dort Brunnen gefunden hatten, wollten wir zwei oder drei Fässer daraus nach unserem Schiffe bringen lassen. Es war jedoch ziemlich beschwerlich, die Fässer bis an unsere Kanus heranzubringen, und wir suchten, mittels einiger Kleidung die Leute zu bewegen, es uns dorthin zu tragen. Einem gaben wir ein Paar alte Hosen, dem anderen ein schlechtes Hemd, dem dritten einen Rock, der zwar nichts mehr taugte, aber doch an anderen Orten, wo wir gewesen waren, mit großer Freude würde angenommen werden, und genau so, vermeinten wir, würden es diese Leute auch annehmen. Wir zogen ihnen diese Lumpen auch selbst an in der Erwartung, sie durch diese Auszierung dahin zu bringen, daß sie rechtschaffen arbeiteten. Darauf also führten wir unsere neuen Knechte zum Brunnen, und weil wir das Wasser allbereits in längliche Gefäße eingefüllt hatten, deren jedes ungefähr sechs Töpfe faßte und zum Wassertragen recht gemacht war, so legten wir einem jeden ein solches Gefäß auf den Buckel und zeigten ihm, daß er es zum Kanu tragen sollte, allein alle Zeichen die wir nur machen konnten, halfen nichts. Sie blieben vielmehr unbeweglich wie die Stöcke stehen, bleckzähnten wie die Affen und sahen einander an, denn die armen Leute waren das Tragen von Lasten gar nicht gewohnt, und ich glaube, daß ein zehnjähriger Schiffsjunge von uns eine ebenso schwere Last getragen hätte wie sie. Also mußten wir unser Wasser selber zu den Booten schleppen, sie aber zogen ihre Kleider wieder aus und taten sie weg, gleichsam als wären sie bloß um der Arbeit willen gemacht. Mir fiel auf, daß sie die Kleider schon anfangs nicht sonderlich geschätzt hatten und daß ihnen auch von den anderen Dingen, die wir an Bord des Schiffes hatten, nichts besonders gefallen hatte.

Als ein anderes Mal unser Kanu zwischen den Inseln zum Fischfang ausgefahren war, trafen sie Eingeborene an, die von einer Insel zur anderen schwammen, dieweil sie weder Kanu noch Barke noch Schiff haben. Von diesen fingen die Unsrigen ihrer viere auf, zwei von mittlerem Alter und zwei wohl 18 bis

20 Jahre alt, und brachten sie zu uns an Bord. Wir gaben ihnen Reis und gekochtes Schildkröten- und Seekuhfleisch, welches alles sie gierig hinunterschlagen. Sie sahen aber weder das Schiff, noch was darauf war, ein einziges Mal an, und sobald wir sie wieder an Land ließen, flohen sie so geschwinde von dannen, als sie nur konnten. Es war auch, als wir zuerst ankamen und ehe sie uns und wir sie kannten, ein Haufen von denen, die auf dem Festland wohnen, ganz nahe an unser Schiff herangekommen, auf eine ziemlich hohe Sandbank gestiegen und hatte uns durch Schwingen ihrer Spieße und Schwerter bedroht. Um sie zu erschrecken, ließ unser Kapitän sehr laut die Trommel schlagen, und kaum hörten sie das, als sie aufs geschwindeste davonliefen, wobei sie mit ihrer kehligen Stimme »Guri guri« riefen. Diese Eingeborenen vom Festland liefen stets vor uns davon; dennoch fingen wir einige von ihnen ein, wie ich schon erwähnt habe, denn sie haben dermaßen schlechte Augen, daß sie uns nicht eher sahen, als bis wir schon ganz nahe bei ihnen waren. Wir gaben ihnen immer etwas zu essen und ließen sie dann wieder gehen. Es wurden auch, nachdem wir kurze Zeit dagewesen waren, die Leute auf den Inseln ganz beherzt und liefen vor uns nicht mehr weg.

Nachdem wir eine Woche dagewesen, zogen wir unser Schiff in eine kleine sandige Bucht; das ließ sich mit der Flut ganz gut machen. Wenn dann die Ebbe kam, blieb es auf dem Trockenen liegen, und fast eine halbe Meile im Umkreis war nichts anderes als harter Sand zu sehen, denn die See steigt und fällt hier ungefähr fünf Faden. So oft nun Ebbe herrschte, hatten wir genügend Zeit, den Boden unseres Schiffes in aller Ruhe und mit allem Fleiß zu kalfatern. Inzwischen waren die meisten von unseren Leuten an Land unter einem Gezelt und besserten dort die Segel aus, und was unsere Fischer an Land brachten, reichte gut aus, uns zu verköstigen.

Während wir hier lagen, suchte ich unsere Leute dazu zu überreden, nach einem englischen Handelplatze zu segeln. Man drohte mir aber, man würde mich auf das Festland führen und allda zurücklassen, so daß ich lieber schwieg. Ich nahm mir jedoch vor, mit Geduld eine bessere Zeit und Gelegenheit, meine

Gesellschaft zu verlassen, abzuwarten, und weil sie bei der Abreise vorhatten, nach dem Vorgebirge Comorin zu segeln, hoffte ich beides in Bälde zu finden. Ferner nahmen sie sich vor, unterwegs die Kokosinsel zu besuchen, weil sie hofften, dort die Früchte zu finden, von denen die Insel ihren Namen hat.

Am 12. März 1686 segelten wir bei Nordnordwestwind und schönem Wetter von Neu-Holland ab. Wir fuhren nach Norden, doch mußten wir der Winde wegen dann einen östlichen Kurs nehmen, um die Insel nicht zu verfehlen. Sobald wir wieder auf offener See waren, bekamen wir sehr schlimmes Wetter mit vielem Donner, Blitz, Regen und stürmischem Winde. Am 26. März waren wir auf der Breite der Kokosinsel, jedoch, soweit wir es beurteilen konnten, 40 bis 50 Meilen östlich von ihr. Weil wir nun Südwestwind hatten, wollten wir doch lieber nach den im Westen Sumatras gelegenen Inseln gehen als mit Gegenwind nach der Kokosinsel. Mir war das sehr lieb, weil ich die Hoffnung bekam, ich würde auf Sumatra oder an einem anderen Orte entwischen können.

Wir trafen nichts besonders Merkwürdiges an, bis wir am 7. April von weitem gegen Norden die Küste von Sumatra sahen. Als wir am 10. ungefähr sieben oder acht Meilen vor der Insel dahinsegelten, sahen wir an der Westseite einen Haufen Kokosnüsse in der See schwimmen. Wir setzten unser Kanu aus und sammelten etliche davon ein. Sie schmeckten und bekamen uns gut, denn die Kerne waren ganz köstlich und die Milch in etlichen noch süß und gut. Am 13. kamen wir an die kleine Insel namens Triest, die rund 15 Meilen westlich von Sumatra liegt. Wir schickten unser Kanu hier dreimal an Land, um Kokosnüsse zu holen, die dort zwar klein gewachsen, aber sehr wohlschmeckend waren. Auch gingen unsere Fischer auf Fang aus und brachten Fische, die wir zum Abendessen zurichten ließen. Des weiteren hatten sie zwei junge Alligatoren bekommen, die wir einsalzten, um sie später zu essen. Ich fand hier keine Gelegenheit, meinem Wunsche nach durchzugehen, und wenn ich nur ein Schiff hätte finden können, wäre ich damit nach Sumatra gefahren, doch war das hier leider nicht möglich. Am 15. gingen wir wieder unter Segel und fuhren an der Westseite von Sumatra entlang nach Norden. Wir hatten damals nichts anderes zu essen als Reis in Kokosmilch gekocht: wenn man das Fleisch von den Kokosnüssen abkratzt und in Wasser einweichen läßt, ergibt das ein sehr wohlschmeckendes Gericht.

Am 25. April passierten wir den Äquator und gingen zwischen Sumatra und einer Reihe kleiner Inseln, die rund 15 Meilen von den Küsten der großen Inseln entfernt liegen, hindurch. Am 29. sahen wir im Norden ein Fahrzeug vor uns, dem wir nachsetzten. Wir erreichten es jedoch erst am 30.; als wir ihm auf eine Meile nahegekommen waren, fuhr Kapitän Reed mit einem Kanu hinüber, nahm es in Besitz und brachte es an unser Schiff heran. Es war eine Prau mit vier Mann Besatzung, die auf dem Wege nach Achin war und Kokosnüsse und Öl geladen hatte. Unser Kapitän ließ alle Nüsse auf unser Schiff bringen und von dem Öl so viel, wie er für nötig hielt, danach ein Loch in den Schiffsboden bohren und das Schiff auf diese Weise versenken; die Leute aber behielt er gefangen. Er tat dies nicht wegen des Wertes der Ladung, sondern um zu verhindern, daß ich und andere an Land zu gehen verlangten. Weil er ja wußte, daß etliche von ihm weggehen wollten, sobald sich eine günstige Gelegenheit dafür böte, dachte er, wenn er die Eingeborenen in dieser Gegend ausplünderte und schlecht behandelte, würden wir uns fürchten, uns zu ihnen zu begeben. Aber gerade dieses sein Verfahren sollte uns entgegen seiner Vermutung zum Besten dienen, wie später noch zu lesen sein wird.

Am 1. Mai erreichten wir den Nordwesten der Insel Sumatra. Unsere Gefangenen vom vorigen Tage zeigten uns die Inseln, die auf der Höhe des Hafens von Achin liegen, wie auch die Durchfahrten für die Schiffe und sagten, daß in Achin ein englisches Kaufhaus wäre. Ich wünschte mir, dort zu sein, aber ich mußte mit Geduld abwarten, bis meine Zeit kommen würde. Wir richteten nunmehr unsere Fahrt nach den Nicobaren, um dort den Boden unseres Schiffes frisch zu kalfatern und es also wieder ganz seetüchtig zu machen.

Am 5. Mai steuerten wir die Westseite der eigentlich Nicobar genannten Insel an, und ankerten in ihrem Nordwesten in einer kleinen Bucht, weniger als eine halbe Meile vor der Küste. Die

Südseite der Insel ist ziemlich hoch und hat nach der See zu steile Felsen, im übrigen aber ist sie niedrig und eben. Der Boden ist schwarz und sehr gut bewässert. Es wachsen dort auch viele hohe Bäume, die zu allem zu gebrauchen sind. Sie stehen so dicht beieinander, daß sie ein einziger Wald zu sein scheinen. Was aber die Insel am schönsten macht, wenn man sie von See her aus der Ferne sieht, sind verschiedene, mit Kokospalmen bestandene Stellen rings um die einzelnen Buchten herum. Diese Buchten sind eine halbe oder eine ganze Meile lang und voneinander durch Landzungen getrennt, die voller Gebüsche und Felsen sind. Wie aber die Kokosbäume in Gruppen beieinander in den Buchten an der Küstenseite wachsen, so gibt es hier noch eine andere Art früchtetragender Bäume, die gleich hinter den vorgenannten, mehr landeinwärts zu finden sind; die Eingeborenen nennen sie Melory. Die Bäume sind so dick und fast so hoch wie unsere großen Apfelbäume. Die Frucht ist so groß wie die Brotfrucht auf der Insel Guam, länglich wie eine Birne, mit harter, glatter, hellgrüner Schale. Inwendig gleicht die Frucht einem Apfel, außer daß sie voller Fäden ist, welche die Stärke eines gewöhnlichen Zwirnsfaden haben. Dergleichen Bäume habe ich sonst nirgendwo gesehen. Melory scheint ein wild wachsender Baum zu sein. Seine Frucht wird in großen irdenen Töpfen gekocht, die man erstlich mit Früchten füllt, worauf man nur wenig Wasser gießt; dann deckt man den Topf fest zu, damit beim Kochen der Dampf nicht entweiche. Wenn nun die Frucht weich ist, stampft man sie und sondert mit einem Holz von der Breite eines Messers das Fleisch von den obengenannten Fäden ab. Hernach macht man daraus Klumpen, so groß wie ein holländischer Käse, und läßt die Masse sechs oder sieben Tage lang liegen. Sie sieht gelb aus, schmeckt recht gut und ist die Hauptnahrung dieser Leute, denn sie haben weder Yamswurzeln noch Bataten noch Reis noch Pisangfrüchte oder jedenfalls von alledem nur sehr wenig. Kleine Schweine haben sie wohl, aber nur wenige, und ein weniges an Hühnern gleich den unsrigen. Die Mannspersonen fahren aus zum Fischen, doch habe ich nicht gesehen, daß sie viel gefangen hätten. Indessen hat jeder Hauswirt zwei oder drei Kanus, die er nach sich aufs Land zieht.

Die Eingeborenen dieser Insel sind groß und haben wohlgestaltete Gliedmaßen. Die Weiber haben keine Augenbrauen, und ich glaube, daß sie sie ausreißen, denn die Männer haben solche wie andere Leute. Die Mannspersonen gehen ganz nackt bis auf einen langen schmalen Streifen Leinwand, den sie wie einen Gürtel um die Lenden legen, dann geht er zwischen den Beinen durch, worauf sie ihn hinten wieder heraufnehmen und durch den Gürtel ziehen. Die Weiber haben einen kurzen Rock, den sie um die Hüften binden und bis an die Knie herabhängen lassen.

Die Wohnungen der Eingeborenen liegen bei den Buchten nahe der See um die ganze Insel herum, in jeder Bucht etwa vier oder fünf Häuser. Diese sind wie zu Mindanao auf Pfähle gesetzt, klein, niedrig und viereckig. Jedes Haus hat nur eine Kammer, etwa acht Fuß hoch und darüber das Dach, das wohl ebensoviel Fuß hoch ist. Dieses hat keine Ecken und Kanten, sondern ist statt dessen sehr geschickt wie eine runde Kuppel gebaut, deren Sparren nur so dick wie ein Arm gebogen, wie ein Halbmond und sehr kunstvoll mit Palmetoblättern gedeckt sind.

Nachdem wir hier vor Anker gegangen waren, ließ Kapitän Reed das Schiff alsbald auf die Seite legen und kalfatern, womit wir diesen und den folgenden Tag zubrachten. Weil der Kapitän willens war, gegen Abend wieder unter Segel zu gehen, wurden in Eile die Wassergefäße gefüllt. Wir hatten Nordnordostwind, damit trachtete der Kapitän an das Vorgebirge Comorin zu kommen, ehe sich der Wind wieder änderte.

Nunmehr schien es mir an der Zeit zu sein, mich von meiner Gesellschaft wegzumachen und womöglich die Erlaubnis zu erhalten, daß ich hierbleiben dürfte, denn es schien mir unmöglich, mich heimlich davonzustehlen. Ich hatte auch keine Ursache, gänzlich daran zu zweifeln, daß ich diese Erlaubnis erhielte, denn dies war ein Ort, an dem ich getrost bleiben konnte, ohne daß ich meinen bisherigen Kameraden Schaden zufügen konnte, sofern ich das überhaupt gewollt hätte. Außer diesem Umstande aber, der meinem schon so lang gehegten Plane entgegenkam, hatte ich noch einen anderen besonderen Grund, weswegen ich gerade hier verbleiben wollte: ich hoffte nämlich, mit den Leuten hier gute Freundschaft zu schließen und mit ihnen einen einträglichen Ambrahandel anzufangen und dabei ordentlich zu verdienen. Ihre Sprache könnte ich binnen kurzem erlernen, und wenn ich mich mit ihren Gebräuchen und ihrer Lebensweise vertraut gemacht hätte und auf ihren Kanus oder Prauen mitgefahren wäre, dann würde ich in Bälde erfahren können, auf welche Weise, zu welcher Jahreszeit und in welcher Menge sie Ambra zu fischen pflegten. Danach, so schien mir, würde es mir ein Leichtes sein, entweder mit dem ersten vorbeifahrenden Schiffe, sei es nun ein englisches, ein holländisches oder portugiesisches, wieder wegzufahren oder vielleicht einen jungen Indianer zu überreden, er solle mich mit seinem Kanu nach Achin hinüberfahren. Dort hätte ich mich mit denjenigen Waren versehen können, welche den Insulanern am nötigsten waren, um nach meiner Rückkunft diese wiederum gegen Ambra einzutauschen.

Ich ließ mir nicht anmerken, daß ich hierbleiben wollte, bis das Wasser eingenommen und das Schiff wieder segelfertig war; dann bat ich Kapitän Reed, er möchte mich auf dieser Insel aussetzen lassen. Des Glaubens, ich könnte an keinem Orte aussteigen, der seltener von Schiffen berührt würde, willigte er in meine Bitte bald ein, was er vermutlich nicht getan haben würde, wenn er vermeint hätte, ich könnte hier bald wieder fortkommen, da er doch fürchtete, ich könnte ihn an die Engländer oder Holländer verraten. Also nahm ich ohne Zeitverlust meine Seekiste und mein Bettzeug und suchte sogleich jemanden, der mich an Land setzte, bevor etwa mein Kapitän wieder andern Sinnes würde.

Das Kanu, mit dem ich fuhr, setzte mich in einer kleinen sandigen Bucht aus, wo zwei Häuser standen, in denen jedoch niemand war. Die Einwohner hatten sich alle von dannen gemacht, weil sie sich anscheinend vor uns fürchteten, wiewohl wir doch ziemlich weitab von ihnen lagen und obgleich doch Weiber wie Männer bei uns am Schiffe gewesen waren, ohne irgendeine Scheu vor uns zu haben. Als nun das Kanu wieder zurückfuhr, begegnete ihm der Eigentümer der Häuser, der in seinem Boot auf dem Wege an Land war, und gab unseren Leuten allerhand

Zeichen, sie sollten mich wieder zurückbringen, doch taten sie, als verstünden sie ihn nicht. Dann kam er zu mir und bot mir sein Schiff an, um mich wieder an Bord zu bringen; ich schlug es aber ab. Endlich winkte er mir, ich sollte ins Haus hineingehen, und soweit ich aus seinen Zeichen und etlichen malaiischen Worten entnehmen konnte, die er dabei sprach, wollte er mir sagen, wenn ich des Nachts eingeschlafen sei, könnte womöglich ein wildes Tier aus dem Busche kommen und mich umbringen. Darauf nahm ich meine Kiste und mein Zeug und trug sie in das Haus.

Kaum war ich eine Stunde an Land, da kam Kapitän Teat mit vier oder fünf bewaffneten Leuten und wollte mich auf das Schiff zurückholen. Nun wäre es freilich nicht nötig gewesen, daß sie so eine ganze Rotte nach mir aussandten, denn wäre auch nur der Schiffsjunge gekommen, würde ich mich nicht geweigert haben, wieder mit ihm zurückzugehen. Gewiß hätte ich mich in diesem Fall auch im Walde verstecken können, aber dann würden sie womöglich den einen oder anderen der Inselbewohner mißhandelt oder gar erschlagen haben, um nur die übrigen gegen mich aufzubringen. Also sagte ich zu den Abgesandten, ich sei bereit, mit ihnen zurückzufahren, nahm meine Sachen und kehrte mit ihnen an Bord zurück. Als wir nun wieder aufs Schiff kamen, fanden wir dort alles in hellem Aufruhr, denn noch drei andere, nämlich der Wundarzt Coppinger, Robert Hall und ein gewisser Ambrosius, dessen Zunamen ich aber vergessen habe, waren durch mein Exempel so beherzt geworden, daß sie um Erlaubnis gebeten hatten, bei mir zu bleiben. Diese drei hatten meine Absichten schon zuvor geteilt gehabt. Die beiden zuletzt genannten fanden zwar bei Kapitän Reed keine große Widerrede, doch wollten er und seine Leute ihren Barbier nicht gerne verlieren, allein dieser sprang ins Kanu, ergriff seine Flinte und schwor, er müsse an Land gehen, und wenn ihn jemand daran hindern wollte, so würde er auf uns feuern. Nichtsdestoweniger sprang ihm John Oliver, der damals Quartiermeister war, nach, riß ihm die Flinte aus der Hand und zwang ihn mit Hilfe von zwei, drei anderen, wieder auf das Schiff zu steigen.

Also wurde ich jetzt zum zweitenmal in der Gesellschaft von

Hall und Ambrosius an Land geführt. Einer von denen, die uns begleiteten, nahm heimlich eine Axt fort und gab sie uns, weil er wohl wußte, was das in Indien für ein nützlicher Hausrat wäre. Weil es nun schon finster war, zündeten wir ein Licht an, ich aber, als der erste Einwohner unseres neuen Landes, führte die anderen in die Häuser, wo wir alsobald unsere Hängematten richteten. Kaum war das getan, so kam das Kanu abermals und brachte die vier Malaien von Achin, welche wir auf der Höhe von Sumatra gefangen genommen, wie auch den Portugiesen von dem Schiffe aus Siam, der auf der Reede von Pulo Condor zu uns gekommen war. Alle diese Leute wurden von den Freibeutern nicht mehr benötigt, weil sie die malaiische Küste, wo der Portugiese als Dolmetscher diente, verlassen wollten und auch nicht vermeinten, daß uns nunmehr die Leute aus Achin etwas nutzen oder uns in ihr Land, 40 Meilen von hier entfernt, führen könnten, wie sie sich erst recht nicht vorstellen konnten, daß wir ein derartiges Wagnis, das ja gewiß erheblich sein würde, überhaupt ausführen konnten. Wir waren mithin schon stark genug geworden, um uns der Landeseinwohner erwehren zu können, sofern sie sich uns gegenüber feindlich zeigen sollten. Allein, auch wenn weiter niemand mehr zu mir gekommen wäre, hätte ich mich nicht im geringsten, ja eher noch weniger, gefürchtet, denn ich hätte mich in acht genommen, niemandem etwas zuleide zu tun. Und des bin ich ganz sicher, daß kein Volk so barbarisch ist, eine einzelne Person umzubringen, die von ungefähr in seine Hände fällt oder durch einen Unglücksfall in dessen Land gerät, solange der Fremde das nicht durch eine Beschimpfung oder eine voraufgegangene Gewalttat herausfordert. Ja, wenn man nur sein Leben so lange fristen könnte, bis die ersten Bewegungen des Zornes bei solchen Wilden verklungen wären, so daß man mit ihnen sprechen und unterhandeln könnte (was freilich ungemein schwierig ist, da sie sich zumeist in den Wäldern verstecken, plötzlich daraus über ihren Feind herfallen und ihn also unversehens erschlagen), so ließe sich alsdann ihre Freundschaft um einen geringen Preis erringen, vor allem, wenn man ihnen eine Kleinigkeit zeigte, die ihnen vorher noch unbekannt gewesen, und wenn man sie damit auf-

hielte, wie solches einem Europäer, der sich nur ein wenig in der
Welt umgesehen, nicht eben schwer fallen dürfte, zum Exempel
etwa, wenn man einen Stein und ein Stück Stahl nähme und
Feuer daraus schlüge.

Was man übrigens insgemein von Menschenfressern sagt, so
habe ich derlei Leute nirgends angetroffen. Ich habe auch weder
gesehen noch sagen hören, daß es irgendein Volk auf der Erde
gäbe, das nichts zu essen hätte, wo nicht Fische oder Landtiere,
so doch zum wenigsten Früchte, Korn, Wurzeln oder Hülsenfrüchte, die entweder von Natur wachsen oder angebaut werden.
Auch die Einwohner von Neu-Holland hatten bei all ihrer
Armut dennoch etwas Fisch und würden wohl schwerlich einen
Menschen in der bloßen Absicht erschlagen haben, ihn aufzu-
fressen. Ich weiß nicht, was ehedem für barbarische Gewohnheiten in der Welt geherrscht haben müssen. Ich will die Sache
zwar nicht schlechterdings leugnen, sondern ich sage nur, was ich
aus eigener Erfahrung kenne, und ich weiß, daß man von diesen
Kannibalen mancherlei ungereimtes Zeug erzählt, welches seit
meiner ersten Wiederkehr aus Westindien widerlegt worden ist.
Und was nun die Leute auf den Nikobaren anlangt, so habe ich
sie gut genug befunden, so daß ich mich unter ihnen weder gefürchtet noch gesorgt hätte, wenn auch niemand mehr zu mir
gekommen wäre.

Nichtsdestoweniger war ich doch froh, daß ich nicht allein
war, und zwar hauptsächlich aus dem Grunde, daß wir nun
stark genug waren, ein Schiff zu regieren, wenn wir nach Sumatra hinüberfahren wollten, wie wir denn in der Tat alsobald
darauf zu sinnen anfingen, ob wir wohl von einem Einwohner
ein Kanu für diese Reise einhandeln könnten.

In der Nacht, in der wir ausgesetzt wurden, schien der Mond
sehr helle, und wir gingen an der Bucht spazieren, um zu sehen,
wenn das Schiff sich fertigmachen und fortsegeln würde, denn
solange das nicht geschehen sein würde, achteten wir uns in
unserer neuerlangten Freiheit noch nicht sicher. Als dies denn
dann zwischen elf und zwölf Uhr geschah, gingen wir in unsere
Kammer und legten uns schlafen, was alles am 6. Mai 1688 vor
sich ging.

Am anderen Morgen ganz in der Frühe kam unser Hauswirt nebst vieren oder fünfen seinesgleichen, seine neuen Gäste zu besuchen, und war nicht wenig bestürzt, als er ihrer so viele sah, da er gedacht hatte, ich sei ganz allein. Dennoch aber stellte er sich, als sei es ihm lieb, und er begrüßte uns mit einer großen Kürbisflasche voll Toddy, die er mitgebracht. Ehe er wieder fortging, kauften wir ihm für eine Axt ein Kanu ab, wohinein wir auch alsobald unsere Kisten und Kleider brachten, da wir beabsichtigten, nach der Südseite der Insel zu fahren und dort zu bleiben, bis der Monsun sich ändern würde, wie das jeden Tag zu erwarten stand.

Nachdem unsere Sachen in dem Boot untergebracht waren, stiegen wir nebst unseren Männern aus Achin voller Freude in unser Kanu und stachen damit in See. Wir waren aber kaum alle darin, als es umschlug, so daß das Oberste zu unterst kam. Wir retteten uns mit Schwimmen und schleppten auch unsere Kisten und Kleider an Land. Es war aber alles naß geworden, und ich brachte kaum etwas unbeschädigt davon als mein Tage-buch und etliche Landkarten, die ich selbst angefertigt hatte und sehr wert hielt, weswegen ich sie auch stets sehr sorgsam gehütet hatte. Mister Hall hatte auch ein Päcklein Bücher und Karten, die er gleichfalls beinahe eingebüßt hätte. Wir machten unsere Kisten sogleich auf, nahmen die Bücher mit aller Vorsicht heraus und ließen sie trocknen, doch waren etliche Karten, die lose in den Kisten gelegen hatten, leider verdorben.

Hierauf richteten wir unser Kanu besser zu und gingen, nachdem unsere Bücher und Kleider getrocknet waren, abermals in See. Wir ruderten nach der Ostseite der Insel, wobei wir viele andere Inseln im Norden liegen ließen. Die Indianer folgten uns, zu unserem großen Widerwillen, mit acht bis zehn Kanus nach. Um sie nun abzuschrecken, tat Mister Hall einen Schuß auf das eine Kanu, worauf das Volk mit großem Geschrei heraus und ins Wasser sprang; nachdem sie aber sahen, daß wir wegfuhren, stiegen sie wieder hinein und folgten uns dennoch weiter nach. Eben dieser Schuß aber machte uns alle Einwohner zu Feinden: als wir nämlich bald danach in einer Bucht, wo vier Häuser und eine große Anzahl Kanus waren, anlandeten, liefen sie alle davon und wollten uns etliche Tage nicht nahe kommen. Wir hatten dazumal gar nichts mehr zu essen als ein großes Brot aus Melory. Wenn wir aber Kokosnüsse oder Toddy nötig hatten, stiegen unsere Malaien aus Achin auf die Bäume und holten uns von beidem zur Genüge. Mittlerweile lebten wir von unserem Melory, bis es ziemlich aufgezehrt war, und hofften stets, die Eingeborenen würden kommen und uns wie zuvor noch mehr davon verkaufen, allein sie kamen nicht, erwiesen sich hingegen überall, wo wir hinkamen, feindselig, drohten uns oft mit ihren Spießen und zeigten uns, so deutlich sie nur konnten, daß sie unsere Freunde nicht wären.

Als wir nun endlich sahen, daß sie uns zuwider waren, nahmen wir uns vor, Lebensmittel mit Gewalt zu holen, weil wir nicht anders konnten. Demzufolge gingen wir mit unserem Kanu in eine kleine Bucht, die im Norden der Insel lag, worin das Wasser ganz ruhig und also leicht auszusteigen war; der Wind dagegen war dermaßen heftig, daß wir ohne Besorgnis, das Kanu könnte umschlagen und unsere Gewehre würden naß werden, nicht aussteigen konnten. Wir wären sonst unseren Feinden auf Gnade oder Ungnade ausgeliefert gewesen, denn in jeder Bucht, wohin sie uns fahren sahen, ließen sie sich an die 200 bis 300 Mann stark sehen, um uns am Landen zu hindern.

Als wir auf die See hinauskamen, wandten wir uns gerade nach Norden, da uns abermals sieben bis acht Kanus voll Indianer folgten. Sie hielten sich weit von uns ab, ruderten aber geschwinder als wir und waren also eher in der Bucht als wir. Sie stiegen sämtlich dort aus, und hinzu kamen noch weitere 20 Kanus voller Leute, welche sich allesamt anschickten, uns die Landung zu verwehren. Wir gingen bis auf 100 Ruten an sie heran und hielten dann an; hierauf nahm ich meine Flinte und legte sie an, worauf sie sich alle auf den Bauch legten. Ich aber wandte mich auf die andere Seite, und um sie sehen zu lassen, daß wir nicht vorhatten, ihnen ein Leid zuzufügen, schoß ich das Gewehr gegen die See ab, so daß sie sehen konnten, wie die Kugel die Wasserfläche ritzte. Sobald ich wieder geladen hatte, fuhren wir sachte dichter heran. Einige von ihnen machten sich fort; die anderen aber, die stehenblieben, gaben noch immer zu verstehen, daß sie unsere Feinde wären, bis ich auf die vorgeschilderte Art noch ein zweites Mal Feuer gab und sie also noch einmal erschreckte. Hierauf liefen sie alle fort, so daß ihrer kaum fünf oder sechs Mann in der Bucht blieben. Danach rückten wir noch näher heran, so daß Mister Hall mit bloßem Degen in der Faust an Land springen konnte, dieweil ich inzwischen mit meiner Flinte in Anschlag lag, sofern sie ihm hätten etwas antun wollen. Sie rührten sich aber nicht, so daß er auf sie zugehen und sie begrüßen konnte.

Er schüttelte ihnen die Hand und gab ihnen soviel Freundschaftszeichen, daß sogleich Friede gemacht und von allen Anwesenden bestätigt wurde. Die Entwichenen wurden zurückgerufen, worauf sie alle auf der ganzen Insel den Frieden gerne annahmen und sehr fröhlich darüber waren. Es konnten um dessentwegen zwar keine Glocken geläutet und Freudenfeuer angezündet werden, aber man sah ihnen allen die Freude an den Augen an, da sie nun wieder auf Fischfang fahren konnten, ohne zu besorgen, sie könnten gefangengenommen werden. Uns selber aber war dieser Friede nicht minder lieb als ihnen, denn nun brachten sie uns Melory, wofür wir ihnen Lumpen und schmale Streifen Leinwand, ungefähr eine Hand breit, gaben. Wir sahen wohl hie und da auch einige kleine Schweine, die wir gewiß gar wohlfeil hätten bekommen können; allein wir wollten unsere guten Freunde, die Männer von Achin, die Mohammedaner waren, nicht damit ärgern.

Hier blieben wir zwei bis drei Tage, gingen hernach nach dem Norden der Insel, hielten uns weiter ostwärts und wurden überall, wo wir hinkamen, von den Einwohnern wohl empfangen. Wir versahen uns jetzt mit Melory und Wasser. Vom ersteren kauften wir zwei oder drei Brote und dazu eine ausreichende Menge Wassers, was zusammen unser ganzer Proviant war.

Wir hatten uns vorgenommen, nach Achin zu fahren, einer Stadt im Nordwesten der Insel Sumatra, die von uns 40 Meilen nach Südosten entfernt war. Wir hatten schon lange auf den westlichen Monsun gewartet, der nun nicht mehr weit zu sein schien, denn es sah so aus, als ob die Wolken anfingen, sich gegen

Osten zu senken. Auch begannen sie sich allmählich dahin zu bewegen, obwohl der Wind noch aus Osten kam, was ein unfehlbares Anzeichen dafür war, daß der westliche Monsun nicht mehr auf sich warten lassen würde.

ENDE DES ZWEITEN TEILES

DRITTER TEIL

1688–1691

Am 15. Mai 1688 nachmittags gegen vier Uhr verließen wir die Insel Nicobar und schlugen den Weg nach Achin ein. Wir waren unser acht, nämlich drei Engländer, vier zu Achin gebürtige Malaien und der portugiesische Mestize.

Unser Kanu war von mittlerer Größe. Wir hatten einen guten Mastbaum und ein Segel aus geflochtenen Matten, sowie gute und feste Ausleger, die auf beiden Seiten des Bootes befestigt waren. So lange diese Ausleger fest blieben, konnte das Kanu nicht umschlagen. Wären sie aber nicht selbst stark genug gewesen, dann hätte das dennoch geschehen können. Kurzum: wir waren unseren Achinesen für diese Einrichtung sehr dankbar. Mister Hall und ich verstanden die Gefahr unserer Reise besser als die anderen, die sich ganz und gar auf uns verließen und schlechterdings alles befolgten, was wir rieten. Ich selber war sogar noch besser ausgerüstet als Mister Hall, denn ehe ich das Freibeuterschiff verließ, hatte ich unsere Karte von Ostindien sehr aufmerksam betrachtet. Ich sage, unsere Karte, denn wir hatten nur eine einzige bei uns, aus welcher ich in mein Handbüchlein die Lage und Entfernung der Küsten von Malacca, Sumatra, Pegu und Siam herausgeschrieben hatte, weil ich denn auch in meiner Tasche einen kleinen Kompaß beiseitebrachte, der mir allenthalben, wo ich etwa hinkommen möchte, als Wegweiser dienlich sein sollte.

Als wir in See stachen, war sehr schönes, helles und warmes Wetter, der Wind war beständig, nicht sehr stark und kam aus Südosten. Die Wolken bewegten sich sachte von Westen nach Osten, was uns Hoffnung machte, daß auf See der Wind entweder schon westlich wäre oder doch bald sein würde. Wir wollten das schöne Wetter nutzen und dachten in Achin zu sein, ehe der westliche Monsun in voller Stärke einsetzte, denn wir wußten wohl, daß nach so schönem Wetter und vor allem zu Beginn des westlichen Monsuns die Winde sehr stürmisch zu sein pflegen. Wir gingen also nach Süden fort und ruderten stets abwechselnd mit vier Rudern, das Steuerruder aber hielten Mister Hall und ich einer um den anderen, weil es sonst niemand verstand von den andern. Am 17. morgens suchten wir die Insel Sumatra in der Meinung, wir wären nicht mehr als 20 Meilen von ihr entfernt, waren wir doch seit der Abfahrt von Nicobar 24 Meilen gerudert und gesegelt. Allein die Suche nach Sumatra war vergebens, denn als wir uns nach allen Seiten hin wandten, sahen wir zu unserem großen Verdruß im Westnordwesten die Insel Nicobar wieder und waren kaum acht Meilen von ihr entfernt. Es war also augenscheinlich, daß wir die ganze Nacht hindurch eine starke Strömung gegen uns gehabt hatten.

Am 18. war der Wind wieder sehr stark, und der Himmel schickte sich an, sich mit Wolken zu überziehen, doch blieb es bis gegen Mittag noch ziemlich hell. Wir dachten, wir könnten die Sonnenhöhe nehmen, allein die Wolken, welche die Sonne gegen die Mittagsstunde überzogen, hinderten uns daran. Um dieselbe Zeit erschien uns auch ein Vorbote schlechten Wetters, nämlich ein großer Kreis um die Sonne, der wohl fünf- bis sechsmal größer als sie selbst war und sich nur selten sehen läßt, ohne daß ein Sturm oder starker Regen darauf folgt. Man sieht derlei Kreise auch öfters um den Mond, wo sie freilich nichts Böses zu bedeuten haben. Was nun die Kreise um die Sonne angeht, so pflegt man genau darauf zu achten, ob sie etwa unterbrochen sind und, wenn das so ist, auf welcher Seite, denn im allgemeinen ist es so, daß der größte Sturm von dorther kommt. Ich gestehe, daß es mich sehr bestürzte, diesen Kreis um die Sonne zu sehen, und ich wünschte mir von Herzen, nahe bei einem Stück Land zu sein. Um aber meine Gesellschaft nicht zu entmutigen, ließ ich mir nichts anmerken, machte hingegen, wie man zu sagen pflegt, aus der Not eine Tugend und stellte mich fröhlicher, als ich in Wirklichkeit war.

Als nun der Wind immer heftiger stürmte, rollten wir das untere Teil unseres Segels um ein Holz, das daran befestigt war, und legten unsere Stenge im Kanu zur Seite nieder, so daß wir nur noch ein kleines Segel führten. Jedoch war dieses angesichts der Gewalt des Windes immer noch zu groß, denn weil der Wind seitlich kam, drückte er es sehr nieder, obschon es von den Auslegern gleichsam unterstützt wurde. Dadurch aber bogen sich die Stangen, welche die Ausleger an den Seiten des Bootes hielten, so stark durch, daß wir fürchteten, sie würden gleich zerbrechen; wäre das geschehen, dann hätte es unser unvermeidliches Verderben nach sich gezogen, weil auch die Wellen immer höher wurden und unser Kanu sonst überschwemmt hätten. Wir taten doch noch so viel, daß wir eine Zeitlang gegen den Wind fuhren; als er aber immer so weiter raste, ergaben wir uns gegen ein Uhr Mittag darein und ließen uns den ganzen Nachmittag und einen Teil der Nacht hindurch einfach treiben. Der Wind wurde im Laufe des Nachmittags immer noch heftiger und die See immer höher. Die Wellen brachen aneinander, taten uns aber keinen Schaden, denn weil das Kanu an beiden Enden schmal war, nahm das Teil beim Steuerruder die Welle im Rücken, zerteilte sie und bewirkte so, daß dem Schiffe kein Schaden geschehen konnte. Zwar schlug viel Wasser hinein, aber das schöpften wir ohne aufzuhören wieder heraus. Wir wurden auch gewahr, daß wir weit von unserem Weg abgekommen waren, denn sonst hätten die Wellen unser Kanu von der Seite angeschlagen und jede einzelne es so überschwemmt, daß es hätte sinken müssen. Und obwohl die Ausleger sehr fest angemacht waren, hätten sie doch vor einer derartigen Gewalt des Wassers zerbrechen müssen, denn sie gerieten schon oft unter Wasser und bogen sich wie Zweige.

Der Abend des 18. Mai 1688 war entsetzlich. Der Himmel überzog sich mit düsterem Gewölk, und es wurde ganz finster. Der Wind tobte gewaltig und die See nicht weniger. Sie brauste rings um uns, und wir konnten in der Dunkelheit nichts erkennen als den Schaum der Wellen. Die folgende Nacht umhüllte alles mit der dicksten Finsternis. Jeder Augenblick konnte uns in einen unsichtbaren Abgrund versenken. Man überlege, wie uns dabei zumute sein mußte! Ich hatte meinesteils schon manche Gefahr ausgestanden, aber keine einzige von ihnen war mit der gegenwärtigen zu vergleichen. Vorerst sah ich auf allen Seiten nichts als den Tod um mich, ohne die geringste Hoffnung, ihm zu entgehen. Meine Herzhaftigkeit, die mich noch nie im

Stich gelassen hatte, schwand beinahe gänzlich dahin. Ich überdachte mein bisheriges Leben und zitterte, wenn mir dies und jenes einfiel, das mir zwar vorher schon leidgetan hatte, mir jetzt aber angst und bange machte. Zwar bereute ich die Lebensweise, die ich angenommen hatte, schon seit langem, jedoch mußte mein damaliger Entschluß, ihr auf ewig abzusagen, ohne Zweifel weit aufrichtiger gewesen sein, denn er hatte die Kraft, mein Gemüt völlig zu beruhigen. Mit einem Worte: während die anderen das ständig eindringende Wasser ausschöpften, erlangte ich das Vermögen wieder, am Steuer das meinige zu tun. Weiter konnten wir uns vorderhand nicht helfen, sondern mußten abwarten, was Gott uns schicken würde.

Um zehn Uhr überfielen uns Donner, Blitz und Regen von neuem. Den Regen begrüßten wir als eine Gnade des Himmels, da unser Wasservorrat schon arg zur Neige ging, und als wir bald darauf wahrnahmen, daß der Regen das Toben des Windes verminderte und die Wellen niedriger zu laufen anfingen, dankten wir dem Himmel desto inbrünstiger dafür. Dann sah ich mit einem Stückchen brennender Lunte, das wir ausdrücklich dafür aufgespart hatten, nach meinem Kompaß, der uns bisher wenig hatte helfen können, da wir dem Winde hatten folgen müssen. Unsere Fahrt ging immer noch nach Osten. Weil aber nun die Hindernisse nicht mehr so stark waren, hielt ich das Kanu für stark genug, daß man in der Hoffnung, nach Sumatra zu gelangen, auf Süden halten könne. Um zwei Uhr nötigte uns ein neuerlicher Sturm, das Segel wieder aufzurollen und uns dem Winde zu überlassen. Der anhaltende Regen hatte unsere Glieder erstarren lassen, denn alles Süßwasser ist ohne Ausnahme kälter als das Meerwasser. In den kältesten Gegenden ist die See warm, und in den heißesten ist der Regen kalt und ungesund. Wir brachten die Nacht sehr elend hin und wußten nicht einmal, wohin wir getrieben wurden.

Dergestalt ließen uns Wind und Strömung bis um acht Uhr morgens beständig nach Osten forttreiben. Auf einmal begann einer von unseren Malaien aus vollem Halse zu rufen: »Pulo Wai!« – Dies ist der Name einer nordwestlich von Sumatra gelegenen Insel. Wir sahen wirklich Land auf dieser Seite und erreichten es am Abend des folgenden Tages, nachdem wir die Ruder auch die Nacht über nicht hatten ruhen lassen.

Wir befanden uns an einer Flußmündung, 34 Meilen westlich von Achin. Unseren Malaien war das Land gut bekannt, und sie führten uns in ein Fischerdörflein nahe der Flußmündung. Das auf dieser Reise ausgestandene Elend, nämlich die große Sonnenhitze zu Anfang und der kalte Regen, der in den letzten zwei Tagen auf uns gefallen war, verursachte, daß wir alle miteinander das Fieber bekamen und allesamt so matt waren, daß nicht einer dem anderen zu Hilfe kommen konnte. Wir vermochten auch nicht unser Kanu bis an das Dorf zu schleppen, doch fanden unsere Malaien einige Dorfbewohner, die das taten.

Die Kunde von unserer Ankunft hatte sich schnell ausgebreitet, deshalb kam noch in derselben Nacht einer der Edelleute der Insel, uns zu sehen. Wir waren zu der Zeit am Ende des Dorfes in einer kleinen Hütte; weil es nun schon spät war, begnügte er sich damit, uns anzuschauen, und ging wieder fort, nachdem er zuvor mit unseren Malaien gesprochen hatte. Am Morgen kam er mit anderen wieder und ließ uns in ein großes Haus bringen, worin wir unsere Besserung abwarten könnten; auch befahl er den Leuten im Dorfe, uns nichts abgehen zu lassen. Die mit uns angekommenen Malaien aus Achin erzählten unsere Reise mit allen gehörigen Umständen, wie und wo unser Schiff sie gefangengenommen hatte, wie wir gleich ihnen gefangen gewesen und endlich auf Nicobar zusammen mit ihnen an Land gesetzt worden waren. Daher kam es vermutlich auch, daß diese Herren sich so gütig erzeigten und uns durch eine so ausgesprochene Freigebigkeit alles verschaffen ließen, dessen wir bedurften. Wir mußten sogar junge Büffel, Ziegen und dergleichen als Geschenk annehmen, die uns doch zu nichts nütze waren. Wir ließen sie daher des Nachts, als die Herren weggegangen, wieder laufen; dagegen rieten uns unsere Achinesen, sie anzunehmen, damit diejenigen, die uns so beschenkten, durch unsere Weigerung nicht zu Unwillen bewogen würden. Kokosnüsse aber, Pisangfrüchte, Geflügel, Eier, Fische und Reis behielten wir für uns. Dazumal sonderten sich auch unsere bisherigen malaiischen Kameraden von uns ab und lagerten für sich in einer Ecke des Hauses, denn sie waren wie alle Einwohner des Königreiches Achin Mohammedaner. Und obwohl sie unterwegs gern das Wasser aus den Kokosschalen mit uns geteilt hatten, so verfielen sie doch nun, als die Not vorüber war, wieder in ihre eigenen Vorstellungen und machten sich ein Gewissen daraus, bei uns zu sein. Sie waren allesamt krank, und weil es schlimmer mit ihnen wurde, sagte einer von ihnen in drohendem Ton zu uns, sofern einer von ihnen stürbe, würden die anderen uns erschlagen, da ja wir sie genötigt hätten, die Reise zu tun. Ich zweifle aber, ob sie sich dessen wirklich unterstanden oder die Einwohner des Landes es zugelassen haben würden. Wir mußten uns aber unser Essen selbst zubereiten, denn wenn die Eingeborenen uns auch alles gern und willig gaben, was uns nötig war, so wollte doch kein einziger zu uns kommen und uns die Speisen zurichten helfen, ja nicht einmal die Sachen, deren wir uns bedienten, anfassen. Wir hatten alle das Fieber, also versahen wir die Küche wechselweise, je nachdem einer von uns Kraft oder Lust zum Essen hatte. Bei mir nahm das Fieber zu, und ich war im Kopfe so verwirrt, daß ich kaum mehr stehen konnte. Ich wetzte mein Federmesser, um mich damit zur Ader zu lassen, konnte es aber nicht zuwegebringen, weil es nicht spitz genug war. In der Hoffnung, uns zu erholen, blieben wir zehn bis zwölf Tage hier; weil sich jedoch nichts besserte, faßten wir die Absicht, nach Achin zu gehen. Uns hinderten jedoch die dortigen Leute daran, indem sie Mister Hall und mich bei sich behalten und uns nötigen wollten, Dienste auf ihren Schiffen zu nehmen, die sie zu Handelszwecken nach Malacca, Cudda und anderen Orten schicken. Weil sie aber sahen, daß wir lieber zu unseren Landsleuten nach Achin gingen, verschafften sie uns eine große Prau und brachten uns selbst dahin, da wir nicht im Stande waren, unser Schiff selbst zu regieren. Überdies waren drei von unseren Malaien, wiewohl noch ganz krank, schon fortgegangen und nur noch einer bei uns geblieben, nebst dem Portugiesen. Die beiden leisteten uns bis Achin Gesellschaft, waren jedoch genauso krank wie wir.

Anfang Juni 1688 fuhren wir nach Achin ab und hatten vier Ruderknechte, einen Steuermann und einen Edelmann bei uns, welcher der Regierung von unserer Ankunft berichten sollte. Wir waren drei Tage und drei Nächte unterwegs, fuhren tagsüber mit einem Seewinde, des Nachts mit einem Landwinde und hatten im übrigen schönes Wetter. Wir waren kaum zu Achin angekommen, als ich zum Shabander geführt wurde, welcher der oberste Regent in der Stadt ist. Der damalige Resident der Ostindischen Handelsgesellschaft, ein geborener Ire namens Dennis Driscall, diente als Dolmetscher. Weil ich so schwach war, wurde mir gestattet, vor dem Shabander stehenzubleiben, denn sonst fordert es der Brauch, daß man sich mit gekreuzten Beinen auf den Boden niedersetzt, wie es in England die Schneider tun. Der Shabander tat allerlei Fragen an mich, so unter anderem, wie wir uns getrauen konnten, mit einem Kanu von Nicobar nach Sumatra zu fahren. Ich antwortete ihm darauf, weil wir die Arbeit und die Gefahren schon gewohnt wären, sei es uns nicht schwer gefallen, die Fahrt zu wagen. Des weiteren ließ er sich sagen, woher unser Schiff gekommen wäre und wohin es ferner fahren wollte. Nachdem der Malaie und der Portugiese bestätigt hatten, was ich gesagt hatte, war ich nach weniger als einer halben Stunde frei, mit Mister Driscall nach Hause zu gehen. Er wohnte im Packhause der Handelsgesellschaft, worin er auch uns einen Platz einräumte; auch versorgte er uns mit Lebensmitteln.

Drei Tage nach unserer Ankunft starb der Portugiese am Fieber. Wo unsere Malaien hingekommen sind, weiß ich nicht. Mister Hall war so krank, daß ich nicht glaubte, er könnte wieder aufkommen. Ambrosius sollte auch nicht mehr lange leben. Ich befand mich noch am besten, obgleich auch ich sehr krank und kaum zu vermuten war, daß ich davonkommen würde. Als Mister Driscall und einige andere Engländer dies sahen, rieten sie mir, von einem malaiischen Medicus eine Purgation zu nehmen. Ich folgte ihrem Rate in der Hoffnung, es sollte sich bessern. Nachdem ich aber dreimal eine üble Arznei eingenommen, die jedesmal eine große Kürbisflasche voll ausmachte, ohne einige Besserung zu spüren, wollte ich nichts mehr nehmen, aber man überredete mich, es noch einmal zu versuchen, was ich denn auch tat. Dieses wirkte aber so stark, daß ich glaubte, ich sollte sterben. Ich nahm meine letzten Kräfte zusammen und ging wohl zwanzig- bis dreißigmal zu Stuhle; die Arznei wirkte aber zu geschwinde und ließ mir so wenig Ruh, daß endlich, als meine Kräfte vollends erschöpft waren, ich mich einfürallemal auf den Boden legte und ungefähr 60 Stühle hatte, ehe die Wirkung der Arznei vorbei war. Anfänglich dachte ich, der malaiische Medicus, den man mir so sehr gerühmt, wollte mich regelrecht umbringen, und so blieb ich etliche Tage in einer ungemeinen Schwäche liegen. Hierauf aber verließ mich das Fieber für acht Tage, kam dann aber wieder und peinigte mich noch ein ganzes Jahr hindurch.

Nachdem ich mich nun nur ein wenig von der Wirkung der Arznei erholt hatte, versuchte ich wieder auszugehen. Und weil Kapitän Bowrey mich sehr höflich eingeladen hatte, war er der erste, den ich besuchte. Er war ein ehrlicher Mann, der uns allen viel Gutes tat, vornehmlich aber mir, denn er wollte mich bewegen, ihm auf seiner Reise nach Persien, wohin er fahren wollte, als Oberbootsmann zu dienen. Weil ich aber noch überaus schwach war, gab ich ihm keine positive Antwort. Der Hauptgrund aber, der mich an der Reise hinderte, war meine Hoffnung, ich könnte auf einem der neuangekommenen oder noch zu erwartenden englischen Schiffe eine andere, nützlichere Reise machen. Nicht sehr viel später in der Tat kam Kapitän Weldon von der Festung St. George auf dem Schiffe Curtana an und sollte nach Tonkin segeln. Weil ich nun zu dieser Reise mehr Lust hatte als zu der nach Persien, indem einmal die Jahreszeit dafür passender, zum anderen das Schiff auch besser, vor allem mit einem Wundarzt versehen und ich selber noch immer krank war, so wollte ich lieber bei Kapitän Weldon als bei Bowrey Dienste nehmen.

Kapitän Weldon war zu Achin gelandet, um seine Sklaven, die er von der Festung St. George geholt hatte, hier zu verkaufen, zumal der Ort auf seinem Wege nach der Meerenge von Malacca und weiter nach Tonkin lag, welches sein eigentliches Ziel war. Weil er mich nun so höflich einlud, ergriff ich die Gelegenheit, diese Reise zu tun, und tat das um so lieber, weil er einen sehr guten Wundarzt an Bord hatte, dessen Rat mir sehr nötig war, und weil auch mein Freund, Mister Hall, sich zu dieser Reise entschlossen hatte, wiewohl er sich in einem noch schlimmeren Zustand befand als ich. Überdies hatte mir Kapitän Weldon zugesagt, er wollte zu Tonkin eine Schaluppe kaufen und mir das Kommando übertragen, womit ich dann von da aus Handel in Cochinchina, Champa und Cambodscha treiben sollte. Da nun noch niemand von unserer Nation dergleichen versucht, so war zu erwarten, daß sich daraus ein guter Gewinn ziehen ließe, doch wurde am Ende nichts aus diesem Vorhaben.

Als nun Kapitän Weldon seine Geschäfte in Achin beendet hatte, fuhren wir durch die Meerenge von Malacca und kamen in Kürze bei der Stadt gleichen Namens an. Weil nun weder unserem Kapitän noch irgend jemand von seinen Leuten die Bucht von Tonkin recht bekannt war, heuerte er zu Malacca einen holländischen Piloten an, und alsbald gingen wir wieder unter Segel. Wir fuhren längs der Küste von Malacca hin, vorbei an vielen Inseln, ließen Pulo Condor zur Rechten und reisten in nördlicher Richtung fort, bis wir die Nordostseite des Golfs von Tonkin erreichten. Wir fuhren dort in einen der beiden Arme eines großen Flusses ein und hinauf, vorbei an einem Dorfe mit Namen Domea, dem ersten regelrechten Orte, den wir an diesem Ufer gesehen haben. Er zählt ungefähr 100 Häuser, und die holländischen Schiffe, die hier Handel treiben, bleiben allda auf dem Flusse für eine Weile liegen, weswegen die holländischen Schiffsleute, welche jedes Jahr von Batavia hierher fahren, unter den Einwohnern viele gute Freunde haben und bei ihnen so viel Freiheit genießen wie bei sich zu Hause. Die Tonkinesen sind nämlich Leute, die gern mit anderen umgehen. Von den Holländern haben sie etwas von der Gärtnerei erlernt, und seither kann man bei ihnen allerhand gute Kräuter bekommen, aus denen sich Salate zurichten lassen, was für die ankommenden Holländer ein großes Labsal ist. Die Engländer dagegen pflegen noch drei Meilen weiter flußaufwärts zu fahren. Das taten auch wir und ankerten an einer Stelle, wo die Flut nicht mehr so stark zu spüren ist. Hier fanden wir zwar kein einziges Haus, hatten aber noch nicht lange da gelegen, als die Leute aus den umliegenden Orten kamen und anfingen, Hütten auf ihre Art zu bauen, so daß innerhalb kurzer Zeit nahe unserem Landeplatz eine kleine Stadt zu sehen war. Auf diese Weise bedient sich das arme Landvolk der Gelegenheit, seine Waren einzutauschen oder mit Dienstleistungen und auch durch Betteln, vor allem aber durch Vermietung des Weibsvolkes, den Matrosen abzuzwacken, soviel sie nur können.

Der Ort, wo wir vor Anker lagen, war von der See nicht weiter als etwa 20 Meilen gelegen. Der Handel wird aber vornehmlich in Ke-Cho*, der Hauptstadt dieses Reiches, betrieben, wo auch die englischen und holländischen Handelsgesellschaften ihre ständigen Faktoreien unterhalten. Diese Stadt liegt noch sehr weit den Strom aufwärts, wohl an die 80 Meilen von der Stelle, wo wir vor Anker gegangen waren. Unser Kapitän machte sich alsbald bereit, dorthin zu fahren und die Ware nach Handelsbrauch in Schaluppen, die breit und geräumig und, genau wie die zugehörigen Fährleute, um einen geringen Preis zu haben sind, dorthin zu führen. Diese Fährleute sind Tonkinesen und wissen sich der Ruder und der Segel gleich gut zu bedienen. Unsere Faktoren zu Ke-Cho hatten schon Kunde von unserer Ankunft erhalten, und so kam der Oberfaktor nebst einigen Offizieren des Königs von Tonkin vier oder fünf Tage nach unserer Landung zu uns. Die Offiziere kamen, um unser Schiff und dessen Ladung in Augenschein zu nehmen, und unser Kapitän empfing sie mit aller gebührenden Ehrenbezeigung: er ließ die Stücke mehrmals abfeuern, bewirtete die Offiziere zwei bis drei Tage und beschenkte sie noch dazu, als sie nach Ke-Cho zurückkehrten.

Mit Kapitän Weldons Erlaubnis reiste auch ich mit nach Ke-Cho, um den Oberfaktor zu bewegen, daß er mir behilflich wäre, eine Reise nach Cochinchina, Champa und Cambodscha ins Werk zu setzen, wozu mich Kapitän Weldon vorschlug und empfahl. Wir setzten uns also in die gedungenen Schaluppen, und die Fahrt begann. Unsere eigenen Leute taten nichts anderes, als daß sie auf die mitgeführten Kaufmannsgüter wohl achtgaben, denn die Tonkinesen haben sehr krumme Finger.

---

* Ke-Cho: das heutige Hanoi, die Hauptstadt von Nord-Vietnam.

Diese Schaluppen haben nur einen Mast, den legen sie bei schwachen Winden nieder und nehmen alsdann die Ruder zur Hand. Während wir dergestalt bald segelnd, bald rudernd den Fluß weiter hinauffuhren, genossen wir die überaus schöne Aussicht in ein weitläufiges, flaches und fruchtbares Land. Meistens waren es Wiesen oder Felder voller Reis. Man sieht dort keinerlei Bäume, außer bei den Dörfern, wo sie sehr dicht stehen und von weitem schön aussehen. Dergleichen Dörfer gibt es an den Ufern des Flusses sehr viele, und nach der Landseite hin sind sie ganz von Bäumen umgeben, zum Flusse hin aber ganz frei. Sobald wir nahe an ein solches Dorf herankamen, fanden sich jedesmal Bettler in kleinen Kähnen, die aus Ruten geflochten und außen und innen mit Ton verschmiert waren, aber beständig Wasser durchließen, bei unseren Schiffen ein. Diese Bettler sind arme Aussätzige, die ihrer Krankheit wegen ganz abgesondert leben müssen und denen lediglich noch erlaubt ist, öffentlich um Almosen zu bitten. Kaum wurden sie unser ansichtig, fingen sie erbärmlich zu schreien an, und wir gaben ihnen ein wenig Reis, den sie mit den größten Freudenbezeigungen annahmen.

Innerhalb vierer Tage kamen wir nach Hean, einer Stadt, kurz vor welcher sich die beiden Arme des Flusses wieder zu dem Hauptstrome vereinigten, dergestalt, daß die beiden Flußarme, deren Mündungen 20 Meilen auseinanderliegen, und die See eine große dreieckige Insel bilden.

In der Stadt Hean ist eine Gasse, in der lauter chinesische Kaufleute wohnen. Als nämlich sich vor einiger Zeit sehr viele Kaufleute von dieser Nation zu Ke-Cho häuslich niedergelassen hatten und hernach so sehr an Zahl vermehrten, daß die eingeborenen Einwohner von ihnen unterdrückt wurden, befahl ihnen der König, als er davon erfuhr, sich von da fortzumachen, wenn auch mit der Erlaubnis, sie dürften sich, außer in Ke-Cho, überall in seinem Lande niederlassen. Zu jener Zeit haben etliche dieser Kaufleute beliebt, sich zu Hean festzusetzen, allwo sie bis dato wohnen und Handel treiben. Ungeachtet des königlichen Verbotes ziehen sie dennoch nach Ke-Cho, kaufen auch und verkaufen, was sie wollen; nur regelrecht an jenem Orte zu wohnen, wird ihnen nicht gestattet. Zwei von ihnen zogen alle

Jahre nach Japan, handelten dort mit roher und verarbeiteter Seide und brachten vor allem Silber wieder zurück. Diese Chinesen in Hean tragen alle lange Haare, hinten in einem Zopf geflochten, wie es in ihrem Vaterlande Mode gewesen, ehe sie unter der Tataren Joch geraten.

Der Gouverneur der Provinz hat seinen Sitz allhier. Er ist einer der vornehmsten Mandarine des Landes und hat in der Stadt stets eine große Anzahl von Soldaten und Offizieren bei sich. Des weiteren liegen des Königs Fregatten hier; sie müssen auf dem Flusse Dienst tun und sind auch stets im Stande, auszulaufen, falls es die Not erfordert. Auch trafen wir verschiedene chinesische Dschunken hier an, welche mitten im Flusse noch gut fahren können, denn das Wasser steigt und fällt an diesem Orte nicht mehr sehr. Man kann am Lauf des Wassers die Ebbe von der Flut nicht mehr unterscheiden, da die Strömung immer meerwärts geht, wenn auch zur Zeit der Flut nicht so stark und so geschwinde wie sonst. Die Flut widersteht der Strömung zwar, aber so hoch flußaufwärts ist sie allzu schwach, deren Lauf zu ändern, wenngleich sie ihn noch schwächen und den Stand des Wassers erhöhen kann.

Der Gouverneur oder sein hiermit Beauftragter geben allen flußauf- oder abwärtsfahrenden Schiffen einen Passierschein, und der geringsten Schaluppe ist es nicht erlaubt, ohne einen solchen zu fahren. Daher rührt es auch, daß wir dort verweilen mußten, doch wollte ich damals nicht aussteigen, weil es nicht lange dauerte; auch erhielt ich einige Zeit später bessere Gelegenheit, die Stadt Hean zu besichtigen.

Von hier fuhren wir mit unseren Schaluppen nach Ke-Cho weiter und brachten auf dieser Wegstrecke noch zwei Tage zu, weil wir keine Flut mehr hatten, die uns voranhelfen konnte. Endlich langten wir bei dem englischen Kaufhause an, wo ich sieben bis acht Tage blieb, ehe ich wieder zu unserem Schiffe zurückreiste, was ebenfalls in einer der dort üblichen Schaluppen geschah. Als wir den Strom aufwärts fuhren, hatten wir überaus schönes Wetter; solange ich aber das erste Mal zu Ke-Cho mich aufhielt, regnete es beständig, und auch danach blieb es für lange Zeit bei demselben nassen Wetter. An diesem Ort will ich nun einiges aus dem Königreich Tonkin berichten, und zwar sowohl nach meinen eigenen Beobachtungen und Anmerkungen als auch aus der Erfahrung vieler Kaufleute und anderer glaubwürdiger Personen, die zumeist viele Jahre allhier gewohnt haben.

Tonkin ist ein sehr volkreiches Land, weil es voller Flecken und Dörfer ist. Die Einwohner sind von mittlerer Größe und angenehmer Beschaffenheit der Gliedmaßen. Ihre Farbe ist wie bei allen Indianern gelbbraun, und man kann bei ihnen die geringste Veränderung des Gesichtes wahrnehmen, wenn sie zum Beispiel über irgend etwas unversehens rot werden oder erblassen, wie ich das bei anderen Indianern niemals habe bemerken können. Ihr Gesicht ist platt und länglich rund, die Nase und die Lippen sind ziemlich wohlgestaltet und recht anmutig. Ihre Haare sind schwarz, lang und dicht; sie lassen sie über die Schultern hängen. Ihre Zähne sind so schwarz, wie sie sie nur machen können, denn dies halten sie für eine große Zierde und bringen wohl drei bis vier Tage damit zu, sie so schwarz zu färben. Dies tun sie bei Knaben und Mädchen, wenn sie zwölf bis vierzehn Jahre alt sind, und innerhalb dieser Färbezeit nehmen sie fast nichts zu sich als Wasser, Tee oder andere Flüssigkeiten und auch davon nur wenig, aus Angst, sie könnten sich durch die Farbe vergiften. Alle Leute beiderlei Geschlechts müssen auf solche Art gefärbt sein, denn sie sagen, sie würden andernfalls dem unvernünftigen Vieh gleich sehen, und es dünkt sie eine sonderliche Schande, den Elefanten und Hunden ähnlich zu sein, welchen sie diejenigen vergleichen, die weiße Zähne haben.

Insgemein sind die Tonkinesen geschickte Leute, geschwinde, arbeitsam und erfinderisch in allen Künsten und Hantierungen, die sie betreiben. Das kann man aus der Menge der feinen Seide, die sie spinnen, und der Lackarbeiten, die jährlich aus diesem Lande kommen, ersehen. Trotz ihres Fleißes in allen Geschäften gibt es dennoch viele arme Leute dort, denn da das Land so sehr bevölkert ist, finden nicht alle eine Beschäftigung. Obwohl ihr Land voll von Seide und anderen Dingen ist, aus denen sich etwas anfertigen läßt, arbeiten sie doch nicht viel, außer wenn fremde Schiffe ankommen. Die Leute leben meistens von dem

Gelde und den Mitteln, welche die Kaufleute, vornehmlich die Holländer und Engländer, hinbringen. Weil nämlich die Handwerksleute nicht Mittel genug haben, viel Arbeit zu verfertigen, müssen die fremden Kaufleute ihnen wenigstens die Hälfte oder ein Drittel ihrer Waren im voraus bezahlen, drei oder mehr Monate ehe die Arbeit fertig ist und geliefert werden kann. Solchergestalt haben sie keine fertigen Waren, und die hinkommenden Kauffahrtsschiffe müssen notwendigerweise die ganze Zeit über da warten, solange man an den Waren arbeitet, was gemeiniglich fünf oder sechs Monate dauern kann.

Die Tonkinesen machen sich auch sehr gut als Dienstboten, ich halte sie für die besten in ganz Indien, denn da sie insgemein hurtig sind und gelehrige Köpfe haben, so sind sie auch, wenn zu Diensten gedungen, treu, fleißig und gehorsam. Nichtsdestoweniger haben sie einen furchtsamen und knechtischen Geist, welches vermutlich daher kommt, daß sie unter einer sehr harten Regierung leben. Sie arbeiten mit sehr großer Geduld; wenn sie aber krank werden, sind sie überaus unruhig und niedergeschlagen. Einen großen Fehler haben sie insgesamt, daß sie nämlich gern spielen. Diesem Laster sind sie, Herren und Knechte gleichermaßen, so ergeben, daß nichts sie davon abhalten kann, bis sie alles Ihrige, ja sogar ihre Kleider, verspielt haben. Mit dieser Spielleidenschaft sind viele morgenländische Völker und insbesondere die Chinesen sehr behaftet. An dieser Stelle muß ich hinzufügen, daß diejenigen Chinesen, die sich in Tonkin niedergelassen haben, dem Spiele nicht weniger ergeben sind, als die, welche ich andernorts getroffen habe. Wenn ihr Hab und Gut und ihre Kleider verspielt sind, werden sie ihr Weib und Kind zum Einsatz geben, und endlich werden sie auf Borg spielen und auf ihre Ehre sogar das einsetzen, was ihnen auf der Welt am liebsten ist, nämlich ihre Haare, und daher kann man darauf vertrauen, daß sie diese auslösen werden, koste es sie, was es immer wolle, sintemalen für einen freien Chinesen, welches diejenigen sind, die den Tataren entflohen, nichts schimpflicher ist, als kurze Haare zu haben, denn einem Tonkinesen weiße Zähne sein könnten.

Die Kleidung der Tonkinesen ist aus Seide oder Baumwolle.

Das gemeine Volk und die Soldaten tragen gemeiniglich nur baumwollene Kleider von kastanienbrauner Farbe, die reichen Leute und Mandarine dagegen solche aus englischem Tuche, meistenteils in rot oder grün. Wenn sie vor dem König erscheinen, tragen sie lange Röcke, die ihnen bis auf die Fersen herabgehen, und niemand darf sich anders als in solchem Gewande vor ihm sehen lassen. Vornehme Leute haben auch große Mützen aus demselben Zeug wie ihre langen Röcke, die anderen und die armen Leute gehen stets mit bloßem Haupte, jedoch tragen die Fischer und Handwerker, die ihrer Hantierung wegen viel in Wind und Wetter sein müssen, breite, aus Rohr, Stroh oder Palmetoblättern gemachte Hüte. Diese sind so steif wie ein Brett und sitzen gar nicht fest auf dem Haupte, weswegen sie ein Band daran gemacht haben, das sie unter dem Kinn zusammenbinden, so daß der Hut bleiben muß. Dergleichen Hüte sind ein ganz gewöhnlicher Artikel. Sie werden freilich nur getragen, wenn es regnet. An anderen Kleidern haben sie nur wenige und schlechte und sind mit ein paar zerrissenen Hosen schon zufrieden. Einige haben noch ein elendes Röckchen, aber weder Hemd, Strümpfe noch Schuhe.

Die Häuser der Tonkinesen sind sehr einfach, ganz klein und niedrig, mit Wänden aus Lehm oder Brettern, außen mit Erde überzogen. Die Dächer sind aus Stroh. Mehr als ein Zimmer hoch bauen die Tonkinesen nicht, aber sie machen auf ebener Erde zwei oder drei Zimmer nebeneinander, die sie durch ein Geflecht aus Rohr oder Stecken abtrennen und zu mancherlei Gebrauch verwenden. In jedem Raum ist ein Fenster, doch sind dies nichts anderes als elende viereckige Löcher, die nachts mit einem besonders dafür zugeschnittenem Brette verschlossen werden. Im übrigen sind die Zimmer mit sehr schlichtem Hausrat versehen. In der hintersten Kammer findet man zwei oder mehrere armselige Bettstellen, je nach der Größe des Haushaltes, und in der vorderen Stühle mit oder ohne Lehne sowie Sitzbänke. Es steht auch ein Tisch darin und an der Seite ein kleiner Altar, auf welchem zwei Räucherfäßchen sind. Solche Altäre sind in allen Häusern zu finden, und in einem der Weihrauchgefäße steckt ein kleines Bündel Binsen, die, wie ich gefunden habe, stets an einem Ende angebrannt sind. In dem vorderen Raum werden die Speisen zubereitet, was auch des öfteren auf der offenen Gasse oder im Hofe geschieht, wenn schönes Wetter ist. Auf diesem Wege entheben sie sich der Unannehmlichkeit, welche die Hitze des Feuers und der Rauch verursachen.

Die Tonkinesen wohnen nicht in Häusern, die allein stehen oder hie und da verstreut in den Feldern liegen, sondern stets beisammen in Dörfern, so daß ein ganz allein liegendes Haus nur selten zu sehen ist. Die Dörfer bestehen meistens aus 20 bis 40 Häusern, sie liegen im ganzen Lande ziemlich nahe beieinander. Man bekommt sie aber kaum zu Gesicht, solange man nicht ganz dicht herangekommen ist, weil sie gänzlich von Bäumen und kleinen Wäldern umgeben sind, und es geschieht ebenso selten, daß man in den niedrigen Landstrichen nahe der Küste ein Gebüsch ohne ein Dorf wie etwa ein Dorf ohne ein Gebüsch sieht. Die Dörfer im niedrig gelegenen Lande sind ganz von großen Dämmen und tiefen Gräben umgeben, worin auch das Gebüsch rings um das Dorf mit einbeschlossen ist. Die Dämme legen sie an, damit zur Regenzeit, wenn die Äcker zwei oder drei Fuß unter Wasser stehen, dies weder ihre Gärten überschwemmen noch in ihre Häuser eindringen kann. Die Gräben dagegen dienen dazu, in der dürren Zeit des Jahres Wasser darin zu halten, um wenn nötig, ihre Gärten damit zu wässern. Ein jeder kann vermittels kleiner Leitungen, die von dem großen Graben bis zu eines jeden Garten gehen, das Wasser dahin leiten, wo er will. Eines jeden Hof oder Garten ist von denen seiner Nachbarn auf beiden Seiten durch solche Gräben getrennt. Gleichfalls sind auch die Häuser jedes für sich mit einem kleinen Zaune umgeben. In seinem Garten hat jedermann eigene Obstbäume, als da sind: Pomeranzen, Limonen- und Betelbäume, wie auch Kürbisse, Melonen, Ananas und sehr viel Kräuter. In der trockenen Zeit läßt es sich inmitten der Bäume und Gebüsche sehr annehmlich wohnen, aber in der Regenzeit ist es überaus unbequem, denn obwohl überall Dämme aufgeführt sind, gibt es doch überall abscheulich viel Kot und Unflat, was jedermann sehr beschwerlich fällt. Man kann von einem Dorf nicht bis zum nächsten gelangen, ohne daß man bis an die Waden oder gar bis an die Knie im Wasser waten müßte, es sei denn, man gebrauchte die kleinen Kähne, die man deswegen alldort hat. Demgegenüber wohnen die Leute in den höheren Teilen des Königreiches weit annehmlicher und reinlicher.

Im ganzen Königreich Tonkin wird regelmäßig innerhalb eines Bezirkes von vier bis fünf Meilen jede Woche einmal Markt gehalten, dergestalt daß jedes Dorf in fünf bis sechs Wochen einmal der Reihe nach seinen Markt hat. Dort wird dann allezeit mehr Reis als Fleisch feilgeboten, da ja der Reis die gewöhnliche Speise, vor allem der armen Leute, im ganzen Lande ist. Nichtsdestoweniger findet man auch auf den Dorfmärkten Schweinefleisch, Spanferkel die Menge, Enten, Hühner, Eier genug, große und kleine Fische, allerhand Arten von Kräutern, Wurzeln und Früchte. Zu Ke-Cho aber, wo jeden Tag Markt abgehalten wird, wird außer den obengenannten Eßwaren Rind-, Büffel- und Ziegenfleisch angeboten, desgleichen Pferde-, Katzen- und Hundefleisch (wie man mir gesagt hat) sowie Heuschrecken.

Die Tonkinesen richten das Essen gar sauber her und geben ihm auf vielerlei in Europa ganz unbekannte Weisen einen recht guten Geschmack. Sie haben auch allerhand Leckerbissen, bei denen einen Ausländer freilich ein Grauen ankommen möchte, während sie selber diese für sehr wohlschmeckend ansehen. Eine Speise zum Beispiel, die sehr verbreitet und wohlfeil ist, wird aus rohem, ganz klein gehacktem und untereinandergemischtem Schweinefleisch gemacht; dieses wird zu länglichen Würsten zusammengerollt und gepreßt, bis es ganz hart wird. Hernach wickelt man es in ein weißleinenes Tuch und gibt es auf den Tisch, ohne noch anderes dazuzutun. Ein anderes Gericht wird aus rohem Rindfleisch bereitet und zu Ke-Cho besonders geschätzt. Wenn die Tonkinesen einen Ochsen schlachten, sengen sie das Fell ab, wie wir es in England mit den Schweinen machen, nehmen das Eingeweide heraus, schneiden aus dem Mageren große Schnitten, legen sie in den schärfsten Essig, den sie bekommen können, und lassen sie zwei, drei Stunden oder länger darin, bis sie recht durchbeizt sind, nehmen sie dann heraus und genießen sie mit besonderem Appetit.

Zu Ke-Cho wird häufig Pferdefleisch feilgeboten und dort ebenso geschätzt wie Rindfleisch. Sie essen allda auch vom Elefanten; insbesondere wird der Rüssel dieses Tieres so sehr geschätzt, daß man selbst große Herren damit beschenkt, mag auch das Tier vor Alter oder an einer Krankheit gestorben sein. Zwar gibt es hier nur sehr wenig wilde Elefanten, und diejenigen, die noch anzutreffen sind, sind derart unbändig, daß man große Mühe hat, sie einzufangen. Der König jedoch besitzt viele zahme Elefanten, und wenn nun einer davon stirbt, gibt man ihn den armen Leuten, die sich das Fleisch bald fortnehmen, während der Rüssel zerschnitten und den Mandarinen verehrt wird. Hunde und Katzen werden zu dem Zwecke geschlachtet, ihr Fleisch zu verkaufen, welches auch von den größten Herren hochgeschätzt wird, wie man mir glaubwürdig versichert hatte. Auch halten sie viel von einer Art großer gelber Frösche, insonderheit wenn sie frisch aus dem Teich kommen. Sie haben auch noch andere derartige Leckerbissen, die auf den Dörfern alle Tage zu haben sind, nicht nur, wenn Markt gehalten wird. Das gewöhnlichste Gericht nebst dem gekochten Reis sind kleine Stückchen Speck, von denen sie fünf oder sechs aneinanderreihen, auf ein kleines Spießchen stecken und so braten. Es sitzen auch an den Markttagen und sonst täglich in allen Dörfern Weiber auf den öffentlichen Gassen, die über einem kleinen Feuer einen Topf mit Chau, wie sie es nennen, haben, welches eine Art Tee von braunrötlicher Farbe ist: dies ist das allgemeine Getränk.

Sowohl bei den alltäglichen Mahlzeiten als bei den Gastereien bedienen sich die Tonkinesen anstatt Gabel und Löffel zweier kleiner runder Stecklein, die ungefähr so lang und so dick sind wie eine Tabakspfeife. Diese halten sie beide in der rechten Hand, eines zwischen den Daumen und dem Zeigefinger, das andere zwischen eben diesem und dem Mittelfinger wie unsere Kinder ihre Klappern. Sie wissen diese Stäbchen unvergleichlich geschickt zu gebrauchen und können das allerkleinste Körnchen Reis damit anfassen, zumal es bei ihnen als sehr unmanierlich gilt, zubereitete Speisen mit den Fingern anzurühren. Und obwohl es einen Fremden, der diese Stäbchen nicht gewohnt ist, anfänglich schwer ankommt, damit zu essen, so lernt man es doch durch ein wenig Übung gar bald, und Leute, die hier wohnen wollen, müssen sich notwendigerweise zu diesen und anderen unschuldigen Gebräuchen des Landes bequemen, damit die Einwohner bewogen werden, desto lieber mit ihnen umzugehen. Bei allen Tonkinesen findet man einen Haufen solcher Stecklein sowohl für sich selbst als zum Gebrauch fremder Gäste, die sie manchmal zu sich bitten, und man legt sie so sorgfältig auf den Tisch wie in England Messer, Gabel und Löffel. Wer sich aber bei Tische in ihren Gebrauch nicht recht zu schicken weiß, der wird für einen halben Narren gehalten. Reiche Leute, und vor allem die Mandarine, lassen ihre Eßstäbchen mit Silber beschlagen. Sie sind auch bei den Chinesen in Gebrauch, und die englischen Schiffsleute nennen sie »Chopsticks«, was ungefähr soviel heißt wie Bissennadeln.

Die Hauptstadt des Königreichs, Ke-Cho, ist im höhergelegenen Lande gelegen und ganz offen, da sie weder Mauern noch Wälle noch Gräben hat. Sie ist ungefähr 80 Meilen von der See entfernt. Es mögen ihrer ungefähr 20 000 Häuser darin sein, die durchweg niedrig mit Lehmwänden und Strohdächern sind. Nur wenige sind aus Ziegeln gebaut und mit solchen gedeckt. Die meisten haben hinten einen Hof und in demselben ein kleines Gewölbe, ähnlich einem Backofen, welches nur sechs Fuß hoch ist und in Bodennähe ein Loch hat. Dies Gewölbe ist aus Ziegeln und gänzlich mit Lehm und Kalk überzogen, und wo manches Haus keinen Hof hat, so ist doch mitten im Hause ein solcher kleiner Backofen. Kein Haus ist ohne dieses Gewölbe, welches dazu dient, im Falle einer Feuersbrunst darin die wertvollsten Dinge zu verwahren, da nämlich solche Feuersbrünste in diesen mit Stroh gedeckten Häusern des öfteren entstehen, vor allem in der heißen Jahreszeit. Dann stehen oft so viele Häuser in solcher Schnelle in Flammen, daß die Leute kaum noch Zeit haben, ihre Sachen in diese gewölbten Öfen zu stecken, so nahe zur Hand diese auch sind.

Während auf diese Weise jeder Hausbesitzer Vorsorge trifft, seine Sachen in Feuersnot sicher zu verwahren, so läßt es sich auch die Obrigkeit sehr angelegen sein, alle nötigen Vorkehrungen zu treffen, damit dergleichen Unglück nicht geschehe oder doch das Feuer ausgelöscht werde, ehe es zu weit um sich frißt. Es ist nämlich mit Anfang der trockenen Jahreszeit jedermann verbunden, unter seinem Dache einen großen Krug voll Wasser zu haben, auf daß wenn nötig ohne Verzug gelöscht werden kann. Des weiteren muß jeder auch eine lange Stange mit einem darangebundenen Wassereimer haben, damit man Wasser aus den Kanälen schöpfen und auf das brennende Haus gießen kann. Hat aber das Feuer schon so sehr um sich gegriffen, daß alle diese Mittel nichts mehr fruchten, dann schneiden die Leute die Seile ab, mit denen das strohene Dach festgebunden ist und lassen es an den Sparren herunter auf die Erde fallen. Das läßt sich ohne Mühe machen, und die Art, wie sie ihre Dächer bauen, gestattet es, die Hälfte des Daches auf einmal abzuwerfen. Fallen nun die viereckigen Stücke, aus denen das Dach lose zusammengefügt ist, brennend auf den Ofen, in dem die Sachen stecken, so können sie doch sehr leicht weggezogen werden. Auf diese Weise können die benachbarten Häuser leicht, und ehe sie das Feuer ergreift, gesichert werden, indem auch ihre Dächer entweder abgerissen oder vom Hause fortgeschleppt werden, so daß sie weiter keinen Schaden tun können. Zu diesem Zwecke muß jeder Hauswirt nahe der Haustür eine lange Stange haben, an welcher oben eine Art Sichel angebracht ist, die man zum Abdecken der Häuser verwendet. Und wo einer angetroffen würde, der das genannte Wassergefäß nicht gefüllt hätte oder dem die Stange mit der Sichel vor der Tür fehlte, dieser Hauswirt würde wegen seiner Nachlässigkeit sehr hart gestraft werden.

Die Hauptwege in der Stadt sind sehr breit, wenn es auch etliche enge gibt. Die meisten sind gepflastert oder vielmehr mit Lehm oder kleinen Steinchen gewissermaßen gemauert. Zur Zeit der Nässe sind sie überaus kotig, und in der trockenen Zeit findet man in und außerhalb der Stadt viele Gruben mit faulem Wasser wie auch einige Gräben voll schwarzen Unflats, die einen scheußlichen Gestank verbreiten. Eigentlich müßte es deshalb höchst schädlich sein, hier zu wohnen, und der Gesundheit Abtrag tun, doch soviel ich bemerkt oder von anderen erfahren, ist die Luft dort ziemlich gesund.

Die Könige von Tonkin, die in der Stadt ihre ständige Residenz haben, besitzen darin zwei oder drei Paläste. Zwei davon sind sehr schlicht, nur aus Holz gebaut, doch stehen in den Häusern ringsum etliche Stücke groben Geschützes. Dort finden sich auch die königlichen Elefanten- und Pferdeställe und ein viereckiger ziemlich weiter Platz, wo die Soldaten vor dem König in guter Ordnung aufgestellt und gemustert werden. Der dritte wird der königliche Palast genannt, weil er viel prächtiger als die anderen beiden ist, wiewohl auch er nur aus Holz gebaut und nach allen Seiten offen ist. Er ist von ansehnlichen Mauern umgeben, die, wie ich erfuhr, drei Meilen Umfang haben. Innerhalb dieser Umschließung sind große Teiche angelegt mit Lustschiffen darauf, um dem König zur Ergötzung zu dienen.

Das Gebäude der englischen Faktorei ist sehr angenehm dem Flusse gegenüber im Nordteil der Stadt gelegen. Es ist ein sehr schönes, wenn auch niedriges Haus, ja das beste, das ich in der ganzen Stadt gefunden. Mitten darin ist ein hübscher Speisesaal, und auf jeder Seite sind die Zimmer für die Kaufleute, Faktoren und sonstigen Bediensteten der Compagnie, die auch sonst allerhand Bequemlichkeiten finden. Das Haus steht parallel zum Ufer des Flusses, und an seinen beiden Enden stehen andere kleine Häuser wie Küchen, Magazine und dergleichen nützliche Räumlichkeiten mehr. Diese gehen von dem Hauptgebäude beiderseits in gerader Linie auf das Wasser zu und bilden so zwei Flügel, zwischen denen sich ein viereckiger, gegen den Fluß zu offener Platz findet. Auf diesem steht nahe dem Ufer eine hohe Fahnenstange, worauf eine englische Flagge aufgezogen wird. Unsere Leute haben den Brauch, an den Sonntagen und bei anderen sich bietenden besonderen Gelegenheiten die englischen Farben zu zeigen.

Um nun wieder auf die Einwohner des Landes zu kommen, so sind diese gegenüber Fremden sehr freundlich und höflich, insbesondere tun sie denen schön, die dort Handel treiben. Die großen Herren hingegen sind stolz und hochmütig und die Soldaten frech und unbändig. Das gemeine Volk stiehlt sehr geschickt, und die Faktoren und andere fremde Kaufleute müssen die Nacht über gute Wache halten, damit ihre Waren in

Sicherheit bleiben; indessen werden doch die Diebe hart gestraft. Das Stehlen geht hier zwar leicht an, weil nicht fest gebaut wird, sondern nur ganz leicht.

Von den Zeremonien bei ihren Hochzeiten, bei der Geburt ihrer Kinder und dergleichen Begebenheiten weiß ich nichts zu vermelden. Viel Weiber zu nehmen, ist hier erlaubt: man kauft dieselben von ihren Vätern oder Müttern. Der König und die großen Herren haben ihrer so viel, als ihre Liebesbegierde verlangt oder ihre Mittel es zulassen. Unter dem gemeinen Volke haben viele gar kein Weib, nicht weil sie das ehelose Leben schätzen, sondern weil sie nicht die Mittel haben, ein Weib zu kaufen. Andere dagegen, die weder ein Weib kaufen noch unterhalten können, finden durch List dennoch einen Weg, zu einem Weibe zu kommen, denn manche sind sehr wohlfeil zu haben und begierig nach einem Manne, er sei so arm, als er wolle. Kommt aber eine böse Zeit, dann muß der Mann Weib und Kinder verkaufen, um sich dagegen Reis zu verschaffen und selbst leben zu können.

Dies trägt sich indessen hier nicht so oft zu wie an anderen Orten, insonderheit an der Malabar- und der Coromandel-Küste. Die Gewohnheit solcher Völker, die Weiber zu verkaufen, wandelt sich gar leicht in eine andere, nämlich sie als Beischläferinnen zu vermieten. Daher rührt es auch, daß die jungen Weiber die Freiheit haben, sich aus freiem Willen allen denen Fremden anzubieten, mit denen sie wegen des Preises, den sie fordern, handelseinig werden können. Man kann sie hier zu verschiedenen Preisen bekommen, von 100 bis zu fünf Talern, und auch diejenigen, die sonst von jedermann einen Korb bekommen, finden dennoch an den armen Bootsknechten ihre Liebhaber. Selbst die großen Herren in Tonkin bieten den Kaufleuten und Offizieren ihre Töchter an, obgleich jene, wie zu vermuten, kaum länger als fünf oder sechs Monate im Lande verweilen werden. Den Weibern ist es auch gar nicht zuwider, wenn sie von einem weißen Manne schwanger sind, denn diese Kinder werden insgemein schöner als die Mutter und werden folglich desto höher geschätzt, wenn sie erwachsen, insonderheit wenn es Mädchen sind. Daher machen sie weiter auch keine große Mühe, als daß sie ernährt werden müssen, und wenn es zum Schlimmsten kommt, daß ihre Mütter sie nicht aufziehen können, so bleibt ihnen doch stets, die Kinder zu verkaufen, so lange sie noch jung sind.

Doch um wieder auf das vorige zurückzukommen: wofern die Weiber, welche gedachtermaßen sich selbst vermieten, gut Wirtschaft getrieben und dasjenige, was sie mit ihrem Leibe und saurem Schweiße verdient, gut beieinandergehalten haben, werden sie bald einen Mann bekommen, der sie lieb und wert halten wird und gegen den sie sich gleichermaßen treu und gehorsam erweisen werden. Man sagt ihnen nämlich nach, daß sie auch den Fremden, bei denen sie sich befinden, vollkommen treu sind, insbesondere denjenigen, die sich lange dort aufzuhalten pflegen oder die alle Jahre wiederkommen, wie das die Holländer tun. Von diesen sind viele vermittels ihrer tonkinesischen Buhlerinnen sehr reich geworden, vor allem wenn sie ihnen ihr Geld und ihre Waren anvertraut haben, da es ja in einem so armen Lande wie diesem von großem Vorteil ist, wenn man die rechte Gelegenheit zum Einkaufen abwarten kann. So können also diejenigen weiblichen Kaufleute, die etwas Kapital beiseite legen können, selbst sehr viel gewinnen, weil sie zu der Zeit, wo aller Handel gleichsam erstorben ist, rohe Seide einkaufen und den armen Handwerkern, die fast nichts mehr zu tun haben, zu verarbeiten geben, denn auf diese Weise bekommen sie ihre Stoffe besser und wohlfeiler gemacht, als man sie zu der Zeit, wenn die Schiffe anlangen, haben kann, weil die Arbeitsleute alsdann so viel zu tun haben, daß man ihnen geben muß, was sie fordern, wenn die Ware dringend fertig werden muß. Auf die genannte Weise aber haben sie bei Ankunft der Schiffe, ehe noch die eigentliche arbeitsreiche Zeit beginnt, ihre Waren schon fertig und finden dabei ihren Vorteil genauso wie die Kaufleute und ihre Pagallies.

Wenn jemand in Tonkin stirbt, begräbt man ihn auf seinem Grund und Boden, denn allgemeine Begräbnisplätze gibt es allda nicht. Einen Monat später stellen die Freunde des Verstorbenen, besonders wenn dieser das Haupt der Familie gewesen, bei dem Grabe ein großes Gastmahl an. Die Priester müssen von

Amts wegen dabeisein, was sie sich auch nie entgehen lassen, vielmehr sehr wohl darauf achten, daß des Verstorbenen Freunde es dieser letzten Ehrung nicht ermangeln lassen. Um diese nun recht ins Werk zu setzen, muß notwendig ein Stück Grund verkauft werden, wenn auch sonst Mittel genug vorhanden wären. Das aus dem verkauften Boden erlöste Geld wird angewendet, alles anzuschaffen, was zu dem Totengepränge nötig ist, wozu denn, je nachdem der Tote hohen oder niedrigen Standes gewesen, viel oder wenig erfordert wird. Ist der Verstorbene einer der Vornehmen des Landes gewesen, so wird über das Grab ein hölzerner Turm, ungefähr sieben oder acht Fuß im Geviert breit und 20 bis 25 Fuß hoch, erbaut. Rund um den Turm werden kleine Hütten aufgeschlagen mit Tischen darin, auf welche die Eßwaren gelegt werden, die aus einer großen Menge Fleisch und allerhand Arten von Früchten bestehen. Hierher kommt das Volk vom Lande aus allen Orten zusammen, sich den Magen zu füllen, denn es hat den Anschein, als wären solche Feste für alle Hinzukommenden oder zumindest für alle Benachbarten angerichtet. Was die sonstigen Ordnungen und Vorbereitungen angeht, so kann ich darüber nichts sagen, sondern nur so viel, daß das Volk zusammen bleibt, bis alles fertig ist. Alsdann geht ein Priester in den Turm hinein, kriecht bis ganz oben hinauf und läßt sich allda sehen, hält auch eine Rede an das untenstehende Volk und steigt wieder herunter. Sobald dies geschehen, wird der Turm unten am Boden angezündet und gänzlich verbrannt, worauf jedermann sich niedersetzt und ißt. Ich habe mich selbst einmal bei einem solchen Gastmahl befunden und werde später Gelegenheit nehmen, davon zu reden.

Ansonsten haben die Tonkinesen alle Jahre zwei große Feste. Das größte feiern sie am ersten Neumond im neuen Jahr, und zwar beim ersten Neumond nach der ersten Januarhälfte, während sie im anderen Fall den Monat noch zum alten Jahr rechnen. Um diese Zeit belustigen sie sich zehn oder zwölf Tage lang, und niemand arbeitet, sondern jedermann, besonders das gemeine Volk, macht sich so hübsch, als er nur kann. Sie bringen die Zeit mit Spielen und allerhand Vergnügungen zu, und die

Gassen sind voller Volk aus der Stadt und vom Lande, die alle diese Ergötzlichkeiten mit der höchsten Aufmerksamkeit betrachten. Einige haben auf den Gassen Schaukeln errichtet, und diejenigen, die sich darauf vergnügen wollen, müssen ihnen Geld geben. Diese Schaukeln sehen fast ebenso aus wie die unsrigen auf dem Lande bei London, auf denen sich das Volk an Festtagen belustigt. Wer sich nun schaukeln will, setzt sich unten auf ein Stück Holz, das querüber liegt und an beiden Seiten mit Stricken fest angebunden ist, an welchen er sich mit den Händen kräftig festhalten muß; hierauf fährt er eine erstaunliche Höhe hinauf, so daß, wenn die Stricke zerrissen, er des Todes sein oder wenigstens den ganzen Leib zerschmettern würde. Andere bringen ihre Zeit mit Trinken zu. Ihr übliches Getränk ist Tee, alsdann aber geben sie einander auch warmen Raki zu trinken, den sie manchmal mit Tee mischen. So oder so ist es ein zwar starker, aber sehr übelschmeckender Trank, wiewohl sie ihn nur seiner Stärke halber lieben, sonderlich zu dieser Zeit, wo sie sich den Lustbarkeiten völlig ergeben und sich so vollsaufen wie die Tiere. Indessen machen es die reichen Leute nicht so arg, obgleich auch sie lustig sind. Vornehme Personen halten untereinander Gastereien, bei denen an guten Bissen und dem besten Raki nicht gespart wird. Vom Raki hat man mir übrigens auch erzählt, daß er als eine Herzstärkung von großer Wirkungskraft gehalten wird, wenn er von Schlangen und Skorpionen abgezogen wird; dann gilt er auch als ein wirksames Mittel wider den Aussatz und alles Gift, so daß es ein Zeichen großer Ehre für denjenigen ist, dem man diesen Trank vorsetzt.

Zu dieser Zeit wird auch häufig Betel genossen, und man beschenkt einander damit, denn die Betelblätter sind das allgemeine Geschenk, das in den Morgenländern allen denen gegeben wird, die einander besuchen. In die Blätter wird stets Arek hineingefüllt. Von diesem Arek wird zunächst die harte grüne Rinde, in der die Nuß steckt, abgeschält, diese hernach der Länge nach in drei oder vier Teile, je nach der Größe, geschnitten und daraus kleine Kügelchen gemacht. Danach wird das Betelblatt herumgewickelt, welches jedoch vorher mit Chinam

dünn bestrichen wird; das letztere ist eine Art zu Paste ver-
riebener Kalkerde, die man stets in einer Schachtel zur Hand
hat. Bei dieser Gelegenheit muß ich einen Fehler anmerken, der
sich auf Seite 104 meines Berichtes von der Weltumseglung ein-
geschlichen und den ich zu entschuldigen bitte. Dort ist aus Versehen dieser Nuß der Name Betel gegeben und der Baum, der
das Arek trägt, mit dem Betelbaume verwechselt worden, während in Wirklichkeit Betel nichts anderes ist als die Blätter, die
gekaut werden. In diese wickelt man, wie gesagt, wenn sie mit
dem genannten Chinam bestrichen sind, ein Stück von der Arek-
nuß und macht ein Röllchen daraus, das etwa einen Zoll lang
und einen Finger dick ist. Jedermann trägt hier eine Schachtel
bei sich, in der eine Anzahl solcher Röllchen Raum hat, da denn
alle Leute hohen oder niedrigen Standes, ob Fürst oder Bettler,
gern Betel kauen. Arme Leute haben sie in kleinen Beuteln, die
Mandarinen und große Herren aber in ovalen, sehr sauber ge-
arbeiteten, auch gefirnisten und in- wie auswendig vergoldeten
Dosen mit Deckeln, worin wohl 50 bis 60 Betelröllchen Platz
haben. Wenn ein Fremder, insonderheit ein Europäer, zu ihnen
ins Haus kommt, darf er mit Gewißheit annehmen, daß unter
anderen Geschenken, die man ihm tut, auch eine Betelschachtel
sein wird, welche der Diener dem Herren stets zur linken Hand
trägt, mit welcher Hand er auch die Dose aufmacht, um mit
der rechten die Nuß herauszulangen. Dazu muß man wissen,
daß es insgemein in ganz Indien als eine Beleidigung gilt, jemanden mit der linken Hand etwas zu reichen oder anzunehmen,
daß man vielmehr diese Hand allda nur zu den geringsten und
schlechtesten Verrichtungen braucht. Man hält denjenigen für
einen Menschen von guter Erziehung, der die Annehmlichkeit
und Schönheit dieses Geschenkes herausstreicht, denn sie wollen
hier alle gern gelobt werden. Auf solche Weise kann man sich
bei dem Hausherrn sehr beliebt machen und seine Freundschaft
dadurch erwerben, ja, es geschieht alsdann gewiß, daß er jeden
zweiten oder dritten Tag in der Frühe einen seiner Bedienten zu
einem solchen Freunde schicken, ihm ein Kompliment machen,
Betel verehren und sich nach seiner Gesundheit erkundigen lassen wird. Diesem Bedienten muß man wiederum ein kleines Ge-

Abriß der Tempel oder Pagoden der Pagoden der Götzen-Diener in Tunquin mit den Abbildungen ihrer Götzen.

schenk geben, und darauf wird er seinem Herrn mit Freuden erzählen, mit welchem Vergnügen der andere das Geschenk angenommen. Also gewinnt man die Freundschaft aufs neue, und der Herr wird seinem Freund, sobald er ihn wiedersieht, mit vielen höflichen Worten und besonderer Ehrerbietung seines Wohlwollens versichern.

Ihr zweites großes Fest feiern die Tonkinesen gegen Anfang Juni, sobald sie die Maiernte beendet haben. Alsdann stellen sie auch öffentliche Belustigungen an, jedoch sind diese weit geringer als die beim Neujahrsfest.

Ihrer Religion nach sind die Tonkinesen Heiden und Götzenanbeter. Indessen glauben sie doch an ein allerhöchstes allmächtiges Wesen, das alles regiert, sie und ihr Tun sieht und zur Genüge überlegt, die Frommen in der anderen Welt zu belohnen und die Bösen zu strafen, sintemalen sie an die Unsterblichkeit der Seele glauben. Ihre Erkenntnis Gottes ist zwar sehr dunkel, jedoch erscheint aus den Bildern, womit sie sich Gott vorstellen, klar, daß sie ihn für allwissend, allmächtig, allweise, höchst gerecht und in anderen Tugenden vollkommen halten. Und obwohl von ihren Götzenbildern diejenigen, die menschliche Gestalt haben, immer eines anders als das andere aussieht, so stellen sie doch in ihrer Positur, in ihren Gebärden, in ihrem ganzen Leibe oder ihren Gliedmaßen etwas Außergewöhnliches dar. Etliche darunter sind sehr fett und dick, andere hingegen überaus mager. Einige haben mehrere Augen, andere viele Hände, die sämtlich irgend etwas halten. Auch ihre Gesichtszüge sind sehr unterschiedlich und geben auf gewisse Art zu erkennen, was die Figur selbst für eine Bedeutung haben soll, oder sie tragen etwas in den Händen oder haben etwas neben sich, das eben diese Bedeutung anzuzeigen scheint. Im Gesicht werden des öfteren die Gemütsbewegungen vorgestellt, als da sind: Liebe, Haß, Freude, Kummer, Schmerz und dergleichen. Ein guter Freund erzählte mir, er habe ein solches Götzenbild gesehen, das auf den Knien gelegen, mit dem Hintersten auf seinen Waden gesessen, die Ellenbogen auf den Knien und die beiden Daumen unter dem Kinn gehabt, um das Haupt damit zu stützen. Die Augen wären gegen den Himmel gerichtet, aber so tiefsinnig und traurig, das Bildwerk sehr mager und alles daran sehr betrübt und elend gewesen, daß jeder, der es angesehen, darüber mitleidig geworden, ja ihn selbst hätte dies Bild zur Traurigkeit bewegt.

Sie haben noch viele andere Götzenbilder, die wie unvernünftige Tiere, nämlich als Elefanten oder Pferde, gestaltet sind; andere als diese beiden Arten habe ich aber nie gesehen. Die Pagoden oder Götzentempel haben weder das Ansehen noch die Pracht, die man in anderen benachbarten Königreichen darin sieht, denn sie sind nur aus Holz und übrigens sehr klein und niedrig, wenn auch meistens mit Ziegeln gedeckt, besonders die in den Städten, während ich sie auf dem Lande auch mit Stroh gedeckt gesehen habe. Elefanten- und Pferdegötzen habe ich nur auf dem Lande gefunden. Diese waren ungefähr so hoch wie ein wirkliches Pferd; ein jedes stand mitten in einem kleinen Tempel, der eben nur so groß war, daß sie darin Platz hatten, und mit dem Kopf waren sie zur Tür gestellt. Zuweilen ist nur eines dieser Bilder in einem Tempel, der stets offen bleibt, manchmal aber auch beide. Hin und wieder trifft man noch andere Götzengebäude, Pagoden, Grabstätten und dergleichen, die aber alle kleiner als jene und nicht größer als ein Mensch sind. Sie waren aber alle verschlossen, so daß ich habe nicht sehen können, was darin war.

Zu solchen Pagoden sind viele heidnische Priester bestellt, denen, wie man sagt, durch die Gesetze des Landes eine schwere Lebensweise vorgeschrieben ist, daß sie sich nämlich der Weiber und aller starken Getränke enthalten und in Armut leben sollen; es scheint aber, daß sie diese Regeln nicht genau innehalten. Da die Priester aus nichts anderem als Opfergaben ihren Unterhalt bestreiten, es ihrer aber so viele sind, führen sie nur ein recht armseliges Leben. Die Opfer, die sie empfangen, bestehen gemeiniglich in zwei oder drei Handvoll Reis, einer Schachtel mit Betel oder ähnlichem. Eine der Ursachen, weswegen das Volk ihnen zuläuft, ist die Wahrsagerei, auf die sie sich besonders gut verstehen sollen. Man kann sie sehr ärgern, wenn man diese ihre vermeintliche Wissenschaft in Zweifel zieht oder über die Wahrheit ihrer Religion mit ihnen disputieren will. Die Priester wohnen in kleinen und sehr elenden Hütten nahe den Pagoden. Zur Andacht ist keine bestimmte Zeit gesetzt, und es hat den Anschein, daß sie außer den beiden schon genannten Jahresfesten keine besonderen Tage höher halten als die übrigen. Wer eine Frage oder Bitte hat, überreicht sie dem Priester auf einem Zettel geschrieben; der liest sie vor dem Götzenbilde laut ab und verbrennt sie danach in einem Räuchergefäß, während der Fragende unterdessen stets auf der Erde liegen bleibt.

Die Tonkinesen haben Schulen, worin die Jugend im Schreiben und Lesen unterrichtet wird. Im Schreiben gebrauchen sie, soweit ich beurteilen kann, chinesische Buchstaben, die sie mit einem Pinsel aus Haar malen; dazu setzen sie sich nicht wie wir an einem Tische nieder, sondern bleiben stehen, halten das Papier in der einen Hand und schreiben mit der anderen, dennoch aber sehr säuberlich und mit großem Fleiße. Die Zeilen schreiben sie von oben nach unten und zwar von rechts nach links. Sobald sie das können, werden sie in den Wissenschaften, deren ihre Lehrer mächtig sind, unterwiesen. Sie halten sehr viel von der Mathematik, der Rechenkunst und der Geometrie, noch mehr aber von der Astronomie. Man findet bei ihnen auch Kalender, doch habe ich nicht erfahren können, ob sie in Tonkin gemacht oder aus China hingebracht worden waren.

Es haben auch die Tonkinesen viele Künste gelernt, die mechanischen Ursprungs oder zum Handel nötig sind, so daß man allhier vielerlei Künstler und Handwerker findet, unter anderem Schmiede, Zimmerleute, Brettschneider, Tischler, Drechsler, Weber, Schneider, Töpfer, Maler, Geldwechsler, Papier- und Firnismacher und Glockengießer. Die Kunst der Geldwechsler ist allhier im Schwange; sie wird zumeist von Weibern betrieben, welche darin von ungemeiner Geschicklichkeit sind. Sie halten ihre Zusammenkünfte und Unterredungen bei Nacht und wissen ihren Beutel so gut zu spicken und ihr Kapital zu vermehren wie der klügste Bankier zu London. Von dem guten Papier, das man in Tonkin macht, gibt es zweierlei Arten; die eine wird aus Seide, die andere aus Baumrinde gemacht. Die letztere wird in großen Mörsern mit hölzernen Stößeln sehr stark gestampft, und das daraus verfertigte Papier taugt sehr gut zum Schreiben.

Die Waren, in denen in diesem Lande der meiste Handel getrieben wird, sind Gold, Moschus, rohe und verarbeitete Seide, farbige Baumwolltuche, allerhand Spezereien, Färbeholz, gefirniste Arbeiten, irdene Gefäße, Salz, Aniskörner, andere Körner wider die Würmer und dergleichen. Gold ist allhier sehr viel zu haben; es gleicht dem chinesischen, ist so rein wie das japanische und wohl noch feiner.

Die Lackarbeit, wie sie hier gemacht wird, gibt keiner anderen etwas nach außer der japanischen, die für die schönste der Welt gehalten wird, was zweifelsohne daher kommt, daß das Holz dort besser ist als in Tonkin, denn sonst sieht man in der Malerei und im Firnis keinen Unterschied. Der tonkinesische Lack ist eine Art flüssigen Gummis, das aus dem Stamme und den Ästen gewisser Bäume dringt. Das Landvolk sammelt davon eine so große Menge, daß auf den Markt nach Ke-Cho täglich ganze Tonnen voll zum Verkauf gebracht werden, damit die Arbeitsleute zu tun haben. Dieses Gummi ist von weißer Farbe und so dick wie etwa Milchrahm; an der Luft aber verändert es sich und wird schwärzlich, daher denn die Leute, ehe sie es zu Markte bringen, zwei oder drei Bogen Papier darüber decken, damit es frisch bleibe und seine natürliche Farbe behalte. Die Schränke, Schreibtische und dergleichen, die gefirnist werden sollen, sind meistenteils aus tannenem oder Pone-Holz gemacht, allein die hiesige Tischlerarbeit ist mit der europäischen gar nicht zu vergleichen. Es geschieht auch oft, daß die Handwerker, wenn sie auf die aufs schönste und zierlichste gemachten Sachen den Firnis auftragen wollen, die Ecken und Fugen an den Schubladen und anderswo zerbrechen und verderben. Man hält die Häuser, worinnen in Lack gearbeitet wird, für sehr ungesund, weil ein gewisses Gift in diesem Gummi sein soll, welches den Arbeitern durch die Nasenlöcher ins Gehirn steigt und ihnen Beulen und Geschwüre verursacht, ungeachtet es doch einen weder unangenehmen noch allzu starken Geruch hat. Diejenigen, die damit umzugehen gelernt haben, können nur in der trockenen Jahreszeit, oder wenn die sehr trockenen Nordwinde wehen, darinnen arbeiten, denn sie müssen den Lack mehr als einmal auftragen, und der vorherige Anstrich muß allemal erst gut getrocknet sein, ehe man ihn neuerlich überstreicht. Schwarz wird es von selbst, wenn man es an die Luft legt, und den Glanz gibt und vermehrt das Öl und andere, ihm beigemischte Dinge. Wenn nun endlich der letzte Anstrich trocken ist, wird er geglättet und so blank wie ein Spiegel gemacht, wozu man gemeiniglich nur die flache Hand gebraucht, mit der das Holz kräftig gerieben wird. Dem genannten Lack können sie jederlei Farbe verleihen, wie sie wollen; sie machen daraus auch sehr guten Leim, ja, wie gesagt wird, den besten, der in der Welt zu finden ist. Dieser ist sehr wohlfeil und darf nicht ausgeführt werden.

Bei so vielerlei und kostbaren Handelswaren sollte man doch meinen, würde das Volk sehr reich sein, und dennoch ist es zweifelsohne zumeist überaus arm. Das wird freilich niemand verwunderlich vorkommen, der nur ein wenig darauf acht gibt, wie sie ihren Handel betreiben. Auf See tun sie auf eigene Rechnung nur wenig oder nichts, außer daß sie das an Eßwaren beschaffen, wie Reis, Fische und dergleichen, dessen sie bedürfen und das im Lande wieder verzehrt wird. Hingegen treiben die Chinesen, Engländer, Holländer und andere fremde Kaufleute, welche entweder dort gar wohnen oder alle Jahre hinkommen, den besten und wichtigsten Handel. Diese führen die Landeswaren aus und bringen solche zurück, von denen sie wissen, daß sie dortzulande fehlen. Darunter sind außer dem Silber Salpeter, Schwefel, englisches Tuch, bunte baumwollene Stoffe, Pfeffer und andere Gewürze, Blei, grobes Geschütz und dergleichen mehr. Für diese Waren empfangen sie entweder Geld oder Güter. Nun ist jedoch, wie ich schon gesagt, das Land so arm, daß die Kaufleute ihr Geld im voraus geben und noch dazu drei oder vier Monate auf die Ware warten müssen, da die armen Handwerksleute nicht arbeiten können als vermittels des Geldes, das bei Ankunft der Schiffe mitgebracht und ihnen gezahlt wird. Der König kauft das Geschütz und einige Stücke englisches Tuch, doch bezahlt er so übel, daß die Kaufleute wohl wünschten, mit ihm nichts zu tun zu haben, wenn sie es nur vermeiden könnten. Die Handelsleute aber sind durchweg so aufrichtig und ehrlich, daß ich einem Mann, der zehn Jahre hindurch mit ihnen gehandelt und viele Tausend Pfund Sterling dort umgesetzt hat,

habe sagen hören, er hätte noch nie zehn Pfund bei ihnen eingebüßt.

Eine absonderliche Einrichtung muß ich noch in Hinsicht
der Soldaten des Königs erwähnen. Diese müssen allesamt kräftige, gut gewachsene Leute sein, denn sonst würden sie nicht in
königliche Dienste genommen werden. Sie müssen auch stark
essen können, welches sie noch weit mehr als alle vorgenannten
Eigenschaften empfiehlt; zum wenigsten kann keiner Soldat
werden, der nicht viel mehr als andere Leute ißt, denn danach
beurteilt man seine Kräfte und Gesundheit. Wenn nun einer
Soldat werden will, dann wird ihm Reis als die gewöhnliche
Speise des Landes vorgesetzt, woran er seinen Magen erproben
muß, und jenachdem er sich bei diesem ersten Beweis seiner
Tapferkeit gut oder schlecht hält, wird er entweder angenommen oder wieder fortgeschickt. Man hat mir versichert, daß
sie bei dieser Prüfung gemeinhin acht bis neun Maß Reis, jedes
ein gutes Quart groß, auffressen, und von demjenigen, der sich
dabei am wackersten geschlagen hat, wird hernach am meisten
gehalten, und er wird am ehesten und besten befördert, wie
denn auch die größten Fresser alle zu des Königs Leibwache genommen werden, die allezeit um ihn ist. Wenn einer nun 30
Jahre gedient hat, kann er seinen Abschied bekommen, und
alsdann ist das Dorf, aus dem er entstammt, einen anderen
Mann an seiner Stelle zu entsenden schuldig.

Außer zu Diensten des Königs werden die Soldaten auch zur
allgemeinen Sicherheit der Einwohner bestellt, und so sieht man
in allen Dörfern und Städten, insonderheit in den großen und
vor allem in Ke-Cho, auch bei Nacht gute Ordnung. Auf jed-
weder Gasse findet sich eine starke Wache, sowohl um die Ruhe
zu erhalten als auch um Unfug und Lärm zu verhüten. Diese
Wachposten haben lange starke Prügel und halten bei dem
Wachhause auf der Gasse ihre Wache, wobei sie alle Vorüber-
gehenden examinieren. Es ist auch auf halber Mannshöhe ein
Seil quer über die Gasse gespannt, durch welches niemand unbe-
fragt hindurchkommen kann, der sich nicht von der Wache
wollte halb tot prügeln lassen. Es tut gut zu wissen, daß diese
Wächter ihre Waffe so gut zu handhaben verstehen, daß, wenn

sie jemanden Schaden antun und ihm ein Bein (wonach sie insgemein zu schlagen pflegen) oben oder unten entzweischlagen wollen, sie das mit der größten Geschicklichkeit der Welt zuwegebringen. Überdies sind auch bei jeder solchen Wachstube Stöcke, um die Nachtschwärmer hineinzusperren; allein gegen ein geringes Geld kann man leicht fortkommen, so daß gemeiniglich nur die armen Leute darin festgehalten werden. Diese Wächter sind, wie gesagt, Soldaten, stehen aber unter dem Befehl eines Gouverneurs oder anderer vornehmer Herrn, die niemals Klagen über sie zu hören bekommen, wenn das auch noch so rechtmäßig geschehen könnte. Also nehmen sie in Verhaft, wen sie wollen, und führen ihn des Morgens vor die Obrigkeit, die ihm allemal eine Geldbuße auferlegt, an der, sei sie groß oder klein, der Richter stets sein Teil hat. Wider dieses Verfahren darf sich nun niemand beschweren, ihm sei Unrecht geschehen, wenn er auch allen Grund dazu hätte, woraus denn zu ersehen, daß sich das arme Volk in diesem Lande genauso in Geduld üben muß wie an anderen Orten der Welt.

Ungeachtet all dieser Mißbräuche haben sie bei ihrer Rechtsprechung eine Gewohnheit, die recht annehmbar ist. Wenn unter geringen Leuten Zank und Uneinigkeit entstehen, so daß sie sich ohne des Richters Spruch nicht wieder vergleichen können, so pflegt dieser dem schuldigen Teile in Anbetracht seiner Armut zwar keine große Geldstrafe aufzuerlegen, aber doch dieses, daß er den Beleidigten zu Gaste bitten und ihm einen großen Krug voll Arrak nebst einem Huhn oder einem schon abgesetzten Ferkel vorsetzen soll, damit sie also bei Fressen und Saufen ihren Zorn in dem vermeinten köstlichen Tranke ersäufen und ihre alte Freundschaft wieder erneuern möchten.

In Schuldsachen pflegen sie auf andere Weise zu verfahren. Oftmals wird den Schuldnern auferlegt, sich bei ihren Gläubigern als Gefangene einzustellen, die sie dann wacker durchprügeln und ihnen ein Stück Holz an die Beine schließen lassen, damit sie nicht davonlaufen. Diese armen Gefangenen kriegen nichts als ein bißchen Reis zu essen und Wasser zu trinken und müssen von ihren unerbittlichen Gläubigern noch sehr viel anderes Ungemach und Elend ausstehen, bis sie ihre Schuld beglichen haben. Die Leibesstrafen gegen Missetäter sind oftmals sehr scharf. Zuweilen werden ihnen eiserne Ketten mit großen Klötzen an die Beine geschlossen. Andere müssen den Kopf zwischen zwei dicke Bretter stecken, wie es in England am Pranger geschieht; die müssen sie tragen, wohin sie auch gehen, und auch zur Schlafenszeit müssen sie sich damit niederlegen und ihre Ruhe suchen, so gut sie können. Sie haben noch ein anderes, ähnliches Instrument, um Übeltäter damit zu strafen, welches sie Gongo nennen. Es wird auch um den Hals gemacht, sieht aber wie eine Leiter aus. An den Seiten hat es zwei Stangen, zehn oder zwölf Fuß lang, und dazwischen mehrere runde Stecken wie die Sprossen an einer Leiter, aber viel kürzer. Da die Stangen und Sprossen nur so weit auseinanderstehen, wie nottut, den Hals dazwischenzustecken, bilden sie also ein kleines viereckiges Loch, durch das der Kerl den Kopf zu stecken hat und mittels dessen er eine Leiter auf den Achseln zu tragen scheint. Das wäre nun zwar an sich keine sonderliche Sache, wenn man dieses Joches in sechs, neun oder zwölf Stunden wieder ledig werden könnte, während man es vielmehr ein, zwei, ja drei und noch mehr Monate lang tragen muß, wie es dem Vernehmen nach manchmal geschieht, und das scheint mir eine sehr harte Strafe zu sein. Indessen ist es doch noch ein Trost für einige dieser Unglückseligen, wenn sie die Freiheit haben und ausgehen können dürfen, wohin sie wollen, während andere dasselbe Instrument tragen müssen und noch dazu im Gefängnis eingeschlossen bleiben. Diejenigen, die im allgemeinen Stadtgefängnis liegen, werden darin ärger als die Hunde gehalten, werden noch dazu jämmerlich geprügelt und müssen darin fast Hungers sterben.

Andere Übeltaten werden mit Stockschlägen bestraft. Dabei muß sich der Schuldige mit dem Bauche auf die Erde legen und die Unterkleider abziehen. Ein starker Kerl aber mit einem gespaltenen Rohr, das vier Finger breit und an die fünf Fuß lang ist, muß ihm soviel Streiche auf den Hintersten geben, als die Größe des Verbrechens erfordert oder der Richter anbefohlen hat. Allein kann auch Geld des Büttels Gunst zuwegebringen, und er wird seine Streiche wohl zu mildern wissen, wenn man ihm im voraus einige Erkenntlichkeit erwiesen hat. Ohne diese aber fallen die Streiche so schwer, daß der arme Sünder wohl einen oder zwei Monate gelähmt bleibt.

Missetaten, welche den Tod verdienen, werden gemeiniglich mit Abhauung des Kopfes bestraft. Der zum Tode Verdammte wird aus des Richters Hause in sein eigenes geführt, denn allhier gibt es keinen öffentlichen Ort, welcher der Ausführung solcher Leibesstrafen vorbehalten wäre; vielmehr wird der Täter vor seinem eigenen Hause oder an dem Ort, wo er seine Übeltat ausgeübt hat, gerichtet. Wenn er dorthin kommt, muß er sich auf die Erde setzen mit geradem Leibe und ausgestreckten Füßen. Alsdann kommt der Henker und haut ihm mit einem breiten zweischneidigen Schwerte hinten durch das Genick mit einem Hiebe den Kopf ab, der dann zumeist dem armen Sünder vorn auf die Knie fällt, der Rumpf aber nach hinten auf den Rücken. Diebstahl wird nicht für halsbrüchig gehalten, sondern man hält es für eine genugsame Strafe, wenn man dem Dieb, je nach der Größe des Verbrechens ein Glied ganz oder ein Stück davon abhaut. So wird manchmal nur ein Glied von einem Finger, wenn mehr verbrochen wurde, ein ganzer oder wohl auch mehr als einer, endlich, wenn noch größere Missetaten begangen, die ganze Hand abgehauen.

Ich habe schon erzählt, wie ich das erste Mal den Fluß, der nach Ke-Cho führt, hinaufgefahren bin; einige Tage später reiste ich zu unserem Schiff zurück. Ich blieb alsdann lange an Bord und war fast immer krank, wenn auch nicht so schwer, daß ich nicht des öfteren in einem Fahrzeuge hätte bald auf diese, bald auf jene Seite an Land setzen können, auf welche Art ich denn dasselbe, soweit mir unter solchen Umständen möglich war, kennenzulernen getrachtet habe.

Während dieser Zeit, und veranlaßt durch die Teuerung des Reisens, die schon eine ziemliche Zeit angehalten hatte, taten sich unsere Kaufleute mit etlichen Eingeborenen zusammen, um eine Flotte kleiner Fahrzeuge auszurüsten und in den benachbarten Provinzen nach Reis zu suchen, mit dem sie sowohl sich selbst als auch die Märkte versorgen wollten. Man muß dazu wissen, daß hier ein Schiff niemals allein ausfährt, weil es nämlich viele Räuber gibt, die an den Küsten ihr Unwesen treiben und hernach mit ihren Kanus zwischen die kleinen Inseln fliehen, die am Rande der Ostprovinz liegen. Kapitän Weldon, der zu dieser Gesellschaft gehörte, dingte ein Schiff und Bootsleute dazu von den Tonkinesen, gab ihnen aber etliche seiner eigenen Leute bei, welche die Wache versehen sollten, und auch ich wäre ungemein gern mit von der Partie gewesen, wenn meine Unpäßlichkeit es nicht verhindert hätte.

Kurz nach dieser Reise des Kapitän Weldon, nachdem dieser bei der Rückkehr den mitgebrachten Reis nicht nach Ke-Cho geführt, sondern auf unserem Schiffe abgeladen hatte, wo wir selbst Proviant brauchten, reiste ich zum zweitenmal nach Ke-Cho, aber nicht wie das erstemal zu Schiffe, sondern zu Fuß durch das umliegende Land, von welchem ich so viel als möglich in Augenschein zu nehmen trachtete. In dieser Absicht dingte ich mir einen Tonkinesen als Wegweiser und gab ihm ungefähr einen Taler, was zwar an sich selbst wenig, für mich aber dennoch eine große Summe war, da mein ganzes Vermögen nur zwei Taler ausmachte, die ich mir auf dem Schiffe verdient hatte, indem ich junge Matrosen in der Segelkunst unterwiesen hatte.

Während dies nun alles war, was ich für mich und meinen Wegweiser zur Zehrung anlegen konnte, so war doch noch dabei das Schlimmste, daß ich meiner Schwäche wegen nur gar kleine Tagereisen tun konnte. Gegen Ende November 1688 machten wir uns miteinander auf und nahmen unseren Weg auf der Ostseite des Flusses, fanden zwar die Straße ziemlich trocken, hin und wieder jedoch auch noch recht kotig. In kleinen Schiffchen setzten wir über viele Gewässer, die sich in den Fluß ergießen; solche Schiffchen sind überall zu finden, wenn man nur ein bescheidenes Fährgeld dafür bezahlt. Das zunächst anhaltende, dann aber nachlassende Fieber, das ich von Achin mitgebracht, hatte mich dazumal verlassen, jedoch die Früchte, insbesondere die kleinen Pomeranzen, die ich hier aß, verursachten mir Durchfall. Indessen ließ ich mich, so schwach wie ich auch war, durch nichts davon abhalten, die Reise anzutreten, denn es war mir allzu verdrießlich, so lange stille zu liegen und meiner Begierde, in der Welt je länger desto mehr etwas Rechtes zu sehen, kein Genüge zu tun.

Wir trafen auf dem Wege keine Wirtshäuser an, aber in jedwedem Dorfe, wo wir hinkamen, gab man uns eine Kammer und
ein bescheidenes Lager aus geschältem Rohr zum Schlafen. Die
Leute waren auch ganz höflich und liehen uns einen irdenen
Topf, um unseren Reis darin zu kochen, sowie andere Dinge,
deren wir bedurften. Ich hatte die Gewohnheit, nach dem
Abendessen, solange es noch Tag war, in den Dörfern herum-
zugehen und alles Wesentliche, vornehmlich die Pagoden, zu
betrachten. Hiermit brachte ich die Zeit zu, so daß es allemal
Nacht war, wenn ich in die Herberge zurückkehrte, wo ich mich
dann bald schlafen legte. Mit einem Rocke, den ich auf See
brauchte und den mir der Wegweiser trug, bedeckte ich mich;
mein Kopfkissen aber war nichts anderes als ein großes Holz-
stück. Nichtsdestoweniger aber schlief ich überaus köstlich, wiewohl meine anhaltende Leibesschwäche besserer Bequemlichkeit
bedurft hätte.

Am dritten Tage meiner Reise, ungefähr um drei Uhr nachmittags, sah ich vor mir einen solchen kleinen Turm, wie ich
ihn oben schon erwähnt habe, wie man sie vornehmen Leuten,
wenn sie verstorben, zu Ehren aufzubauen und eine Zeitlang
stehen zu lassen pflegte. Ich wußte aber damals nicht, was das
zu bedeuten hatte, zumal ich vorher noch keinen solchen Turm
gesehen hatte. Als ich näher hinzukam, sah ich eine große Menge
Volks dabei, meistens Männer und Knaben, und als ich endlich
ganz dicht hinzutrat, wurde ich gewahr, daß man in kleinen
Hütten, die nicht weit von dem Turm standen, sehr viel Fleisch
ausgelegt hatte. Ich dachte anfänglich, es sei ein Markt, und das
Fleisch, das ich sah, sei verkäuflich; ich begab mich unter das
Volk, sowohl um den Turm zu beschauen als auch um Fleisch
zur Abendmahlzeit einzukaufen, da es schon zwischen vier und
fünf Uhr war. Mein Wegweiser konnte kein Englisch und ich
meinerseits kein Wort Tonkinesisch, so daß ich ihn nicht befragen konnte, was das alles zu bedeuten hätte. Nichtsdestoweniger folgte er mir nach, dachte aber ohne Zweifel nicht, daß ich
mir vorgenommen, etwas einzukaufen. Zuerst betrachtete ich
den Turm, der viereckig und auf jeder Seite unten ungefähr acht
Fuß maß, nach oben aber viel schmaler war, während seine

Höhe etwa 25 Fuß betragen mochte. Ich sah keine Tür, die hineinführte, auch schien er gar liederlich gebaut, denn die Bretter daran waren sehr schwach und dünn, jedoch aneinandergefügt und mit ganz dunkelroter Farbe angestrichen. Hierauf ging ich zu den Hütten, worinnen Fleisch und Früchte reihenweise in guter Ordnung voneinander abgesondert lagen. Es gab eine unbeschreibliche Menge von Pomeranzen, die alle in Körben lagen; sie schienen mir die schönsten zu sein, die ich wohl mein Lebtage gesehen hatte, und der Menge nach hatte ich ihrer, seitdem ich in Tonkin war, noch nie so viel beisammen gesehen. Als ich die Früchte wohl betrachtet hatte, machte ich mich zu den Fleischbänken auf, wo ich nichts als Schweinefleisch fand, welches auch nur in Schinken und andere große Stücke zerhauen war. Es mochten wohl an die 50 bis 60 Schweine solchergestalt zerhackt worden sein, die aber sehr gutes Fleisch zu haben scheinen. Weil nun keine kleinen Stücke für mich vorhanden waren, nahm ich, wie man üblicherweise auf Märkten tut, ein Hinterviertel in die Hand und gab dem, den ich für den Verkäufer hielt, mit Zeichen zu verstehen, er sollte mir zwei oder drei Pfund davon abhauen. Ich wußte gar nicht, daß man dort zu der Zeit damit beschäftigt war, ein besonderes Fest zu begehen, allein das abergläubische Volk gab mir meinen Irrtum bald zu erkennen, denn es griff mich von allen Seiten an, behandelte mich übel, zerriß mir die Kleider, und endlich nahm mir einer von dem Haufen gar den Hut weg. Mein Wegweiser tat alles, was möglich war, sie zu beruhigen, und brachte mich auch noch glücklich aus dem Gedränge. Es folgte mir aber dennoch einiges Lumpengesindel nach, das durch seine Mienen und Gebärden zu verstehen gab, daß es nichts Gutes im Sinne hätte. Endlich stellte mein Wegweiser auch diese zufrieden; er ging auch selbst und holte mir den Hut wieder, worauf wir uns auf das geschwindeste wieder aus dem Staube machten. Ich konnte den Wegweiser nichts fragen; einige Zeit danach, als ich wieder an Bord unseres Schiffes kam, sagte mir sein Bruder, der englisch sprach, daß es ein Begräbnisgepränge gewesen und der Turm dabei das Grabmal gewesen sei, das hätte verbrannt werden sollen, was mir nachmals etliche Engländer bekräftigt haben. Dies war das erste Leichenbegäng-

nis, an dem ich teilgenommen und an das ich mich erinnern
werde; gleichzeitig war es die schlechteste Behandlung, die mir,
so lange ich nun schon hier im Lande gewesen, von den Leuten
zuteil geworden ist. Nachdem ich wieder außer Gefahr war,
marschierte ich mit meinem Gefährten sogleich weiter. Ich befand mich sehr müde und war überdies hungrig, da denn das
Anschauen der Eßwaren meinen Appetit geweckt hatte. Und obwohl ich doch gewißlich damit gerechnet hatte, eine gute Abendmahlzeit zu erhalten, so schlug mir das nunmehr so fehl, daß ich
mit einem bißchen Reis, einer gerösteten Yamswurzel und ein
paar Eiern vorlieb nehmen mußte. Zwar waren in allen Häusern, wo ich herbergte, Hühner und dergleichen Geflügel zu verkaufen, doch wollte mein Beutel zu solchen Sachen nicht zurei-
chen, und anders geschlachtetes Fleisch konnte ich nicht haben, es
wäre denn, daß ich etwa durch einen Ort gereist, allwo man
gerade Markt gehalten hätte.

Zwei Tage nach dieser Begebenheit gelangte ich nach Hean,
doch nur mit großer Mühe, denn mein Durchfall war viel stärker, meine Kräfte dagegen schwächer geworden. Ich ging zum
französischen Bischof in der Erwartung, mich dort ausruhen und
erholen und daneben durch die europäischen Missionare, die sich
dort aufhalten, die besten Nachrichten vom Zustande des Landes
einziehen zu können. Der bischöfliche Palast ist ein niedriges,
aber hübsches Gebäude, das im Norden der Stadt am Ufer des
Flusses liegt. Durch das große Tor in der hohen Mauer trat ich
in den Hof und, als ich niemand darin sah, in eine dem Tore
gegenüberliegende Kammer, die zur Aufnahme fremder Personen gedacht scheint. Ich fand zwar an der Tür eine kleine
Schnur, an der oben ein Glöcklein angebunden war, und zog
daran; als jedoch niemand kam, ging ich hinein und setzte mich
nieder. Es stand ein Tisch mitten im Raum nebst ordentlichen
Stühlen, und mehrere europäische Bilder hingen an der Wand.
Ich saß dort nicht lange, als ein Geistlicher zu mir kam und
mich sehr höflich begrüßte. Er war geborener Franzose, sprach
aber sehr gut spanisch und portugiesisch, das ich besser verstehen
als selber sprechen konnte. Alsbald war ich dann auch mit meinem Spanisch am Ende, also nahm ich meine Zuflucht zum La-

tein und klaubte das wenige zusammen, was ich in der Jugend gelernt hatte. Das erste, was er mich ganz aufrichtig fragte, war, was für Geschäfte mich in dieses Land geführt hätten. Ich erzählte ihm darauf, was ich in Ke-Cho zu tun gedächte und daß ich schon einmal zu Wasser dorthin gereist wäre. Jetzt aber wäre ich aus bloßer Wißbegier bewogen worden, diese Reise noch einmal zu Lande zu tun; wenn ich aber an eine Stelle käme, wo Europäer lebten, dann ginge ich dort nicht vorbei, ohne sie aufzusuchen, und eben das wollte ich auch an diesem berühmten Orte tun. Er fragte mich noch viele andere Dinge, insonderheit, ob ich römisch-katholisch wäre, worauf ich ihm mit Nein antwortete. Darauf kamen wir auf Religionsfragen zu sprechen, und er erzählte mir von den Hoffnungen, die man hätte, die Verbreitung des christlichen Glaubens unter den morgenländischen Völkern zu fördern. Ich brachte unter mancherlei weiteren Gesprächen den ganzen Tag im bischöflichen Palast in der Gesellschaft dieses Geistlichen zu, der mir auch sagte, daß sich der Bischof nicht wohl befünde, sonst würde er sich schon haben sehen lassen; er setzte ferner hinzu, daß es just Fasttag wäre und ich also nicht so gut würde bewirtet werden wie an einem anderen Tage. Jedennoch ließ er mir ein Huhn auf dem Roste zubereiten, und ich nahm meine Mittagsmahlzeit ganz allein ein. Am Abend allerdings mußte ich wieder hinaus, und er bat mich um Verzeihung, daß er mich nicht beherbergen könnte, befahl aber seinem Diener, er solle mich zu einem tonkinesischen Christen führen, der nicht weit davon wohnte. Daselbst fand ich gute, aber sehr arme Leute, und mein Lager war nicht anders beschaffen, als ich es bisher auf der Reise gehabt hatte.

Damals hatte ich mich wieder ziemlich erholt und vermeinte auch wohl, ich könnte zu Fuß nach Ke-Cho gehen, doch suchte ich lieber, zu Wasser hinzukommen, damit mich nicht etwa die Kräfte verlassen sollten. Meinen Wegweiser schickte ich nach unseren Schiffen zurück und traf vorher noch mit einem tonkinesischen Schiffsmanne eine Abrede, für welchen Preis er mich nach Ke-Cho führen sollte. Der Wasserstand war aber noch nicht hoch genug, um abfahren zu können, deswegen spazierte ich tagsüber überall in der Stadt umher, um sie genau in Augenschein zu nehmen. Abends setzte ich mich zu Schiffe, da man allemal wegen der kühlen Luft den Abend wählt, um die ganze Nacht hindurch zu rudern.

Das Schiff war etwa so groß wie diejenigen, welche zwischen Gravesend und London die Reisenden führen; es schien wohl nur zu solchem Zweck erbaut zu sein und war zum Schutz vor dem Regen oben etwas bedeckt. Mit uns fuhren noch vier bis fünf dieser Schiffe den Strom hinauf, die gleichfalls voller Reisender saßen. In unserem Boot waren unser an die 20 Manns- und Weibspersonen, sowie vier bis sechs Ruderknechte. Die Weiber suchten sich ganz abgesonderte Stellen aus und setzten sich dort zusammen; es schien auch, als hätte man großen Respekt vor ihnen. Die Mannsleute aber setzten sich, wie sie kamen, nebeneinander, und keiner wird für besser gehalten als der andere, obgleich sie alle untereinander sehr höflich sind. Ich drängte mich anfänglich recht in ihre Mitte, doch ließ mein Durchfall nicht zu, allda lange zu bleiben. Um Mitternacht stiegen wir aus, um an einem bestimmten Orte, wo das gemeiniglich geschieht, etwas zu rasten. Es waren dort auch ganz nahe dem Ufer einige Häuschen, wo die Leute mit brennenden Lichtern auf uns warteten und uns Arrak, Tee, kleine Spießlein mit Fleisch und andere schon fertig zugerichtete Speisen entgegenbrachten, denn dies waren lauter Wirtshäuser, und es schien, als nährten sich die Leute von der Bewirtung der Reisenden. Wir blieben hier ungefähr eine Stunde lang, gingen hernach wieder zu Schiffe und verfolgten unseren Weg weiter. Meine Reisegefährten verkürzten sich die Zeit mit Erzählungen und Gesängen nach ihrer Manier, was freilich uns Europäern eher als Geheule denn als Singen vorkommt.

Am anderen Morgen um acht oder neun Uhr wurde ich an Land gesetzt. Die übrigen Reisenden aber blieben an Bord und fuhren weiter. Ich war noch fünf bis sechs Meilen von Ke-Cho entfernt, fand aber einen recht guten Fußsteig vor, denn das Land liegt hier ziemlich hoch, ist eben und sandig, und der Weg war auch eben und trocken. Gegen Mittag langte ich in Ke-Cho an und begab mich sogleich zu einem bestimmten Kaufmann namens Bowyer, bei dem Kapitän Weldon logierte. Dort hielt ich mich mehrere Tage auf, allein mein Durchfall wurde täglich stärker und machte mich am Ende so schwach, daß ich kaum mehr gehen konnte. Angesichts dieser Schwäche war ich genötigt, von anderen Leuten Nachricht einzuziehen, was in dieser Stadt für unzählige Dinge zu sehen sind und was dort sonst vorgeht, wiewohl ich sonst lieber alles selbst untersucht hätte. Der gedachten Krankheit halber mußte ich davon absehen, eine weitere Reise in die benachbarten Länder anzutreten, wie ich solches vorgehabt hatte. Vielmehr wünschte ich nunmehr, bald wieder zurückzureisen, und zu allem Glück war Kapitän Weldon mit seinen Verrichtungen so weit gediehen, daß er sich bereits zur Abreise fertig machte.

Ich setzte mich also wieder auf die Barke, die unsere Kaufleute gedungen hatten, um ihre Waren von Ke-Cho nach unseren Schiffen zu führen, und schwamm den Strom noch einmal hinab. Wir hatten unter anderem zwei Glocken geladen, deren jede etwa 500 Pfund wiegen mochte. Sie waren hier in Ke-Cho für den Staatsminister des Königs von Siam, Lord Falcon, und für den Gebrauch der christlichen Kirche in Siam gegossen worden. In Hean wurden diese Glocken im Namen des Oberfaktors des dortigen englischen Kaufhauses ausgeladen und in Verwahrung genommen unter dem Vorgeben, daß die Engländer damals mit dem Könige von Siam Krieg führten. Wir aber reisten weiter von Hean nach unseren Schiffen. Die beiden anderen Schiffe, die mit uns gekommen waren, lagen auch schon reisefertig, und so lichteten wir alle zugleich die Anker und segelten miteinander von Tonkin ab.

Als wir aus Tonkin abfuhren, war es Anfang Februar 1689. Zu drei Schiffen gingen wir über den Äquator: dies waren die »Rainbow« unter Kapitän Pole, auf dem Wege nach London, die »Saphire« unter Kapitän Lacy, unterwegs nach Fort St. George, und Kapitän Weldons Schiff, die »Curtana«, auf welchem ich mich befand, mit demselben Bestimmungsort. Wir segelten eine Weile miteinander und wandten uns, als wir aus dem Golf von Tonkin herauskamen, nach Süden. Die Königreiche von Cochinchina, Champa und Cambodscha ließen wir zur Rechten liegen. Da ich nur an ihren Küsten entlang gesegelt bin, weiß ich von ihnen hier nichts Sonderliches zu berichten. Wir blieben bis Pulo Condor zusammen, wo sich Kapitän Pole von uns trennte und den Weg weiter südwärts nahm, um durch die Sundastraße zu passieren, während wir uns nach Westen wandten, durch die Straße von Malacca zu gehen, wie wir auf dem Hinwege getan hatten. Später schied auch Kapitän Lacy von uns, dieweil wir, nachdem der Kapitän in Malacca einige Geschäfte erledigt hatte, von dort nach Achin weitersegelten, wo wir auf dem Wege nach Fort St. George noch einmal anlegen wollten. Zu Anfang März 1689 warfen wir auf der Reede von Achin Anker, und hier war es, wo ich von Kapitän Weldon und meinem Freunde Mister Hall, der mit uns von Tonkin zurückgekommen war, Abschied nahm. Als ich an Land stieg, befand ich mich wegen meiner anhaltenden Krankheit noch immer sehr schwach. Kapitän Weldon bot mir alles Entgegenkommen an, wenn es mir belieben wollte, mit ihm nach Fort St. George zu gehen; ich aber wollte lieber hier bleiben, wo ich einige Bekannte hatte, als mich in einem so elenden Zustande an einen Ort begeben, wo mich gar niemand kannte.

Nachdem ich noch einmal nach Achin zurückgekommen bin, scheint es mir nicht übel getan, wenn ich dem Leser in Kürze mitteile, was ich von dem Lande und der Stadt Achin angemerkt habe. Dieses Königreich ist das volkreichste und größte unter vielen anderen kleinen Herrschaften auf der Insel Sumatra. Es liegt im Nordwesten der Insel und erstreckt sich an der Ostseite von der Nordwestecke der Insel längs der Küste etwa 50 bis 60 Meilen weit. Die Landeseinwohner sind Malaien und der mohammedanischen Religion zugetan. Sie sind von mittlerer Größe, schlank und wohl gewachsen und von dunkler kupferfarbener Haut wie anderwärts in Indien. Sie haben schwarze Haare, ein längliches, angenehmes Gesicht, schwarze Augen, eine Nase von mittelmäßiger Größe, schmale Lippen und schwarze Zähne wegen ihrens häufigen Betelkauens. Sehr faul sind sie zur Arbeit, die es sie gar nicht anzugreifen verlangt, weshalb denn die Ärmsten lieber stehlen, wiewohl sie deshalb sehr harte Strafen zu gewärtigen haben. Im übrigen sind sie im allgemeinen freundlicher Natur und gegen die Fremden höflich genug.

Die vornehmsten dieser Leute tragen Kappen von rot oder

anders gefärbtem wollenem Zeug, die genau nach dem Kopf gearbeitet sind und wie ein Hut ohne Rand aussehen. Man muß dazu erfahren, daß die orientalischen Völker ihr Haupt nicht, wie wir gewohnt sind, entblößen, wenn sie einander grüßen. Die anderen tragen einen kleinen Turban wie die Leute zu Mindanao. Sie tragen auch kurze Hosen und die Vornehmen noch ein Stück Seidenzeug, das lose über die Schultern geschlungen ist, während das gemeine Volk vom Gürtel aufwärts ganz nackend geht. Schuhe und Strümpfe tragen sie nicht, nur die reichen Leute bedienen sich einer Art Pantoffeln.

Ihre Häuser sind wie auf Mindanao auf Pfählen gebaut, und sie leben auch sonst fast auf dieselbe Weise, wenn auch sehr viel besser, da sie ihrer Goldbergwerke und des Handels mit den Fremden halber auch viel reicher sind. Ihre gewöhnliche Speise ist Reis, doch essen die vornehmen Leute auch Vögel und Fische, die auf den Märkten im Überfluß zu bekommen sind, desgleichen manchmal Büffelfleisch. Dies alles wird sehr sorgsam zubereitet und mit Pfeffer und Knoblauch sehr stark gewürzt, sowie nach der Sitte aller ostindischen Völker gelb gefärbt, damit die Speisen ein schöneres Aussehen haben. Auch fehlt es ihnen nicht an guten Tunken, um den Speisen einen kräftigen Geschmack zu geben.

Die Hauptstadt des Königreiches, Achin, ist im Nordwesten der Insel an einem Flusse gelegen, fast zwei Meilen von der See entfernt. Sie besteht aus 7000 bis 8000 Häusern, und es leben dort stets eine große Anzahl fremder Kaufleute aus England, Holland, Dänemark, China und anderen Ländern, von welchen den Eingeborenen die englischen besonders willkommen sind, da ich gehört habe, daß sie weniger Zoll zu zahlen brauchen als andere Nationen.

Man ist hier wie zu Mindanao sehr abergläubisch, was das Waschen und die Reinigung von allem Unflat angeht, um welcher Ursache willen die Leute sehr gern nahe an einem Flusse oder Bache wohnen. Der Fluß Achin, der dicht an der Stadt vorbeiläuft, ist stets voll von Manns- und Weibspersonen, jung und alt. Die meisten gehen zum Baden hin, da sie denn ein überaus großes Belieben haben, oft im Wasser zu sein. Diese Begierde treibt sie so weit, daß sie, wenn sie eine Reise tun müssen, selten an einem Flusse vorbeigehen werden, ohne gleich hineinzuspringen. Sie lassen sogar die Kranken zu den Flüssen tragen und baden sie darinnen. Nun weiß ich zwar nicht, ob sie das Baden für alle Krankheiten für gut halten; aus meiner eigenen Erfahrung kann ich aber versichern, daß es denen, die mit Durchfall behaftet sind, sehr dienlich ist, insbesondere, wenn sie es abends und morgens tun, wie man denn auch zu solcher Zeit, vor allem des Morgens, die Flüsse voller Menschen sieht. Ich pflegte dergestalt zu baden, daß ich erstlich bis an den Gürtel ins Wasser ging, danach bückte ich mich und befand das Wasser so angenehm und kühl, daß es mir schwer wurde, wieder herauszusteigen. Ich fühlte, daß ich eine große Hitze in den Gedärmen hatte und wie sehr mir das frische Wasser gut tat. Meine Speise war gesalzener Fisch, der auf dem Rost gebraten wurde, und daneben gekochter Reis und Tire darunter gemischt. Dieses Tire wird hier auf den Gassen verkauft und ist nichts anderes als saure und ganz dicke Milch. Dies Gericht kühlt, während der gesalzene Fisch und der Reis stopfen. Demzufolge werden diese Speisen hierzulande von den gemeinen Leuten, die am Durchfall leiden, für sehr gut und heilsam gehalten, während die Reichen dagegen Sago verwenden, der aus anderen Ländern hierher gebracht wird, und dazu Mandelmilch.

Sobald ich wieder ganz gesund war, wurde ich auf dem Schiffe, das mit uns von Malacca gekommen und von Mister Wells an Kapitän Tyler verkauft worden, Obersteuermann. Ich wurde zu Anfang Mai 1689 an Bord geschickt, um mein neues Amt anzutreten. Der für das Schiff vorgesehene Kommandant war bereits auf einem anderen Schiffe zu Achin angekommen, und also machten wir uns fertig, die Reise nach Pegu anzutreten. Ehe aber der Juni noch halb verstrichen war, dankte er wieder ab, weil er krank war und keine Lust verspürte, in dieser toten Jahreszeit nach Pegu zu segeln, zumal auch die damals heftig wehenden Westwinde ihn abschreckten und uns beiden die Küste von Pegu unbekannt war. Hierauf machte man mich zum Kommandanten, und ich nahm die Ladung für Pegu an Bord. Währenddessen kam Mister Coventry von der Coromandelküste mit einem mit Reis beladenen Schiffe an, sowie ein kleines Kapitän Tyler gehörendes Schiff aus Merga.

Dieses letztere hatte ziemlich lange zu Merga gelegen, weil sich die Siamesen seiner bemächtigt und sämtliche Schiffsleute gefangen gehalten hatten, wozu Streitigkeiten zwischen ihnen und den Engländern Anlaß gegeben hatten. Man hatte die Engländer eine Weile auf ihrem Schiffe in Verhaft gehalten, sie dann aber wieder losgelassen und ihnen ihr Schiff zurückgegeben, nicht aber die darauf befindlichen Waren. Noch weniger wollte man ihnen den erlittenen Schaden ersetzen, ja ihnen nicht einmal einen Kompaß für die Rückreise geben. Sie bekamen auch nur wenig Proviant, langten aber dennoch glücklich allhier an, und weil ihr Schiff besser war als dasjenige, auf dem ich mich befand, ließ Kapitän Tyler es ausbessern, um es statt des anderen nach Pegu zu schicken.

Mittlerweile hatten wir unsere Ladung schon völlig eingenommen; sie bestand aus 11 000 Kokosnüssen, 500 bis 600 Pfund Zucker und einem halben Dutzend schöner Kommoden in japanischer Arbeit, darunter zwei großen, die dem König als Geschenk zugedacht waren. Überdies, sagte Kapitän Tyler (den wir übrigens nur so nannten, da er ja tatsächlich nur ein Kaufmann war), hätte er vor, eine gute Menge Gold mitzuschicken in der Hoffnung, dabei 60 bis 70 Prozent zu gewinnen. Er hatte nämlich erfahren, daß der König von Pegu eine sehr prächtige Pagode gebaut hatte, die er reich vergolden ließ, und außerdem würde auf seinen Befehl ein großes Götzenbild aus gediegenem Golde für die Hauptpagode des Tempels gemacht. Demzufolge war das Gold im Preise gestiegen, und man hatte schon von Achin, wo es reichlich davon gab, sehr viel Gold hingesandt; auch wollten die Mohren von Achin in ihren Schiffen noch mehr hinschaffen, ungerechnet jenes, welches Kapitän Tyler hinzubringen beschlossen hatte.

Es war unterdessen Mitte August geworden, und obwohl ich bereit war, in See zu stechen, bekam ich Befehl, solange zu warten, bis Kapitän Tylers Schiff seine Ladung auch eingenommen hatte, womit man laufend beschäftigt war. Sie bestand gleichfalls aus Kokosnüssen, und als ihrer schon 8000 bis 9000 eingeschifft waren, erhielt ich von Kapitän Tyler Order, mich zu ihm an Bord zu begeben und meine ganze Ladung auf sein Schiff hinüberzuschaffen. Er sagte mir, ich sollte mich dies nicht verdrießen lassen; er wollte mich auch in Bälde in die See abfertigen, weil aber sein Schiff das größte wäre, sei es nur recht und billig, es vor den anderen fortzuschicken. Ich befolgte seinen Befehl, und weil ich wohl sah, daß aus meiner erhofften Reise dieses Mal nichts werden würde, verkaufte ich das wenige, was ich für eigene Rechnung geladen hatte, welches lediglich einige Kokos- und Muskatnüsse waren.

Letztlich gar wurde Kapitän Tylers Sinnes, das Schiff, worauf ich war, zu verkaufen, dergestalt die Engländer Mister Dalton, Mister Coventry und Kapitän Minchin daran je ein Viertel erwarben, während ihm selbst das restliche Viertel verblieb. Am Tage nach diesem Handel kam Kapitän Minchin zu mir und überbrachte mir den Befehl, ihm das Schiff zu übergeben, wobei er mir sagte, ich könnte, wenn ich ihm dienen wollte, als Obersteuermann an Bord bleiben, bis man sich über die nächste Reise einig geworden wäre. Ich mußte mich wohl darein schicken und nahm also die gedachte Stelle an. Bald darauf wurden wir nach Malacca beordert, um dort Waren abzuholen; wir brachten aber außer 300 bis 400 Pfund Opium keine Waren hin.

So reisten wir denn gegen Mitte September 1689 von Achin ab. Wir waren unser nur vier Weiße an Bord, nämlich der Kapitän, Mister Coventry als Aufseher über die Ladung, ich und der Quartiermeister, hinzu kamen sieben oder acht Mohren als Bootsknechte. Zwei Tage nach der Abreise mußten wir Anker werfen, weil uns nahe der Küste eine große Windstille überfiel. Bald darauf kam ein Schiff von der Seeseite her und ankerte ungefähr zwei Meilen von uns. Mister Coventry erkannte es als ein dänisches Schiff von Tranquebar, und wir ließen unseren Nachen zu Wasser, um mit den Schiffsleuten zu reden. Jedoch da sich unterdessen ein schwacher Wind erhoben hatte, segelte das dänische Schiff wieder davon, ohne daß wir ihm folgen konnten. Nach einigem Verdruß und Disput wegen unseres ferneren Kurses, auch häufigen Windstillen, die unsere Reise verzögerten, sahen wir nahe Pulo Verero ein Schiff, das eben diese Insel ansteuerte. Wir gingen ihm dorthin nach in der Absicht, allda Holz und Wasser einzunehmen, denn obwohl wir am Abend zuvor in der Mündung des Flusses Dilly auf Sumatra Süßwasser geschöpft zu haben meinten, mußten wir dies dennoch als Salzwasser befinden, unzweifelhaft weil der Eimer zu tief hinuntergelassen worden war.

Das gedachte Schiff ging um zwei oder drei Uhr nachmittags vor Anker, doch langten wir erst gegen acht Uhr abends dort an, weil sich inzwischen der Wind etwas gelegt hatte. Wir ankerten eine Meile von jenem Schiff und setzten unsere Schaluppe aus, um uns an dessen Bord zu begeben, da wir nicht anders glaubten, als sei dies eben das dänische Schiff, das wir bald nach unserer Abreise von Achin gesehen hatten. Weil mir Mister Coventry gesagt hatte, der Wundarzt Coppinger sei dort an Bord und ich meinen alten Reisekameraden gerne gesprochen hätte, ging ich mit in die Schaluppe. Wir sprachen sie an und fragten, wer sie wären, und sie antworteten, sie wären Dänen von Tranquebar, wie wir ja auch vermutet hatten. Auf ihre Gegenfrage sagten wir ihnen, daß wir Engländer, von Achin kommend, und Mister Coventry bei uns in der Schaluppe wäre. Sie jedoch wollten es nicht glauben, bis Mister Coventry redete und ihn der Kapitän an der Stimme erkannte und uns nunmehr erst für Freunde hielt. Vorher nämlich hatten sie alle ihr Gewehr schußbereit zur Hand gehabt, um auf uns zu feuern, wenn wir ohne Anruf zu ihnen an Bord gekommen wären, da sie sich sehr vor uns gefürchtet, seit sie an jenem Morgen wahrgenommen hatten, daß wir ihnen folgten. Der Schiffspatron hatte nicht einmal an dieser Insel anlegen wollen, obgleich sie frisches Wasser sehr nötig hatten, und er tat es nur, nachdem die schwarzen Kaufleute vor ihm auf die Knie gefallen waren und ihn gebeten hatten, sich ihrer zu erbarmen. Nunmehr hatte ich die Freude, an Bord des dänischen Schiffes meinen alten Reisegefährten, Mister Coppinger, wiederzusehen und mit ihm zu sprechen. Am anderen Morgen nahmen wir Wasser ein und segelten wieder fort, das dänische Schiff war aber schon etwas früher abgesegelt. Es war nach Johore unterwegs, um dort Pfeffer zu laden, hatte sich aber auch vorgenommen, Malacca anzulaufen. Da es besser besegelt war als wir, fuhr es uns bald voraus, und wir gingen ihm nach. Freilich hatte es, wie wir später erfuhren, einen rechten Weg über die Sandbänke nicht finden können, einen weiten Umweg tun müssen und war dadurch in Verzug geraten.

Als wir um die Mitte des Oktober zu Malacca anlangten, erfuhr ich allhier zum erstenmal, daß der Prinz und die Prinzessin von Oranien zum König und zur Königin von England gekrönt worden. Malacca ist eine ziemlich große Stadt, worin wohl 200 bis 300 holländische und portugiesische Familien wohnen mögen, von denen sich manche untereinander durch Heirat verbunden haben. Auch wohnen zahlreiche eingeborene Malaien am äußeren Rand der Stadt in kleinen Hütten. Die Häuser der Holländer sind aus Steinen errichtet und ihre Gassen gerade und breit, doch nicht gepflastert. Im Nordwesten hat die Stadt eine Mauer und ein Tor nebst einer kleinen Schanze, worin jederzeit Soldaten Wache halten. Ungefähr 100 Schritte von der Küste ist eine Zugbrücke, über die man aus der Stadt nach einer Festung gehen kann, die östlich des kleinen Flusses, der an der Stadt vorüberführt, erbaut ist. Dieses Hauptfort ist dicht am Meer am Fuße eines steilen Hügels wie ein Halbkreis gebaut.

Malacca ist keine große Handelsstadt, jedoch wohnen einige mohrische Kaufleute beständig allhier und halten in offenen Läden allerhand Waren aus ihren Ländern feil. Auch gibt es chinesische Kaufleute, die Waren aus ihrem Lande, vornehmlich Tee, Zuckerkand und andere Süßigkeiten einführen. Andere wieder halten Teehäuser, wo man um ein Geringes fast eine Pinte Tee nebst einem kleinen Löffel Zuckerkand oder auch andere Süßigkeiten haben kann. Noch andere sind Fleischhauer, die meistens nur Schweinefleisch, eingesalzen oder frisch, für gar billigen Preis abzugeben haben. Sie verlangen nicht, daß man ein bestimmtes Stück nehme, sondern hauen von einem großen ein kleines ab, auch fett oder mager, wie man selbst es haben will. Auch Handwerker sind unter ihnen, und man kann von allen sagen, daß sie bei ihrer Arbeit großen Fleiß anwenden, aber bei alledem spielen sie gar zu gern, und wenn sie jemanden finden, der mit ihnen spielen will, so lassen sie alles stehen und liegen und gehen dem Spiele nach.

Fische sind hier genug zu haben. Wenn nun die Fischer etwas gefangen haben, müssen sie alle an einen bestimmten, nur zum Verkauf der Fische gebauten Ort kommen. Allda warten schon die Soldaten darauf, ihnen die besten Fische für die Offiziere im Fort fortzunehmen. Ob sie dafür bezahlen oder ob es eine Art Zoll für den Gouverneur darstellt, weiß ich nicht; wenn die Soldaten aber das ihrige haben, mag den Rest kaufen, wer da will. Dies geschieht dergestalt, daß eine jedwede Art von Fischen für sich auf einen Haufen gelegt und alsdann alle zusammen nicht nach dem höchsten Gebote verkauft wird, wie bei einer Auktion, sondern nach dem niedrigsten. Es ist für diesen Verkauf ein Mann bestimmt, der den ersten Preis weit über den rechten Wert des Fisches ansetzt, aber davon nach und nach abläßt, bis es ein ganz billiger Kauf geworden ist, worauf der eine oder andere zuschlägt. Insgemein jedoch kaufen die Weiber der Fischer gleich partieweise, und hernach lassen sie die Fische doch wieder einzeln ab.

Zwei Tage nach unserer Ankunft langte das oben genannte dänische Schiff auch an und legte sich vor Anker. Weil nun der Schiffspatron sagte, daß er nach Johore wollte, um dort Pfeffer zu laden, warnten ihn die Holländer, es würde vergebens sein, wegen solchen Handels dorthin zu fahren, weil der König von Johore mit ihnen einig geworden wäre, einzig und allein mit den Holländern Handel zu treiben, und sie hätten auch schon ein Wachschiff dort, um ihren Handel zu sichern. Dies sagte mir der Wundarzt, Mister Coppinger, dem das ein wenig verdrießlich zu sein schien, und er wußte nicht, ob sie die Reise dahin noch fortsetzen würden oder nicht. Endlich aber taten sie es doch und stellten fest, daß alles, was man ihnen hier vorgesagt, falsch gewesen war und daß sie zu ihrer eigenen und der Landesbewohner Zufriedenheit miteinander handeln konnten. Das hörte ich von dem genannten Mister Coppinger, als wir einander später wieder einmal trafen.

Um jetzt aber wieder von den Geschäften zu sprechen, um deretwillen wir hergekommen waren, so habe ich schon gesagt, daß alle unsere Waren in 300 oder 400 Pfund Opium bestanden; der Rest war Geld im Werte von 2000 Talern. Anfänglich stellten wir uns so, als ob wir nicht hergekommen wären, um zu handeln, sondern nur um unser Schiff, das nicht mehr tüchtig für die See wäre, auszubessern, sofern man uns das erlaubte. Danach machte ich alles fertig, was nötig war, um das Schiff am Ende der Stadt, gegen Westen, auf Grund zu legen. Dort lag unser Schiff dem Fort gleich gegenüber. Wenn nun Ebbe war, sank das Schiff in den lehmigen Grund, so daß wir das Hinterschiff, wie ich doch gern getan hätte, nicht ausbessern konnten.

Weil nun das Opium bei den meisten Malaien sehr im Gebrauch ist, so war es damals eine sehr seltene, jedoch verbotene Handelsware, so daß wir, obwohl uns viele Leute danach fragten, dennoch scheuten, gar zu öffentlich zu gestehen, daß wir einiges bei uns hatten. Dessenungeachtet fand Mister Coventry endlich doch noch einen Käufer dafür, und sie bewerkstelligten, es auszuladen, während die Wachsoldaten auf dem Fort beim Essen waren. Der Käufer war ein Holländer, und der Preis, den er dafür bezahlen sollte, machte sein ganzes Vermögen aus. Als er nun gewahr wurde, daß das Opium nichts taugte, wäre er von dem Kaufe gern wieder zurückgetreten; als ihn Mister Coventry aber nicht loslassen wollte, machte er sich aus dem Staube. Allein Mister Coventry war bei dem Shabander, wie man den obersten Mann in der Stadt zu nennen pflegt, der kaum weniger Macht hat als der Gouverneur im Fort, sehr gut angeschrieben, und er trieb des Holländers Ehefrau so weit, daß sie ihm das Opium, das er für Gold ausgab, bezahlen mußte. Und obwohl der Shabander murrte, weil Coventry diesen verbotenen Handel mit einem gemeinen Manne gemacht hatte, da er doch ihn genauso gut mit ihm selbst hätte machen können, so tat er ihm dennoch den Gefallen und nötigte, wiewohl unrechtmäßigerweise, das Weib, das Opium zu bezahlen. Ich sah den Holländer auf seinem Schiffe, kurz nachdem er das Opium gekauft, und er kam mir gar betrübt und tiefsinnig vor. Er hatte vor der Stadt ein gar hübsches Haus und einen Garten, der sein Haus mit Küchenkräutern, Salaten und Früchten versorgte, woneben noch etwas auf dem Markte verkauft wurde. Sein Weib pflegte diesen Garten, und er selbst hatte zwei kleine Schiffe, deren er sich bediente; um mit den Malaien Pfeffer zu handeln, oder er vermietete sich samt den Schiffen der Holländischen Ostindischen Compagnie und fuhr, wohin ihn deren Befehle schickten. Vor nicht langer Zeit war er erst bei den Gewürzinseln gewesen und hatte Reis geladen gehabt, welchen er mit gutem Nutzen verkauft. Er sagte mir aber auch, daß es nicht zugelassen wäre, Gewürze von dort mitzubringen außer etwa acht oder zehn Pfund zum eigenen Gebrauch, und er meinte, er fände nicht, daß ein solcher Handel ihm mehr eintrüge als der Handel hier, mit den Malaien an der Malaccaküste oder in Sumatra. Denn obgleich es den Bürgern in der Stadt nicht erlaubt wird, an den Orten für sich Handel zu betreiben, wo die Compagnie Packhäuser oder Wachschiffe hat, so ist dennoch in den benachbarten Orten Gelegenheit genug, das zu tun. Auf diese Weise gewinnen die Bürger von Malacca ein mehreres, als zu einem guten Auskommen genügt. Unser erwähnter Holländer wollte in Kürze eine solche Reise an die benachbarten Küsten tun und hätte großen Gewinn machen können, wenn er das Opium mit sich genommen und dasselbe gut gewesen wäre. Allein er fuhr fort und hatte seinem Weibe Befehl erteilt, sie sollte es Mister Coventry wiedergeben, nicht jedoch bezahlen. Als sie nun der Shabander zwang, es zu behalten und das Geld zu erlegen, beklagte sie sich höchlichst darüber und gab vor, dies wäre ihr gänzlicher Untergang. Und hierbei muß ich gestehen, daß man das Opium, als es untersucht wurde, arg verdorben fand, es also gar nichts oder doch sehr wenig nur wert war.

Mister Coventry kaufte allhier unbearbeitetes Eisen, Arrak, Rohrstäbe und Flechtrohr, womit wir unser Schiff beluden, als es wieder ins Wasser gebracht war. Die Holländer fuhren uns die meisten Waren bis an unser Schiff und waren gegen uns höflicher, als ich erwartet, denn sonst pflegten sie nicht mit uns zu handeln. Ich glaube aber, daß dank der in England vorgegangenen Veränderung sie uns ein wenig freundlicher gesonnen waren; wenigstens tranken sie mit uns oft und gar herzhaft auf unseres Königs Gesundheit. Als wir alle diese Waren zu Malacca eingeladen hatten, nahmen wir auch Wasser ein und machten uns darauf zur Rückreise fertig.

Ungefähr Mitte November 1689 reisten wir von Malacca ab,

wieder nach Achin. Mister Coventry, dem es nicht behagte, länger bei Kapitän Minchin zu bleiben, hatte eine Barke von sieben oder acht Tonnen gekauft, sie mit etlichen Waren beladen, kommandierte sie selbst und hatte einen portugiesischen Steuermann nebst drei oder vier Bootsknechten. Wir gingen mit diesen beiden Fahrzeugen gleichzeitig auf See, und auf Kapitän Minchins Schiffe waren nun an weißen Leuten niemand mehr als er und ich, da denn der Quartiermeister mit Mister Coventry fortging. Wir nahmen aber einen gewissen Mister Richards, einen Engländer, nebst seinem Weibe, die Holländerin war und die er erst zu Malacca geheiratet hatte, als freie reisende Personen auf unser Schiff.

Auf unserer Fahrt hielten wir uns nahe an die Küste von Malacca. Einmal entstand um Mitternacht von der Landseite her ein starker Wirbelwind und brach unsere Stenge am Fockmast in Stücke. Weil wir nicht weit von einer holländischen Insel, Pulo Dinding genannt, waren, nahmen wir unseren Lauf dorthin, warfen in der nächsten Nacht dort Anker und trafen auch noch ein holländisches Schiff dort vor Anker liegend, auf welchem ungefähr 30 Soldaten waren. Es wohnen hier nur Holländer, die an der Ostseite, an einer Krümmung der Küste, ein Fort gebaut haben, bei welchem Seearme Schiffe zu ankern pflegen. Besagte sogenannte Festung ist viereckig, jedoch ohne alle Bollwerke und nur wie ein gewöhnliches Haus aufgeführt; jede Seite mag etwa zehn oder zwölf Ruten lang sein. Die Mauern sind aus Bruchsteinen, rechtschaffen dick, ungefähr 30 Fuß hoch, oben von einem Dache bedeckt, und rundherum mögen etwa zwölf bis vierzehn Kanonen an verschiedenen Stellen auf Plattformen aufgepflanzt sein, die in die Mauer eingebaut und ungefähr 16 Fuß hoch sind. Es führt nur eine einzige Tür in dieses Haus, über eine der Plattformen, und außen sind Stufen angebracht, auf denen man hinaufsteigen muß. In dem Fort befindet sich der Gouverneur mit ungefähr 20 oder 30 Soldaten, welche auf der Plattform zwischen den Kanonen hausen; der Gouverneur hingegen hat oben eine schöne Kammer, worinnen er nebst einigen Offizieren schläft. Ungefähr 100 Ruten hiervon ist in der Bucht nahe am Strande ein niedriges, nur aus Holz erbautes Haus, in welchem sich der Gouverneur tagsüber aufhält; darin sind zwei oder drei Zimmer, deren vornehmstes der Eßsaal ist, der dem Meere zugelegen ist, von dessen anderer Ecke man jedoch nach dem Fort hinsehen kann. Dieser Raum hat zwei große Fenster, die gemeiniglich den ganzen Tag offen bleiben, damit die kühlen Lüfte hineinstreichen können; des Nachts aber, wenn der Gouverneur sich wieder ins Fort begeben hat, macht man sie mit guten starken Brettern zu und verschließt die Türen wieder bis auf den nächsten Morgen.

Nachdem wir nun im Osten der Insel unsere Anker hatten fallen lassen, schickten wir unsere Schaluppe mit einigen von unseren Leuten an Land und ließen den Gouverneur um Erlaubnis bitten, Wasser und Holz einzunehmen und eine neue Stenge für das Focksegel zu hauen, was alles er uns bald zugestand. Unsere Leute kamen mit dieser Antwort zurück und berichteten zugleich, daß Mister Coventry allda gleichfalls Wasser eingenommen hätte und erst am selben Morgen wieder abgesegelt wäre. Am folgenden Morgen ging ich allein in den Wald und sah darin sehr viel schöne und ganz gerade gewachsene Bäume, hieb auch einen ab, der mir für unser Vorhaben am geeignetsten erschien, machte ihn so lang, als er sein sollte, schälte die Rinde ab und ließ ihn so liegen, daß er nur abgeholt zu werden brauchte. Danach ging ich in die Festung und speiste mit dem Gouverneur.

Bald darauf kam unser Kapitän nebst Mister Richards und seinem Weibe auch an Land gefahren; ich hingegen begab mich wieder an Bord. Der Gouverneur empfing die genannten Personen am Ufer, führte sie in den schon geschilderten Speisesaal, und hier beschenkten ihn die Unsrigen mit Punsch, welchen Trank sie auf unserem Schiffe aus Branntwein, Zucker und Limonensaft bereitet hatten, da ja denn hier gar nichts zu haben ist, nicht einmal des Gouverneurs Getränk, sondern alles von Malacca herbeigeschafft werden muß. Hierselbst wächst weder Frucht noch Kraut noch irgend was. Schuld daran ist nicht die Unfruchtbarkeit des Bodens, denn der ist fett und fruchtbar, und noch viel weniger ist es der Faulheit der Holländer zuzuschreiben, denn dieses Lasters kann man sie nicht beschuldigen; vielmehr bewirkt dies einzig und allein die stete Furcht vor den

Malaien. Obwohl nämlich die Holländer mit ihnen Handel treiben, getrauen sie sich dennoch nicht, auf der Insel frei umherzugehen und des Feldbaus zu warten, ja, sie dürfen sich gar nicht weit von der Festung fortbegeben, da dies der einzige Ort ist, wo sie sicher sind.

Weil nun der Gouverneur der Insel Pulo Dinding gegen unseren Kapitän und Mister Richards höflich sein wollte, sandte er ein Schiffchen aus, um seinen Gästen etwas Besseres vorsetzen zu können. Dieses kam mit einem guten Gericht Fische wieder, wurde aber noch einmal zum Fischen ausgeschickt. Unterdessen wurde die Tafel gedeckt und das Essen aufgetragen; Schüsseln und Teller waren aus Silber, desgleichen ein Gefäß, wie eine Wanne, voller Punsch. Kaum hatten sich der Gouverneur, seine Gäste und etliche Offiziere zu Tisch gesetzt und zu essen angefangen, als ein Soldat, so laut er konnte, zu schreien anfing: »Die Malaien, die Malaien!« Damit war die Freude zerstört; der Gouverneur sprang, ohne nur ein Wort zu sagen, zum Fenster hinaus in der Absicht, dergestalt schneller in die Festung zu gelangen, die Offiziere folgten ihm, und alle Bedienten und Aufwärter machten sich alsobald davon, jeder auf dem kürzesten Wege, dieser zum Fenster hinaus, jener durch die Tür. Sie ließen die drei Gäste allein sitzen, bis diese endlich auch fortliefen, wiewohl sie nicht wußten, woher der allgemeine jähe Schrecken rührte. Als nun der Kapitän, Mister Richards und seine Frau bei der Festung anlangten, erwartete der Gouverneur, der schon vor ihnen dort war, sie an der Tür und führte sie hinein, worauf er sogleich zuschließen ließ und niemandem von den Bedienten und Soldaten erlaubte, hinauszugehen und das Essen oder das Silbergeschirr zu holen, das sämtlich draußen geblieben war.

Dagegen wurden mehrere Kanonenschüsse gelöst, um den Malaien kundzutun, daß man in Bereitschaft stünde, sie zu empfangen; allein es kam keiner zum Vorschein. Der ganze Lärm kam daher, daß sich einige bewaffnete Malaien in einem Kanu unterhalb der Insel, hart am Ufer, versteckt und das holländische Schiffchen, als es zum zweitenmal zum Fischen fuhr, unvermutet mit Dolchen und Spießen überfallen und einen oder zwei der Fischer getötet hatten. Die übrigen, unbewaffnet und nicht im Stande, Widerstand zu leisten, sprangen ins Wasser und schwammen ans nahe Land. Die Festung lag etwa eine Meile von dieser Stelle, und jeder, der an Land kam, beeilte sich, dorthin zu gelangen. Der erste, der hineinkam, hatte jenes Geschrei angestimmt und so des Gouverneurs Vergnügen gestört. Unsere Schaluppe nahm zu dieser Zeit am Ufer Wasser aus einem Bächlein. Die Holländer riefen unseren Leuten zu, sie sollten sich auf das geschwindeste zu ihrem Schiff begeben; das taten sie und hielten mit schußbereiten Musketen die ganze Nacht gute Wache. Es regnete aber so stark, daß ein Überfall gar nicht zu befürchten war, denn einer unserer Bootsknechte, der in Malacca zu uns gekommen war, hatte mir versichert, daß die Malaien fast niemals einen Angriff wagen, wenn es regnet. Ich habe mich darüber sehr gewundert, weil der Regen ihren üblichen Waffen wie Dolchen und Spießen weit weniger schaden kann als unseren Musketen und sie sich ihrer Waffen also besser bedienen können als wir uns der unsrigen – allein die Malaien können den Regen nicht vertragen.

Am anderen Morgen brachten wir dann die Stenge an Bord; ich fing an, den Baum zurechtzumachen, und als er fertig war, befestigte ich das Segel daran. Am Abend kamen Kapitän Minchin, Mister Richards und seine Frau wieder an Bord, nachdem sie in der vorigen Nacht im Fort geschlafen hatten, und erzählten mir alles, was sie an Land erlebt hatten.

Wir warteten nun zu unserer Abfahrt auf einen Landwind, bekamen zwar einen sehr starken Regen mit Donner und Blitzen in der ersten Hälfte der Nacht, aber keinen Wind. Erst um ein Uhr konnten wir bei schwachem Landwinde die Anker lichten. Wir verloren die Insel aus dem Gesicht, ehe es noch recht Tag wurde, und nahmen unseren Weg weiter nach Norden. Zwei Tage später, nachdem wir zuvor die Diamant-Spitze passiert hatten, langten wir gegen Ende November 1689 wieder zu Achin an.

Dort trafen wir Mister Coventry bereits an, der zwei oder drei Tage vor uns angekommen war. Kapitän Minchin und seine Gefährten stiegen auch an Land; er wurde nun aus dem Dienst entlassen, während ich an Bord blieb, bis alle Waren ausgeladen waren, worauf ich mich gleichfalls an Land begab. Hier lag ich an einer Art Fieber 14 Tage lang sehr krank darnieder. Nach Weihnachten befahl mir Mister Coventry, der die Anteile von Mister Dalton und Kapitän Tyler an sich gebracht hatte, mich wieder aufs Schiff zu begeben, welches er mit einer Ladung verschiedener Waren nach Fort St. George schicken wollte. Wir nahmen auch noch zwei Engländer zu uns aufs Schiff, die aus dem Lande des Großmoguls* kamen, wo sie gefangen gesessen hatten. Der eine war Schreiber auf dem Schiffe »Defence«, das Kapitän Heath kommandierte und auf welchem ich am Ende nach England zurückreiste, und der andere war Seekadett auf dem Schiffe »Princess Ann«, das zur selben Zeit mit nach England fuhr. Beide Schiffe waren damals, als wir mit dem Mogul Krieg führten, nach dem Golf von Bengalen gefahren, um dort Waren abzuholen. Dabei nun waren die zwei genannten Personen nebst zwei oder drei anderen aus irgendeinem Anlaß an Land gegangen und durch die Untertanen des Moguls gefangengenommen worden. Man hatte sie tief ins Land hinein geschickt und dort in ein enges Gefängnis gelegt, ihnen auch oft mit dem Tode gedroht. Als aber der alte Anabob oder Provinzgouverneur abgelöst worden, hatte der neue sie wieder freigelassen und ihnen erlaubt, zur Küste zu gehen, wo sie ein holländisches Schiff antrafen, das nach Batavia wollte und sie mitnahm. Unterwegs dann stießen sie auf ein englisches Schiff, das nach Achin segelte, aus welchem Grunde sie das erstgenannte Schiff verließen und dergestalt mit dem englischen nach Achin kamen. Dies also waren die Schicksale der beiden Offiziere, die jetzt mit uns nach Fort St. George gingen.

Gegen Anfang des Jahres 1690 reisten wir abermals von Achin ab. Unser Weg war nach den Nicobar-Inseln gerichtet und führte dicht an derjenigen von ihnen vorbei, auf der ich damals ausgesetzt worden war. Wir ließen sie zur rechten Hand liegen und hielten mehr nach Norden, gerade auf den Golf zu. So ging es bis auf die Höhe von Pulikat und hernach mit einem guten,

* Großmogul: Name der Herrscher der mohammedanischen Dynastie, türkisch-mongolischen Ursprungs, die bis 1858 in Indien regierte.

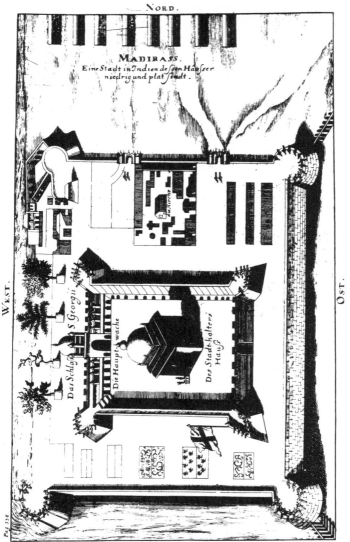

NORD.

MADIRASS.
Eine Stadt in Indien dessen Häuser
niedrig und platt stehet.

WEST.

OST.

SUD.

Das Schloß S. Georgii

Die Hauptwache

Des Stadthalters Hauß

Pag 258

gleichmäßig wehenden Nordostwinde an der Küste hin, bis wir ungefähr gegen Mitte Januar vor dem Fort St. George anlangten.

Die schöne Ansicht, die dieser Ort nach der Seeseite bietet, gefiel mir sehr. Das Fort liegt auf ebenem, sandigen Boden so nahe der See, daß sie manchmal seine Mauern bespült. Diese sind aus Stein und hoch gebaut, sowie durch Halbmonde * und Bollwerke, auf denen eine große Anzahl von Kanonen aufgepflanzt ist, befestigt. Wenn man nun diese Mauern nebst den schönen Häusern innerhalb der Festung, die große Stadt Madras, die Pyramiden der englischen Gräber, die darumliegenden Häuser und Gärten und die große Menge so vielerlei hie und da wachsender Bäume ansieht, dann ergibt das alles zusammen, wie gesagt, eine so schöne Landschaft, als ich mein Lebtag nur eine gesehen.

Während ich mich in der Festung St. George aufhielt, kam im April 1690 ein Schiff, »Mindanao Merchant« genannt, von der Insel gleichen Namens dort an. An Bord fuhren drei Personen mit, die zu jenen gehörten, welche bei Kapitän Swan auf Mindanao zurückgeblieben waren und durch die ich auch von der Ermordung des Kapitäns erfuhr. Unter ihnen war ein gewisser Mister Moody, der die Aufsicht über die Ladung des Schiffes innehatte; der hatte zu Mindanao den bemalten Prinzen Jeoly wie auch dessen Mutter gekauft und brachte sie beide nach der Festung St. George, wo alle, die sie sahen, sie sehr bewunderten. Einige Zeit später bekam dieser Moody, der sehr gut malaiisch redete und der die Angelegenheiten der Gesellschaft sehr geschickt betrieb, vom Gouverneur der Festung St. George den Befehl, er solle sich nach Indrapore begeben, einem Packhause, das die Engländer an der Westküste Sumatras haben, und dort die Stelle des Direktors übernehmen.

Mit diesem Moody hatte ich in der Zwischenzeit sehr vertrauliche Freundschaft geschlossen. Er bat mich inständig, ich möge mit ihm ziehen und versprach mir eine Stelle als Constabler in der dortigen Festung. Ich entschuldigte mich stets ihm gegenüber,

* Halbmonde: halbrunde Eckbastionen.

indem ich sagte, ich wünschte mir nichts mehr, als nach der Bucht von Bengalen zu fahren, und man hätte mir den Vorschlag gemacht, mit Kapitän Metcalf, der einen Bootsmann brauchte, dorthin zu segeln. Um mich zu bewegen, mit ihm zu gehen, sagte Mister Moody mir zu, wofern ich mit ihm nach Indrapore reiste, wollte er dort ein kleines Schiff kaufen, mir den Befehl darüber geben und mich nach den Melangies-Inseln schicken, wohin ich den Prinzen Jeoly nebst seiner Mutter zurückführen sollte, was mir, weil sie von dorther stammten, zu großem Vorteil gereichen würde, indem man mir desto eher gestatten würde, mit den dortigen Einwohnern einen Handel mit Gewürznelken anzufangen.

Das war nun eine Sache so recht nach meinem Kopfe, so daß ich alsbald in diesen Reiseplan einwilligte. Also gingen wir in den ersten Julitagen des Jahres 1690 von der Festung St. George auf einem kleinen Schiffe, »Diamond« geheißen, welches Kapitän Howell befehligte, ab. An Reisenden waren 50 bis 60 an Bord, von denen etliche zu Indrapore aussteigen, die anderen aber bis nach Bencouli weiterfahren wollten. Unter dem Schiffsvolk waren fünf oder sechs Offiziere, die übrigen Soldaten in Diensten der Ostindischen Compagnie. Auf dieser Reise ereignete sich nichts Bemerkenswertes, und wir gelangten ganz gut auf die Höhe von Indrapore. Dort allerdings drehte der Wind auf Nordwest und wurde so stark, daß wir nicht anlanden konnten, sondern gezwungen waren, nach Bencouli zu fahren, welches ein anderes englisches Kaufhaus an derselben Küste ist, das 50 bis 60 Meilen südlich von Indrapore liegt.

Bencouli liegt an der Westküste von Sumatra. Von See aus kann man seiner bald gewahr werden wegen eines hohen Berges, der nahebei im Lande liegt. Vor dem Ort liegt eine kleine Insel, wo die Schiffe ankern können. Das Vorgebirge Sillabar liegt zwei bis drei Meilen davon gegen Süden und streckt sich sehr weit hinaus, so daß es eine kleine Bucht bildet. Außer diesen Merkmalen sieht man auch, wenn man zwei oder drei Meilen vom Ufer entfernt ist, das englische Fort, welches der Küste gegenüberliegt und sehr gut anzusehen ist. Gegen Nordwesten der Festung läuft ein Fluß, an dessen Mündung ins Meer ein großes Haus steht, worinnen der Pfeffer verwahrt wird. Dann ist da noch ein kleines indianisches Dorf, in dem die Häuser klein, niedrig und nach malaiischer Art auf Pfähle gebaut sind, weil der Ort selbst morastig ist. Das Wetter hier ist nicht das annehmlichste, da es sehr stark regnet, vor allem im September, Oktober und November, wo zugleich eine überaus große Hitze herrscht. Sobald sich aber der Wind stark erhebt, wie das oft geschieht, wird die Seeluft gemeiniglich frisch und angenehm; dagegen führen die Landwinde, weil sie über viel Morast streichen, meistenteils einen Gestank mit sich. Der Ort an sich ist sehr ungesund, und die Soldaten, die darin liegen, werden in kurzer Zeit krank oder sterben wohl gar.

Südlich der Festung ist eine sehr schöne Savanne, ein bis zwei Meilen im Viereck, »Greenhill« oder Grüner Hügel genannt, auf welchem langes, dichtes Gras wächst. Die Beschaffenheit des Bodens ist sehr unterschiedlich, jenachdem wo er gelegen ist, jedoch sind die Berge mit Bäumen bewachsen als Zeichen, daß sie ziemlich fruchtbar sind. Das niedrige Land zu Seiten des Flusses, insonderheit gegen das Meer zu, ist sehr feucht und trägt nichts als Schilfrohr oder Bambus. Die Bäume in den Wäldern sind meistens sehr dick, gerade und hoch, und es gibt ihrer vielerlei Arten. Die Früchte dieses Landes sind fast dieselben wie zu Achin und Malacca; auch gibt es vieles an Landtieren, als da sind: Büffel, Rinder, Damhirsche, Wildschweine, Stachelschweine, Guanos, Eidechsen und dergleichen, auch ist an zahmen und wildem Geflügel kein Mangel.

Die natürlichen Einwohner des Landes gleichen ihren Nachbarn, den Leuten von Achin, und sind wie die anderen Malaien Mohammedaner. Diejenigen unter ihnen, die in der Nähe der englischen Festung wohnen, arbeiten gemeiniglich für die Ostindische Compagnie, während die weiter im Lande Wohnenden dem Ackerbau obliegen und Wurzeln, Reis, Pfefferbäumchen und dergleichen mehr anpflanzen.

Der Pfeffer ist das wichtigste Handelsgut in diesem Lande. Er wächst an der ganzen Küste überaus gut, der größte Teil aber, den man aus dem Lande versendet, wird auf dem Fluß aus anderen Landschaften der Insel herangeführt oder auch auf kleinen Schiffen von anderen, nahe am Meer liegenden Orten geholt. Von allen Pfeffersorten, die hier und auf den anderen Inseln wachsen, wird derjenige von Malabar für den besten gehalten. Zumindest pflegen ihn die dortigen Einwohner sehr fleißig und lassen ihn stehen, bis er vollkommen reif wird; daher ist er denn auch größer und schöner als der von hier, wo man ihn gar zu geschwinde abnimmt, damit nichts verloren gehe. Sobald er nämlich reif ist, fällt er ab, was denn einiges an Verlust ergibt.

Eben dieser Pfefferhandel hat unsere englischen Kaufleute bewogen, sich allhier niederzulassen. Dazu haben im übrigen die eingeborenen Einwohner mehr beigetragen als die Unsrigen selbst, indem nämlich einige Rajas Gesandte nach Fort St. George abgeschickt und die Engländer haben bitten lassen, geschwinde hinzukommen und festen Fuß zu fassen, ehe erst die Holländer, die stets eifrig sind, ihren Vorteil zu nutzen, und sich schon fertig machten, den Ort wegzunehmen, diesen Anschlag ausführen könnten. Und ohne Zweifel hatten die Engländer einiges Glück, daß sie als erste allda anlangten, denn es fehlte nicht viel, und die Holländer wären ihnen zuvorgekommen, da deren Schiffe sich schon sehen ließen, als die Unsrigen noch nicht an Land gegangen waren. Dergestalt also mißriet den Holländern wegen der kurzen Zeit, um die sie zu spät kamen, ihr gedachter Anschlag, denn sobald sie näher anrückten, pflanzten die Engländer etliche Kanonen am Ufer auf und machten sich zu einer tapferen Gegenwehr fertig. Nach dem mir zuteil gewordenen Berichte mag das ums Jahr 1685 gewesen sein, also fünf oder sechs Jahre ehe ich dorthin kam. Danach bauten die Engländer so schnell als möglich jene Festung, worauf denn auch viel Geld verwendet worden ist.

Bei unserer Ankunft zu Bencouli grüßten wir die Festung mit Salutschüssen, und man dankte uns auf dieselbe Weise. Nachdem wir Anker geworfen, gingen Kapitän Howel, Mister Moody und die anderen Kaufleute an Land und wurden vom Gouverneur alle sehr höflich empfangen. Zwei Tage darauf ging auch ich an Land und wurde von dem Gouverneur sehr bedrängt, ich sollte als Nachfolger des Constablers, der kurz zuvor gestorben, bei ihm bleiben. Er stellte mir vor, da dieser Platz von größerer Bedeutung als Indrapore wäre, könnte ich auch der Compagnie hier nützlichere Dienste leisten als dort. Darauf antwortete ich ihm, wenn er mir mehr Sold geben wollte, als mir der Gouverneur der Festung St. George für Indrapore versprochen, dann wollte ich ihm wohl dienen, jedoch nur, falls Mister Moody darein willigte. In puncto Besoldung nun sagte er mir 24 Taler im Monat zu, was er auch dem vorigen Constabler gegeben hatte.

Erst nach Verlauf von acht Tagen gab Mister Moody die Antwort von sich, ich möchte tun, was ich wollte, hier bleiben oder ihm nach Indrapore folgen; er wollte aber doch mit mir so ehrlich handeln, weil ich seinetwegen Madras verlassen hätte, und mir die Hälfte an dem bemalten Prinzen und seiner Mutter schenken, auch sie beide in meinen Händen lassen. Dieses Anerbieten nahm ich an, und in dieser Form brachten wir es alsbald zu Papier. Auf diese Weise also bin ich in den Besitz des bemalten Prinzen und seiner Mutter gekommen. Sie stammten von einer kleinen Insel namens Melangies; diese wie auch zwei andere, die dicht dabei lagen, habe ich zweimal gesehen. Sie liegen etwa 16 Meilen südöstlich von Mindanao, und Prinz Jeoly sagte mir, daß es auf allen dreien viel Gold, Gewürznelken und Muskatnüsse gebe. Er sagte mir auch, daß sein Vater der Raja auf der Insel wäre, wo er wohnte. Auf der ganzen Insel lebten nicht mehr als etwa 30 Männer und ungefähr 100 Weiber; davon hätte er selbst fünf Weiber und acht Kinder, und eines von diesen Weibern hätte ihn also bemalt.

Was nun diese Malerei anbetrifft, so ging sie ihm längs der Brust herunter, zwischen den Schultern, fast über das ganze Vorderteil der Oberschenkel und endlich überall um die Arme und Beine wie breite Ringe oder Armbänder. Ich kann nicht sagen, wie die gemalten Figuren eigentlich aussahen, nur so viel, daß sie überaus schön und subtil gemacht, auch Striche, Blumenwerk, viereckige Blätter und dergleichen, sehr wohl vermischt und so kunstvoll ein- und abgeteilt waren, daß sich in allem, insbesondere in dem, was auf und zwischen den Schultern zu sehen war, eine bewundernswerte Kunstfertigkeit erwies. Aus dem, was er mir von der Art und Weise sagte, wie es gemacht

worden, konnte ich so viel entnehmen, daß es genauso angestellt
wurde, als wenn man sich die Kreuze von Jerusalem auf die
Arme stechen läßt, indem nämlich die Haut durchstoßen und
darauf mit einer bestimmten Salbe eingeschmiert wird. Anstatt
aber wie zu den Kreuzen Pulver zu nehmen, braucht man auf
Melangies dazu ein zu Pulver gestoßenes Gummi von einem gewissen Baum, welches an vielen Orten Indiens dieselbe Verwen-
dung findet wie bei uns das Pech. Der Prinz Jeoly sagte mir
auch, daß auf Melangies die meisten Leute, sowohl Männer als
Weiber, solcherart bemalt wären, auch trügen sie an den Ohren
goldene Ringe und an den Armen und Beinen Ketten aus demselben Metall.

Sie ernährten sich gemeiniglich von dem, was das Land trüge,
nämlich von Bataten und Yamswurzeln. Hühner gebe es allda
sehr viele, aber sonst kein anderes zahmes Geflügel. Wie alle
wilden Indianer aß er gern Fisch; um die Insel herum, so berichtete er, gäbe es sehr viel davon. Man hätte auch Kanus, mit
denen man zum Fischfang ausführe, und so würden auch die
beiden anderen kleinen Inseln oft besucht, deren Einwohner dieselbe Sprache wie auf Melangies redeten. Diese Sprache hatte
jedoch mit der malaiischen, die er während seiner Gefangen-
schaft zu Mindanao erlernt, so wenig Verwandtschaft, daß ich,
sobald er in jener Zunge mit seiner Mutter redete, kein Wort
davon verstehen konnte.

Prinz Jeoly erzählte auch, auf welchem Wege er in Gefan-
genschaft geraten: einmal nämlich hätten er, sein Vater, seine
Mutter, sein Bruder und noch zwei oder drei andere nach einer
der anderen beiden Inseln übersetzen wollen, doch hätte sie ein
Sturmwind an die mindanäische Küste geworfen. Dort wären sie
von Fischern gefangengenommen, gleich zu Anfang ihrer goldenen Schmuckstücke beraubt, dann ans Land geführt und dort als
Sklaven verkauft worden. Den goldenen Zierat, den sie getragen hatten, habe ich nicht gesehen, wohl aber, daß sie an den
Ohren große Löcher hatten, woran man erkennen konnte, daß
sie Stücke Gold darin mochten gehabt haben. Jeoly wurde an
einen Mindanäer namens Michael verkauft, der gut spanisch
redete und dem Raja Laut häufig dolmetschen mußte. Dieser

Michael behandelte seinen bemalten Sklaven schlecht und schlug ihn oft, damit er arbeiten sollte. Das half aber alles nichts, und weder Verheißung noch Drohungen noch Schläge konnten Jeoly zur Arbeit bringen. Dabei war er sehr furchtsam und konnte gar kein Gewrh sehen, sagte auch oft, auf Melangies gäbe es dergleichen nicht, geschweige denn Feinde, mit denen man zu kämpfen hätte.

Den genannten Michael habe ich, als ich mich zu Mindanao aufhielt, sehr gut gekannt und glaube, daß ihm die Spanier diesen Namen gegeben haben, welche, als sie auf der Insel wohnten, viele der Eingeborenen getauft hatten, die freilich nach dem Abzuge der Spanier alle wieder wie zuvor Mohammedaner wurden. Einige von uns schliefen bei diesem Michael, und sein Weib und seine Tochter waren die Pagallies von etlichen unserer Leute. Ich habe den Jeoly auch oft bei seinem damaligen Herrn gesehen, und auch er erinnerte sich meiner sehr gut, als ich ihn hier nach so langer Zeit wiedersah. Seinen Vater, Bruder oder jemand anderen, der mit ihm gefangen worden, habe ich nie gesehen; er aber kam mehreremale zu uns aufs Schiff zu Mindanao und nahm mit großen Freuden an, was wir ihm zu essen gaben, denn sein Herr hielt ihn sehr kärglich aus.

In diesem Sklavenstande mußte er vier bis fünf Jahre zu Mindanao aushalten, bis endlich Mister Moody ihn und seine Mutter für 60 Taler kaufte, sie hierauf mit sich nach der Festung St. George und von dort nach Bencouli führte. Allda verweilte Moody für ungefähr drei Wochen, ging dann mit Kapitän Howell nach Indrapore zurück und überließ mir, wie schon gesagt, Jeoly und seine Mutter. Hier nun ließ ich sie in einem Haus außerhalb der Festung ganz allein ihr Wesen haben, hatte auch keine Beschäftigung für sie, doch machten sie sich selbst etwas zu tun: die Mutter machte ihrer beider Kleider oder flickte sie, wiewohl sie sich nicht besonders gut darauf verstand, denn auf Melangies trägt man keine Kleider, sondern nur ein Stück Leinwand mitten um den Leib. Der Prinz selbst beschäftigte sich damit, aus vier Brettern und etlichen Nägeln, um die er mich bat, eine Kiste zu machen. Die wurde zwar auch fertig, war aber sehr elend geraten, nichtsdestoweniger er viel Aufhebens davon machte, als wenn es das größte Kunststück von der Welt gewesen wäre. Einige Zeit später legten sich beide krank nieder, und obgleich ich so sehr für sie sorgte, als seien sie meine Geschwister, starb die Mutter dennoch. Ich tat, was ich nur konnte, Jeoly zu trösten, allein er betrübte sich so sehr, daß ich fürchtete, er werde ihr nachfolgen. Damit er sie nicht mehr sehen sollte, ließ ich sie sogleich begraben, vorher aber anständig in ein baumwollenes Tuch einhüllen; allein er war damit nicht zufrieden, sondern nahm alle ihre Kleider und legte sie ihr an, indem er sagte, sie gehörten seiner Mutter und also müßte sie dieselben auch behalten. Ich ließ ihn gewähren, um sein Leben nicht durch neuerlichen Kummer wieder zu gefährden, und tat auch sonst mein Bestes, ihm wieder zur Gesundheit zu verhelfen, doch befand ich keine große Besserung an ihm, so lange wir miteinander hier waren.

In der kleinen Beschreibung, die damals, als man ihn in England sehen ließ, in Druck herauskam, stand eine Fabel von Jeolys Schwester: sie sei eine schöne Person und mit ihm als Sklavin in Mindanao gewesen, wo sich gar der Sultan in sie verliebt hätte, doch war an alledem, wie gesagt, nicht mehr Wahrheit als an einer Fabel. Es stand ferner dabei, seine Malerei hätte so große Kraft, daß sie Schlangen und andere giftige Tiere vertriebe; ich glaube, daß aus diesem Grunde auch auf dem gedruckten Blatt, mit dem man das Volk zu Jeolys Besichtigung herbeilocken wollte, ein Haufen sich durcheinanderwindender Schlangen abgebildet war. Soweit ich aber weiß, hat wohl noch kein Kunstwerk dergleichen Kräfte gehabt, und ich habe selbst gesehen, wie sich Prinz Jeoly vor Schlangen und Skorpionen genauso entsetzte wie ich.

Kehren wir nunmehr aber zurück zu dem, was ich zu Bencouli verrichtet, nachdem ich das genannte Anerbieten des Gouverneurs angenommen und mich dazu entschlossen hatte, dort zu bleiben und für eine Weile als sein Constabler im Fort zu arbeiten. Wie schon berichtet, hatten die Engländer, sobald sie sich nur in den Besitz von Bencouli gesetzt, in großer Eile und mit viel Unkosten allhier ein Fort angelegt, um ihren Handelsplatz zu sichern. Jedoch war das alles mit schlechtem Nutzen geschehen, zum wenigsten ist die Festungsanlage die unregelmäßigste, die ich mein Lebtag gesehen. Also sagte ich dem Gouverneur, es würde am besten sein, das Fort völlig neu anzulegen und es mit Steinen oder Ziegeln, was beides man hier leicht bekommen kann, zu verkleiden. Er antwortete mir denn auch, mein Rat wäre gut, er hielte es jedoch für besser, der Compagnie die Unkosten zu ersparen, und es möchte wohl genug sein, dies oder jenes daran zu ändern. Das hielt ich indessen für eine ganz und gar vergebliche Arbeit, denn weil die Erde, die von weither gebracht werden muß, auf keinerlei Art fest eingefaßt ist und gehalten wird, so rutscht in der Regenzeit jedesmal alles in sich zusammen, und oft fallen die Kanonen in die Gräben.

Ich versuchte zwar, solange ich hier war, zu verbessern, was irgend möglich war, und machte die Bollwerke so regelmäßig, als sie nach dem ersten Entwurfe überhaupt werden konnten. Weil doch die Festung ein Fünfeck sein sollte, dennoch aber nur vier Bastionen ausgeführt worden waren, steckte ich das fünfte Bollwerk ab und machte einen Riß davon, den ich dem Gouverneur übergab. Wäre ich nur länger hier geblieben, so hätte ich dieses neue Werk wohl zu Ende gebracht; es ist jedoch das ganze Festungswerk an sich für eine so kleine Garnison um mehr als die Hälfte zu groß. Das einfachste Mittel, es in guten Stand zu bringen, wäre also, wenn man es niederreißen und an seiner Statt ein neues aufbauen würde.

Zu der Zeit, als ich dort war, wurde dieser feste Platz recht übel regiert und durchaus nicht darauf gesehen, daß mit den eingeborenen Einwohnern ein gutes Einvernehmen unterhalten würde, wie das gerade bei Handelsplätzen wohl sein sollte. Als ich hinkam, lagen in der Festung zwei Rajas in Ketten und Banden, bloß weil sie nicht so viel Pfeffer ins Fort gebracht, wie der Gouverneur gefordert hatte. Dennoch aber sind diese Rajas die Herren im Lande und haben eine ziemliche Anzahl von Untertanen, die durch ein derartiges unverschämtes Verfahren so erbittert worden sind, daß sie, wie man mir erzählte, unter der Anführung eines anderen Raja die Festung belagert haben. Nun mag das Fort freilich so schlecht sein, als es will: gegen solche elenden Soldaten wie die dortigen Einwohner ist es doch noch gut genug. Denn mag es diesen auch an Herzhaftigkeit nicht fehlen, so haben sie doch fast keine anderen Waffen als Säbel, Dolche und Spieße; auch wären sie nicht geschickt genug, sich des Geschützes zu bedienen, wenn sie dergleichen hätten. Bei einem anderen Mal hatten sie versucht, die Festung zu überrumpeln, indem sie einen Hahnenkampf veranstaltet und gedacht hatten, die Soldaten von der Besatzung würden, um diese Kurzweil mit anzusehen, größtenteils aus der Festung herauskommen und diese also von Männern entblößt werden. Die Malaien halten nämlich sehr viel von der Belustigung durch solche Hahnenkämpfe, und es hatten sich ihrer wohl 1000 Mann eingefunden, die Bewaffneten jedoch hatten sich an anderer Stelle verborgen. Nun geschah aber folgendes, daß von der ganzen Besatzung niemand herausging, ausgenommen ein Däne namens John Necklin, der ein großer Liebhaber dieser Belustigung war. Der entdeckte den Hinterhalt und tat es dem Gouverneur gleich zu wissen; dieser geriet zwar bei der Annäherung der Feinde in ziemliche Verwirrung, jedoch bewirkten etliche Kanonenschüsse, daß die Malaien sich bald wieder aus dem Staube machten.

Nunmehr will ich die Erzählung meiner Reise von Bencouli bis nach England fortsetzen und mit wenig Worten über die Ursache, die mich zur Abreise bewog, und über die Art und Weise, wie ich sie bewerkstelligt, den Anfang machen. Als das Jahr 1690 beinahe zu Ende gegangen war und ich sah, daß der Gouverneur nicht Wort hielt, auch sonst beobachtete, wie er mit anderen umging, ohne Grund zu der Annahme zu haben, er würde mich besser behandeln, da wünschte ich, weit weg von ihm zu sein. Ich befand ihn zu seinem Amte sehr unwissend, er war geschickter zum Buchhalter als zum Gouverneur einer Festung. Außerdem war er so hochmütig und gegen seine Untergebenen so grausam wie auch so unbedacht im Umgange mit den benachbarten Malaien, daß ich seiner bald satt wurde, weil ich tatsächlich unter einem Manne von so grobem und barbarischem Wesen meines Lebens nicht sicher zu sein vermeinte. Nachdem ich hier ein solches Bild seines Charakters entworfen habe, will ich seinen Namen schonen und verschweigen; ebensowenig beabsichtige ich, diese Seiten mit seinen speziellen Taten zu füllen.

Ich habe dennoch mit Absicht einiges davon einfließen lassen, da nicht allein der englischen Nation überhaupt als vielmehr der Ehrenwerten Ostindischen Compagnie im besonderen daran gelegen sein sollte, von den Mißbräuchen an ihren Handelsplätzen zu erfahren. Ich glaube, es wäre von Nutzen für diese Handelsgesellschaft, wenn die Lebensweise derjenigen, denen man ein Kommando anvertrauen will, vorher genau untersucht würde, denn außer dem Schimpf und Haß, den das üble Verhalten solcher Menschen ihren Oberen zuzieht, die es doch am wenigsten verschuldet haben, so verursachen doch die Tyrannei, die Unwissenheit und der Mangel des Verstandes solcher kleiner Befehlshaber oftmals großes und andauerndes Unglück. Diejenigen, die unter ihrem Befehl stehen, dienen ihnen mit lauter Widerwillen und laufen oft zu den Holländern, dem Mogul oder sonst einem malaiischen Fürsten über. Das tut unseren Handelsgesellschaften den größten Schaden, einmal weil dadurch der Handelsplatz und die Festung selbst von Leuten entblößt werden, zum anderen weil die benachbarten Völker durch derart unvernünftiges Verfahren in Harnisch gebracht werden, während man doch dieselben wie überhaupt das ganze menschliche Geschlecht nicht besser als durch die Gerechtigkeit im Zaume halten kann. Obendrein sind die Malaien nirgends sonst so unversöhnlich und rachgierig als die um Bencouli wohnenden, die denn auch die Festung mehr als einmal zu überrumpeln getrachtet haben.

Dies alles sage ich nicht aus dem Grunde, weil mir der Gouverneur Ursache zur Beschwerde gegeben, noch weniger möchte ich, daß man dächte, ich griffe andere Leute an, die mir niemals etwas zuleide getan: da es ja aber nun einmal nicht unmöglich ist, daß Leute ihr Amt und die damit verbundene Gewalt mißbrauchen, weil vielleicht weder ihre Erziehung noch die Lebensweise, die sie sich angewöhnt haben, ihnen die dazu notwendigen Eigenschaften mitgeteilt haben, so ist es doch wohl sehr nötig, daß die Compagnie solche Personen genau und mit allem Fleiß vorher betrachte und prüfe, um entweder bereits begangene Fehler wieder gutzumachen oder neuen, zu besorgenden zuvorzukommen. Es ist also nur mein rechtschaffener Eifer für das Interesse der Compagnie und unserer Nation, der mich zu dieser Ermahnung veranlaßt hat, da ich denn oft genug Grund dafür gesehen habe.

Auch sonst hatte ich noch andere Ursachen, die mir die Rückreise nahelegten. Mich fing an, nach meinem Vaterlande zu verlangen, von dem ich nun so lange entfernt gewesen war. Des weiteren versprach ich mir keinen geringen Vorteil von dem bemalten Prinzen, den Mister Moody mir gänzlich zur Verfügung überlassen hatte, freilich indem ihm der Anspruch auf die Hälfte des Ertrages erhalten blieb. Denn nicht nur dachte ich daran, welchen Gewinn man daraus ziehen könnte, wenn man ihn in England sehen ließe, sondern ich hoffte vielmehr, dank des daraus gezogenen Gewinnes etwas zu erwerben, was ich in Indien vergebens gesucht hatte, nämlich von etlichen Kaufleuten ein Schiff zu bekommen, worauf ich den Prinzen nach Melangies zurückbringen, danach ihn dort wieder in seine Rechte einsetzen wollte, um dann mit seiner Begünstigung und durch meine gute Wirtschaft auf diesen Inseln einen Handel mit Gewürzen und dem, was etwa sonst noch dort zu haben wäre, einzurichten.

Voll solcher Gedanken ging ich zum Gouverneur und den Räten und bat um meine Entlassung aus ihrem Dienst, um mit demjenigen Schiffe, das als nächstes hier ankommen würde, mich wieder nach England zu begeben. Die Räte sahen meine Bitte als billig an und willigten ein, und auch der Gouverneur gab mir sein Wort darauf, daß ich gehen könnte. Nun kam am 2. Januar 1691 ein Schiff der Compagnie, »Defence« genannt, unter dem Kommando von Kapitän Heath, das nach England segeln wollte, auf der Reede von Bencouli an. Dieses hatte zuvor in Indrapore angelegt gehabt, wo Mister Moody noch lebte; er hatte aber sein Teil an dem Prinzen Jeoly an Mister Goddard, einen Bootsmann des genannten Schiffes, abgetreten. Sobald dieser an Land kam, zeigte er mir Mister Moodys Schreiben und besuchte Jeoly, der seit drei Monaten krank war, während welcher Zeit ich ihn aber so gehalten hatte, als wenn er mein Bruder gewesen wäre. Mit diesem Goddard nun bereitete ich alles vor, schickte Jeoly an Bord in der Absicht, selber nachzukommen, sobald es mir möglich wäre, und bat Mister Goddard, er möge mir helfen zu entwischen, mich auch wenn nötig auf dem Schiffe verbergen. Das alles versprach er mir, auch gab mir der Kapitän sein Wort, daß er mich aufnehmen wollte.

Es geschah mir aber genau das, was ich mir selber prophezeit hatte. Sobald Kapitän Heath angelangt war, reute es den Gouverneur, daß er mich sollte ziehen lassen, und er wollte nicht mehr. Ich plagte ihn, so sehr ich konnte, richtete aber damit nichts aus. Auch Kapitän Heath mischte sich ein, doch half das ebensowenig. Nach vielerlei vergeblichen Versuchen durchzugehen, gelang es mir endlich gegen Mitternacht, nachdem ich erfahren hatte, daß das Schiff am nächsten Morgen früh unter Segel gehen sollte und von der Festung schon Urlaub genommen hätte. Ich kroch durch eine der Schießscharten der Festung, gelangte zum Strande, wo das Schiffsboot auf mich wartete, um mich an Bord zu bringen. Mein Tagebuch und die meisten schriftlichen Papiere brachte ich davon, mußte jedoch wegen der Eile meines Aufbruchs einige Schriften und wertvolle Bücher und mein gesamtes Gerät zurücklassen. Indessen war ich von Herzen froh, daß ich meine Freiheit wiedererlangt, und durfte die Hoffnung haben, England wiederzusehen.

Nachdem ich dergestalt auf die »Defence« gelangt war, hielt ich mich dort verborgen, bis ein mit Pfeffer beladenes Boot, das aus der Festung kam, wieder zurückgefahren war. Am 25. Januar 1691 gingen wir dann endlich nach dem Cap der Guten Hoffnung unter Segel und eilten dahin, so sehr es Wind und Wetter zulassen wollten. Auch hofften wir, dort noch drei andere englische Schiffe anzutreffen, die gleichfalls auf dem Rückwege von Indien nach England begriffen waren, denn weil der Krieg gegen Frankreich in der Festung St. George kurz vor Kapitän Heaths Abreise öffentlich ausgerufen worden, konnte es ihm nur lieb sein, womöglich unterwegs Gesellschaft anzutreffen, um desto sicherer zu reisen.

Nachdem wir noch gar nicht lange auf See gewesen waren, überfiel unsere Leute eine Krankheit, die sie ganz unversehens ergriff und ihrer über 30 hinwegraffte, ehe wir beim Cap anlangten. Es verging kein Morgen, an dem wir nicht ihrer zwei ins Meer warfen, und einmal warfen wir gar drei hinein. Diese

Krankheit rührte vermutlich von der schlechten Beschaffenheit des üblen zu Bencouli eingenommenen Wassers her. Während ich dort war, hatte ich nämlich bemerkt, daß das Wasser des Flusses, dessen sich unsere Schiffe bedienten, sehr ungesund war, weil es sich mit Wasser aus kleinen Bächen vermischte, die durch flaches Land liefen und von morastigen und ungesunden Orten herkamen, wovon es ganz schwarz und eklig war. Obendrein war nicht nur das Wasser selbst schlecht; außerdem hatte man es in den untersten Laderaum neben den Pfeffer gelegt, der es sehr erhitzte. Wenn wir des Morgens gingen, unsere Ration Wasser zu holen, befanden wir es so heiß, daß man kaum die Hand darein tauchen oder eine gefüllte Flasche in der Hand halten konnte. Ich hatte mein Lebtage von dergleichen noch nicht gehört, auch nicht für möglich gehalten, daß sich Wasser im Schiffe dermaßen erhitzen könnte. So war es auch überaus schwarz und sah Tinte ähnlicher als Wasser. Ich weiß zwar nicht, ob diese Schwärze von der Länge der Lagerzeit oder der Nachbarschaft des Pfeffers herrührte; zumindest ist gewiß, daß es nicht so schwarz war, als es eingeschöpft wurde. Auch mit unseren Eßwaren stand es überaus schlecht, denn das Schiff war schon länger als drei Jahre von England fort. Weil nun das damals an Bord genommene gesalzene Fleisch so lange im Salz gelegen hatte und wir es gleichwohl essen mußten, ist leicht zu erachten, was für eine elende Speise das für kranke Menschen gewesen ist. Als nun Kapitän Heath das große Elend seines Schiffsvolkes sah, gab er auf jeden Tisch etwas von seinen Tamarinden oder indianischen Datteln, deren er etliche Krüge voll hatte. Wir aßen sie zu unserem Reis, und sie waren eine große Erquickung für unsere Leute, so daß ich vermute, dies habe sie noch etwas bei Kräften erhalten.

Dennoch aber griff diese Krankheit so sehr um sich, daß ich nicht glaube, irgend jemand an Bord sei von ihr unangefochten geblieben. Sie schlich sich auch dergestalt ein, daß man kaum über etwas Bestimmtes klagen konnte, denn man empfand wenig oder gar keine Schmerzen, war nur schwach und ohne Appetit zum Essen. Derart wollten sogar diejenigen, die daran starben, sich kaum dazu überreden lassen, sich in der Kajüte oder ihrer

Hängematte aufzuhalten, bis sie dann endlich gar nicht mehr anders konnten; sobald sie sich aber legen mußten, machten sie ihr Testament und waren zwei oder drei Tage später tot.

Dieser Verlust an Leuten nun und der betrüblich schwache Zustand der anderen brachte es mit sich, daß wir unser Schiff nicht regieren konnten, wenn der Wind stärker wurde, als er insgemein zu sein pflegt. Das trug sich zu, als wir anfingen, uns dem Cap zu nähern, und das versetzte uns alle in großen Kummer. Kapitän Heath, so krank er auch war, hielt seine Wachestunden so gut als ein anderer, nur um den Leuten Mut zu machen, und half überall mit, wo es galt, Hand anzulegen. Als er aber endlich wegen der angehenden Südwinde fast alle Hoffnung verlor, an das Cap zu gelangen, rief er alle seine Leute zusammen, um mit ihnen über die allgemeine Not zu ratschlagen. Er bat sie alle vom Ranghöchsten bis zum Niedrigsten, ein jeglicher solle seine Meinung frei heraussagen, was er bei diesem gefährlichen Zustande für das Tunlichste hielte, denn lange könnten wir uns nicht mehr auf See halten und wenn wir nicht bald an Land kämen, müßten wir notwendig umkommen. Nachdem er solchermaßen die Meinung seiner Leute ausgeforscht hatte, sagte er zu ihnen, es wäre nicht genug, daß sie einwilligten, nach dem Cap zu gehen, wie es ja die ursprüngliche Absicht gewesen war, denn der bloße Wille brächte niemand dorthin, sondern es müßten alle, denen es nur möglich wäre, ihre Kräfte aufs äußerste anspannen. Um sie selber zu ermuntern, versprach er allen denen, die sich verpflichten wollten, sich auf Anforderung jederzeit zur Arbeit zu stellen, einerlei ob sie an der Reihe wären oder nicht, einen Monatssold zusätzlich, der zu zahlen wäre, sobald sie am Cap angelangt wären. Dieser Vorschlag wurde zuerst von einigen Offizieren angenommen und hernach von allen anderen, die sich noch im Zustande befanden, das zu tun; sie ließen ihre Namen in ein besonderes Register eintragen.

Kapitän Heath tat sehr gut daran, diesen Rat in der Not zu finden, denn weil unsere Leute so sehr schwach waren, hätte er sie zur Arbeit nicht zwingen können. Bloße Versprechungen ohne Hoffnung auf eine Belohnung hätten sie auch zu einer solchen außerordentlichen Arbeit nicht gebracht, denn das Schiff,

die Segel und das Tauwerk hatten es sämtlich höchst nötig, ausgebessert zu werden. Ich selber war zu schwach, mich mit aufschreiben zu lassen. Bald hernach aber gefiel es Gott, uns einen
erwünschten Wind zu schicken, dessen wir uns so gut als möglich
bedienten, so daß wir letztlich, auch dank der unaufhörlichen
Arbeit derjenigen, die sich hatten aufschreiben lassen, viel eher
als wir gedacht oder gefürchtet hatten, vor dem Cap der Guten
Hoffnung anlangten.

In der Nacht zuvor, ehe wir in den Hafen einliefen, welches
zu Anfang April war, und da wir wohl wußten, daß wir nahe
am Lande waren, taten wir alle Stunden einen Kanonenschuß,
um damit zu erkennen zu geben, daß wir uns nicht zum besten
befanden. Am Morgen kam ein holländischer Kapitän zu uns an
Bord, der, als er uns so abgemattet sah, daß wir nicht mehr im
Stande waren, die Segel auszuspannen, um das Schiff zu wenden
und in den Hafen einzulaufen, wiewohl wir das auf See noch
immerhin vermocht hatten, alsbald an Land schickte und 100
starke Leute holen ließ, zumal auch unser Kapitän ihn gebeten
hatte, uns zu helfen. Die also brachten uns in den Hafen, wo
wir Anker auswarfen; sie machten auch die Segel los und taten
alles, was man von ihnen forderte, wofür Kapitän Heath sie
denn auch reichlich belohnte. Sie hatten besseren Appetit als wir
und aßen von unseren Schiffsspeisen wacker darauf los. Und
weil sie überall ein- und ausgehen durften, nahmen sie alles mit
sich, was ihnen in die Hände kam, im besonderen von dem
gesalzenen Rindfleische, welches unsere Leute nicht hatten essen
können. Dies alles war verschwunden, ehe wir nur daran dachten oder darauf hätten acht geben können. Auch wurde nachts
ein großer Ballen baumwollenen Tuches aufgemacht und ein
Großteil davon weggenommen. Ob das aber von den holländischen oder von unseren Leuten geschehen, weiß ich nicht, denn
obgleich diese dem Tode noch so nahe waren, so gab es doch
einige darunter, die ihre geschickten Diebesgriffe nie und nirgends lassen konnten.

Sobald wir nun Anker geworfen hatten, schickten wir sogleich
unsere Kranken an Land; diejenigen aber, denen es nur möglich
war, blieben an Bord. Ihnen wurde täglich frisches gutes

Hammel- und Rindfleisch zugeführt. Ich fuhr nebst meinem bemalten Prinzen auch an Land und blieb daselbst, bis wir wieder unter Segel gingen, was ungefähr sechs Wochen später geschah. Mittlerweile wandte ich die Zeit so gut als möglich dazu an, die Beschaffenheit von Land und Leuten auszuforschen, wovon ich hier in Kürze einiges mitteilen will.

Einer eingehenden geographischen und klimatischen Beschreibung des Caps der Guten Hoffnung und seiner Bedeutung für die Schiffahrt läßt Dampier die ausführliche Darstellung der Tier- und Pflanzenwelt folgen, wovon hier nur einiges wenige zitiert sei.

Am Vorgebirge werden vornehmlich Weintrauben angebaut, die dort sehr gut gedeihen, und man hat seit etlichen Jahren dort so viel Weinberge angelegt, daß so viel Wein gekeltert wird, daß nicht nur die Einwohner damit hinlänglich sich versehen können, sondern auch anderen davon verkauft wird, daß also die Schiffe, die dort anlanden, Wein genug bekommen können. Dieser Wein ist dem weißen französischen aus dem Hochland gleich, jedoch von blaßgelber Farbe, süß, sehr angenehm und stark. Neben mancherlei Arten zahmer Tiere, die hier gut fortkommen, ist insonderheit eine Gattung sehr schöner wilder Esel zu erwähnen, die überaus merkwürdige, schwarze und weiße Streifen haben, welche vom Kopfe bis zum Schwanze gehen und sich unter dem Bauch, der weiß ist, verlieren. Diese Streifen sind zwei bis drei Finger breit und laufen ganz genau nebeneinander her, wobei stets ein schwarzer einem weißen in der richtigen Ordnung folgt. Ich habe zwei solche getrocknete Häute gesehen, die man aufhob, um sie als Kuriosität nach Holland zu schicken; sie schienen groß genug, daß ein Eselfüllen hätte darin stecken können.

Nahe an der Küste, dem Hafen gleich gegenüber, haben die Holländer eine Festung gebaut, in welcher der Gouverneur wohnt. 200 oder 300 Schritte davon gegen den Westen des Hafens ist ein kleiner Flecken, der von den Holländern bewohnt wird. Dort habe ich 50 bis 60 niedrige Häuser gezählt, die alle gut und aus Steinen gebaut sind. Hinter diesem Flecken gegen die Berge zu hat die Holländische Ostindische Compagnie ein großes Haus erbauen und dabei einen prächtigen Garten anlegen und mit einer steinernen Mauer einschließen lassen, in welchem die Fremden spazieren gehen dürfen.

Die Holländer, die hier wohnen, werden durch die häufig allda anlangenden Schiffe sehr reich, jedoch am meisten durch diejenigen anderer Nationen, die sich dort erfrischen wollen. Auch sind Brot, Fleisch und Getränke durchaus nicht wohlfeiler als in England, wiewohl sie alles in großem Überflusse haben. Da die nächsten Wohnplätze an die 20 Meilen vom Hafen entfernt sind, ist das Schiffsvolk wohl oder übel gezwungen, mit den zunächst wohnenden Leuten seinen Handel zu treiben und ihnen ihre Waren abzukaufen.

Die natürlichen Einwohner des Caps sind die Hottentotten. Sie sind von mittelmäßiger Größe, kleinen Gliedmaßen, daher schlanken Leibes und sehr hurtig. Ihr Angesicht ist platt und länglich rund wie das aller Schwarzen, die Augenbrauen sind groß, die Nase aber nicht so eingedrückt, noch die Lippen so wulstig wie bei den Schwarzen in Guinea. Sie sind schwärzer als gewöhnlich die Indianer, aber nicht so sehr wie die Mohren oder die Einwohner von Neu-Holland, wie denn auch ihre Haare nicht ganz so kraus sind. Die Hottentotten beschmieren sich überall mit Fett, sei es, um ihre Glieder gelenkig zu machen, sei es, um ihre halbnackten Leiber durch Verstopfung der Poren wider die rauhe Luft zu schützen. Damit dies aber noch wirksamer sei, reiben sie die fett eingeschmierten Teile ihres Leibes, insbesondere das Gesicht, noch dazu mit Ruß ein, was denn ihre natürliche Schönheit noch vorteilhafter anzeigt, so wie es in Europa das Schminken bewirkt. Daher kommt es auch, daß sie sehr stark riechen, was ihnen selbst zwar annehmlich genug, andern aber recht zuwider ist. Sie sind auch allemal sehr froh, wenn sie aus irgendeiner Küche etwas stinkendes Fett bekommen können, womit sie sich so oft als möglich einschmieren. Ihr Haupt bedecken die Hottentotten nicht, doch hängen sie zur Zierde kleine Muscheln in ihre Haare. Ihre Kleider bestehen aus Schaffellen, welche sie wie einen Mantel über die Schultern hängen, die Wolle nach innen gekehrt. Außer diesem Mantel haben die Männer noch ein Stück Fell wie eine kleine Schürze vorne herunterhängen, die Weiber aber auch noch eines um die Hüften gebunden, das ihnen wie ein kurzer Rock bis an die Knie reicht. Ihre Beine sind zwei bis drei Finger dick mit Schafdärmen umwunden, manche bis zu den Waden, manche von unten bis an die Knie, so daß man, wenn man sie von weitem sieht, meint, sie hätten Stiefel an. Diese Därme wickeln sie um, wenn sie gerade erst ausgenommen sind, worauf sie dann mit der Zeit ganz hart und steif werden, denn sie nehmen sie nicht wieder ab, es sei denn, sie wollten sie essen. Das kann geschehen, wenn sie sich auf einer Reise befinden und sonst nichts zu essen haben; dann ist es für sie, wenn sie sie auch sechs, acht oder zwölf Monate getragen haben, dennoch ein vortrefflich köstliches Essen. Das alles haben mir die Holländer erzählt. Die oben beschriebene Kleidung legen die Hottentotten niemals ab, außer um die Läuse daraus zu suchen, denn weil sie ihre Felle niemals vom Leibe nehmen, stecken sie voller Ungeziefer, und so sitzen sie oft zwei bis drei Stunden in der Sonne und müssen dasselbe heraussuchen.

Ich habe mein Lebtage keine geringeren Hütten gesehen als bei den Hottentotten. Sie sind nur etwa neun bis zehn Fuß hoch und zehn bis zwölf von einer Seite zur anderen. Sie bestehen aus Stäben, die unten in die Erde gesteckt und oben, wo sie zusammenlaufen, aneinander gebunden sind. Die Wände und das Dach sind mit Baumruten zwischen den Pfählen gar ungeschickt durchflochten und überall mit langem Grase, mit Rohr und Stücken von Tierhäuten bedeckt. Von weitem sieht ein solches Haus eher einem Heuschober ähnlich. Auf der einen Seite wird nur ein kleines Loch von drei oder vier Fuß Höhe freigelassen, das an Stelle einer Tür dient und durch das man auf Händen und Füßen ein- und auskriechen kann. Kommt der Wind nun von der Seite her, wo dieses Loch ist, so wird es zugemacht und auf der Gegenseite eines geöffnet. Das Feuer machen sie mitten im Hause, und der Rauch nimmt durch die Ritzen, das heißt: nach allen Seiten, seinen Ausgang. Sie schlafen nicht auf Betten, sondern auf der bloßen Erde um das Feuer herum. Ihr Küchengerät besteht meistens nur aus ein paar Töpfen, worin sie ihr

Essen kochen. Sie leben überaus elend und dürftig; auch heißt es, daß sie auf Reisen zwei oder drei Tage hintereinander fasten können.

Ihre übliche Speise besteht aus Kräutern, Fleisch oder Muscheln, welche sie zwischen den Klippen oder anderswo suchen, wenn Ebbe ist, denn sie haben weder Schiffe noch Barken, um zum Fischfang auszufahren. Mein Wirt, ein Holländer, sagte mir, sie hätten Schafe und Rindvieh gehabt, ehe sich die Holländer bei ihnen seßhaft niedergelassen, und die im Inlande wohnenden Hottentotten hätten auch noch viel dergleichen Vieh, das sie den Holländern für Tabak verkauften. Der Preis einer Kuh oder eines Schafes ist ein Stück gerollten Tabaks von solcher Länge, daß man damit von den Hörnern bis zum Schwanze messen kann. Tabak nämlich ist ihr Liebstes, und sie tun alles in der Welt, um nur etwas davon zu erlangen. Viele Leute haben mir bekräftigt, daß sie solchen Tauschhandel treiben, allein dem gemeinen Manne ist nicht erlaubt, auf diese Art das Vieh zu kaufen, sondern diesen Vorteil hat sich die Compagnie vorbehalten. Mein Wirt, bei dem viel Volk herbergte, setzte uns meistens immer Schafsfleisch vor, welches er zum Teil in der einzigen Fleischbank im Flecken kaufte, zum andern aber auch selbst schlachtete. Die Hottentotten brachten ihm bei Nacht ein oder mehr Schafe und halfen ihm, dieselben abzuziehen und zurechtzumachen, wofür er ihnen nur die Haut und das Gedärme gab.

Die Hottentotten, die nahe um den Flecken wohnen, ernähren sich meistenteils von den Holländern, denn es gibt kein Haus, das nicht einen oder mehrere von ihnen für alle Knechtsarbeiten beschäftigt, wogegen sie dort ihren Unterhalt und das Fett, womit sie sich beschmieren, bekommen. Es warten wohl auch drei oder vier ihrer nächsten Anverwandten an der Türe oder nicht weit davon, nur um das, was vom Essen übrig bleibt, zu bekommen.

Ob sie irgendeine Religion haben, ist mir völlig unbekannt, denn ich habe weder je gesehen noch gehört, daß sie Tempel oder Götzenbilder noch auch irgendeinen Ort zum Gottesdienst hätten. Indessen haben aber ihre nächtlichen Freudenfeste zur Zeit des neuen und des vollen Mondes etwas von Aberglauben an sich. Wenn der Mond voll ist, singen, tanzen und schreien sie die ganze Nacht. Ich bin zu solchen Zeiten zweimal zu ihren Hütten gegangen und habe ihnen eine Stunde und länger zugesehen. Sie gebärden sich mächtig geschäftig und tanzen, Männer, Weiber und Kinder, auf recht seltsame Weise auf dem Grase bei ihren Hütten. Sie liefen etliche Male untereinander ohne alle Ordnung herum, klatschten oft in die Hände und sangen laut. Das Gesicht hatten sie bald gegen Morgen, bald gegen Abend gewendet, doch sah ich nicht, daß sie mehr Bewegungen oder andere Gebärden gemacht, wenn sie sich dem Monde zukehrten, als wenn sie ihm den Rücken wandten.

Im übrigen sind die Hottentotten sehr faule Leute, die zwar ein weites und herrliches Land zum Ackerbau besitzen, aber dennoch lieber nach Art ihrer Vorfahren, das heißt: sehr elend, leben, als durch Arbeit sich zu besserem Unterhalte verhelfen wollen. Damit nun genug von den Hottentotten; ich will jetzt wieder auf unsere Reise zu sprechen kommen.

Sobald wir auf dem festen Lande angekommen waren, mietete Kapitän Heath ein eigenes Haus und ließ sich kurieren. Diejenigen von seinen Leuten, die es sich leisten konnten, taten ein gleiches; die aber keine Mittel hatten, wurden vom Kapitän mit Wohnungen versehen und freigehalten. Drei oder vier Personen, die sehr krank an Land kamen, starben da, die andern erholten sich bald wieder, wozu der Medicus der Festung und nicht weniger die Luft, die Speisen und der Wein viel beitrugen. Denjenigen, die sich auf dem Schiffe für die besondere Arbeit hatten einschreiben lassen, zahlte der Kapitän allhier, was er ihnen versprochen hatte; das kam ihnen wohl zustatten, um sich für die bevorstehende Reise mit Getränken zu versehen. Sonst aber hatten wir so wenig Volk, daß wir die Arbeit auf dem Schiffe nicht bestreiten konnten. Kapitän Heath bat deswegen den Gouverneur, ihm etliche Personen zuzuweisen, doch wurde nichts daraus, und somit war Kapitän Heath genötigt, insgeheim alles anzunehmen, was er an Leuten bekommen konnte, Soldaten oder Matrosen. Weil aber die Holländer wußten, daß wir Schiffsvolk brauchten, mußten diejenigen, die mit uns nach

Europa wollten, ihrer 40 an der Zahl, ganz heimlich sich bei uns anmelden, wobei wir ihnen den Ort nannten, wo unsere Schaluppe sie zur Nachtzeit abholen würde. Wir brachten ihrer aber stets nur drei oder vier auf einmal an Bord, falls etwa eine holländische Schaluppe vorbeigefahren käme.

Um den 23. März 1691 gingen wir in Gesellschaft der beiden Schiffe »James and Mary« und »Josiah« wieder auf See und nahmen unseren Weg nach der Insel St. Helena. Auf dieser Reise geschah sonst nichts Denkwürdiges, als daß wir einmal von Südwesten her sehr hohe See bekamen, die, weil sie uns von der Seite her anstieß, das Schiff tüchtig hin und her schlenkerte. Etlichen Wasserfässern, die von einer Seite des Schiffes auf die andere rollten, wurde sogleich der Boden herausgestoßen. Die Stückkugeln, die aus ihren Kisten gefallen waren und gleichfalls durcheinander herumrumpelten, machten bei jeder seitlichen Bewegung des Schiffes ein grausames Getöse, und es machte große Mühe, sie wieder an Ort und Stelle zu bringen. Die Geschütze selbst, die wohl verwahrt und fest angeklammert waren, rührten sich nicht, doch machten die Schrauben und Bänder, die sie festhielten, eine laute Musik. Das Schiff wurde so plötzlich und so heftig erschüttert, daß wir die größte Angst hatten, es könne sich etwa ein Geschütz losreißen, und das würde ohne Zweifel die Schiffswände sehr beschädigt haben. Auch die Mastbäume waren in großer Gefahr. Wir kamen aber dennoch aus alledem noch so davon, daß wir nicht mehr Schaden hatten, als daß einigen Wasser- und Weinfässern die Böden eingestoßen wurden.

Am 20. Juni trafen wir bei der Insel St. Helena ein, wo die »Princess Ann« vor Anker lag und auf uns wartete. Die Insel ist klein, nicht länger als etwa neun bis zehn Meilen, und liegt vom Festlande wohl 300 bis 400 Meilen entfernt. Gegen das Meer zu hat sie auf allen Seiten lauter hohe Felsen, so daß man nur an zwei oder drei Stellen aussteigen kann. Das Land selbst liegt hoch und ist bergig, es scheint dürr und unfruchtbar zu sein, doch gibt es auch schöne Täler, wo gesät und gepflanzt werden kann. Die Berge sind ganz kahl, und nur selten erblickt man einen Strauch. In den Tälern hingegen, so sagte man mir, wäre auch Bauholz zu finden. Es heißt, daß die Portugiesen die Insel

entdeckt hätten, und hernach war sie abwechselnd im Besitze
der Holländer und der Engländer gewesen. Jetzt war sie in den
Händen der englischen Ostindischen Compagnie, mit Mannschaft und Artillerie wohl versehen und durchaus im Stande,
sich tapfer zu verteidigen. Die Stelle, wo man gewöhnlich an
Land zu gehen pflegt, ist eine kleine Bucht in Gestalt eines Halb-
mondes; sie liegt zwischen zwei hervorragenden Landzungen
und ist kaum 500 Schritt breit. An der Seeseite sind von einer
Ecke der Bucht bis zur anderen mehrere Stücke grobes Geschütz
aufgestellt, dazu ist etwas mehr vom Ufer ab eine kleine
Schanze angelegt, was alles zusammen die Bucht so gut sichert,
daß es unmöglich ist, mit Gewalt dort einzudringen.

An der großen Bucht, welche zwischen zwei hohen und steilen
Bergen in einem Tal liegt, haben die Engländer eine kleine Stadt,
worinnen 20 bis 30 Häuser aus rauhen, unbehauenen Steinen
sind, die auch nur ganz schlechten Hausrat haben. Der Gouverneur ist ziemlich gut behaust; sein Logis ist nahe der Schanze,
zwar niedrig, aber ganz hübsch. Hier lebt er ständig und hat
auch einige Soldaten, die ihn bedienen und in der Schanze Wache
halten müssen. Die Häuser in der Stadt hingegen sind leer, denn
die Felder, wo die Einwohner meistens zu tun haben, liegen
weiter ins Land hinein; sobald aber Schiffe ankommen, läuft
alles in die Stadt und bleibt dort, so lange die Schiffe dableiben.
Alsdann ist auf der Insel Jahrmarkt, wo dann die Einwohner
alles kaufen, dessen sie bedürfen, und dagegen die Eßwaren ab-
geben, die sie ihrem Ackerbau verdanken.

Wir blieben fünf oder sechs Tage auf St. Helena, und die
ganze Zeit über waren die Einwohner in der Stadt, um unseren
Bootsleuten dienstbar zu sein, die häufig an Land gingen, um
sich mit ihren Landsleuten zu verlustieren. Die Rasttage am
Cap der Guten Hoffnung hatten aber die Beutel der Unsrigen
ziemlich geleert, und deswegen waren die Insulaner sehr mißvergnügt, ja, einige der Ungeduldigsten beklagten sich gar öffentlich darüber und meinten, die Compagnie müßte angehalten
werden, ihren Schiffen den Aufenthalt am Cap nicht mehr zu
gestatten. Dessenungeachtet benahmen sie sich recht höflich in
der Hoffnung, an denjenigen, die erst am Cap zu uns gekommen

waren, doch noch etwas zu verdienen. Wenn wir geradewegs nach St. Helena gekommen wären und nicht am Cap erst angelegt hätten, würden auch die ärmsten der Insulaner an der Beherbergung und Wartung der Kranken etwas verdient haben, denn das zurückkommende Schiffsvolk leidet zumeist, der eine mehr, der andere weniger, an Skorbut. Die Seeleute haben die einzige Hoffnung, auf St. Helena sich zu erquicken und wieder zu erholen, und das gelingt auch allemal, wofern sie nur noch an Land kommen können. Es wachsen hier vortreffliche gesunde Kräuter, mit welchen man anfängt, die Kranken zu baden, um die Krankheit aus den Gelenken zu treiben; hernach helfen die frischen Früchte, Wurzeln und anderen Speisen, die skorbutischen Säfte bald vollends aus dem Leibe zu treiben. Mit dieser Kur geht es so geschwinde zu, daß Leute, die man in ihren Hängematten hatte an Land bringen müssen, weil sie nicht einmal mehr gehen konnten, acht Tage darauf schon wieder tanzen konnten. Es verliebten sich auch mehrere Bootsknechte in die hiesigen Jungfern« wie denn ein junger Mensch von dem Schiffe »James and Mary« sich mit einer trauen ließ und dieses sein Weib mit sich nach England nahm.

Ich war während unseres Aufenthaltes hier nur zwei Tage an Land, um für mich und Jeoly, den ich mit mir nahm, Erfrischungen einzukaufen. Er war sehr emsig, von den Früchten der Insel einiges einzusammeln, und hatte auch einen Sack vom Schiffe mitgebracht, den ihm die Leute, die sich sehr über ihn verwunderten, mit allerhand Wurzeln vollstopften. Hier habe ich ihn zum letztenmal in meiner Gewalt gehabt, denn obwohl der Oberbootsmann, dem Mister Moody seinen Anteil verkauft hatte, ihn mir ganz und gar überließ und ich auch willens war, ihn in England herumzuführen, so waren wir doch kaum auf der Themse angekommen, als ich Jeoly an Land schicken und vor vornehmen Personen sehen lassen mußte. Weil ich alsdann Geld benötigte, war ich gezwungen, einen gewissen Anteil an ihm zu verkaufen, und das immer ein Stückchen mehr, bis ich ihn schließlich ganz verkauft hatte. Später hörte ich, daß man ihn herumgeführt und für Geld hatte sehen lassen, und nachmals, daß er zu Oxford an den Kindsblattern gestorben wäre.

Doch sei unsere Reisebeschreibung weiter und zu Ende gebracht. Sobald wir nur unsere Fässer wieder mit frischem Wasser gefüllt hatten, gingen wir nebst den Schiffen »James and Mary« und »Josiah«, zu denen sich jetzt noch die »Princess Ann« gesellte, am 2. Juli 1691 wieder unter Segel, nahmen unseren Weg gerade auf England zu und beabsichtigten nicht, unterwegs noch irgendwo anzulanden. Ehe wir noch über den Äquator fuhren, sahen wir drei Schiffe, richteten auch unseren Kurs auf dieselben und fanden, daß zwei von ihnen portugiesische Schiffe auf dem Wege nach Brasilien waren, während das dritte zu weitab von uns war und wir mit ihm nicht reden konnten. Die Portugiesen sagten uns, es sei ein englisches Schiff namens »Dorothy« auf dem Wege nach Ostindien. Wir segelten darauf mit unseren drei Reisegefährten geschwinde weiter, aber noch ehe wir in die Nähe der englischen Insel kamen, wurden wir durch schlechtes Wetter voneinander getrennt; in Sicht des Landes jedoch trafen wir die anderen wieder, nur nicht die »James and Mary«. Dieses Schiff war vor uns in den Kanal eingelaufen und hatte in Plymouth unsere Ankunft angekündigt. Daraufhin liefen die dort liegenden Kriegsschiffe uns entgegen und begleiteten uns bis auf die Höhe von Plymouth. Hier gesellte sich auch die »James and Mary« wieder zu uns und in Gesellschaft mehrerer Kriegsschiffe segelten wir nach Portsmouth. Dort verließ uns unser erster Konvoi und lief in den dortigen Hafen ein. Aber wir brauchten nun keine Konvois mehr, denn unsere Flotten waren im Begriffe, in ihre Winterhäfen einzulaufen, so daß wir bis zu den Downs die Gesellschaft zahlreicher englischer Schiffe hatten. Als wir auf die Höhe von South Foreland kamen, ließen wir die Flotte ihren Weg fortsetzen, wir aber nahmen den unsrigen nach den Downs, wo wir am 16. September 1691 unsere Anker fallen ließen.

DEO IT LAUS

NACHWORT

Einen Mann mittleren Alters im Kostüm seiner Zeit zeigt das um 1700 entstandene Brustbild Dampiers von Thomas Murray, das in der National Portrait Gallery in London hängt. Es trägt die simple Unterschrift »Captain William Dampier: Pirate and Hydrographer« und entspricht ebensowenig der landläufigen Vorstellung vom Aussehen eines Piraten, wie das Buch in seiner Hand zu einer solchen Profession zu passen scheint. Während die Gesichtszüge des schlanken Mannes, die kräftige Nase, das feste Kinn, die etwas vorgeschobene Unterlippe einen kraftvollen, womöglich herrischen Charakter vermuten lassen, verrät der Blick der dunkelblauen Augen das wahre Wesen des Dargestellten: kritisch abschätzend, prüfend und wägend scheint Dampier sein Gegenüber anzusehen, doch ist es nicht der Blick eines, der auszieht, die Welt zu erobern und ihre Schätze sich anzueignen, sondern der des Wissenden, der mancherlei gesehen und erfahren und seine romantischen Vorstellungen aus jüngeren Jahren schon lange zu Grabe getragen hat. Unversehens wird das Porträt eines uns noch Unbekannten zu einer Charakterstudie, deren Einzelzüge in seinem hinterlassenen Werk ihre Bestätigung finden.

In dem Dorf East Coker in der südenglischen Grafschaft Somerset – es ist übrigens dasselbe East Coker, das dem zweiten von T. S. Eliots »Four Quartets« seinen Namen gab: von dort waren des Dichters Vorfahren im 17. Jahrhundert nach Amerika ausgewandert – ist der Name William Dampiers als Sohn eines Pächters unter dem 8. Juni 1652 im Taufregister eingetragen. Zehn Jahre darauf stirbt der Vater, sechs Jahre später die Mutter. Zuerst besucht der Junge die Lateinschule, wahrscheinlich im nahen Yeovil, doch läßt ihn nach dem Tode der Mutter der Vormund vordringlich Schreiben und Rechnen lernen und willigt ein, daß der etwa Achtzehnjährige, seiner, wie er später schreibt, »sehr früh verspürten Neigung, die Welt zu sehen«, nachgebend, als Schiffsjunge eine Reise erst nach Frankreich und später nach Neufundland macht. Das harte nördliche Klima weckt bald in ihm den Wunsch nach einer ausgedehnten Fahrt in freundlichere Breiten, und so macht er nach seiner Rückkehr nach London eine Reise vor dem Mast nach Bantam mit. 1672 ist er wieder zuhause und verbringt den Rest des Jahres bei seinem Bruder in Somersetshire.

Nach einer kurzen Teilnahme an den Kämpfen des englisch-holländischen Handelskrieges wird Dampier angeboten, auf Jamaica die Leitung einer Plantage zu übernehmen; die Reise dorthin erarbeitet er sich als einfacher Seemann. Nach einigen Monaten der neuen Tätigkeit erkennt er, daß dies nicht die rechte Arbeit für ihn ist; er heuert wieder an und lernt auf mehreren kurzen Fahrten mit Handelsschiffen »alle Häfen und Buchten von Jamaica, die Waren des Landes und die Gunst der Land- und Seewinde« kennen. Schon jetzt wird er zum genauen Beobachter seiner natürlichen Umwelt zu Wasser und zu Lande, der Pflanzen, Tiere und Menschen, die ihm vor Augen kommen, und er beginnt, ein Tagebuch zu führen, das er stets als seinen wertvollsten Besitz erachtet und in späteren Jahren oft unter großen Widrigkeiten rettet. Ohne diese Aufzeichnungen würden seine Bücher so akkurate und ausführliche Schilderungen von Land und Leuten, Wasser und Winden rund um den Globus nicht enthalten können. Mehrfach erzählt der Schreiber, wie er sein Diarium vor dem Verlust bewahrt: sei es, daß er im Mai 1681, als er mit einer Schar von Flibustiern den tropischen Urwald der Halbinsel Darien zu Fuß durchquert, schon beim Verlassen des Schiffes sich mit einem geeigneten, an beiden Enden mit Wachs verschlossenen Stück Bambus versieht, worin er seine Schriften sicher weiß, wenn es Flüsse zu durchwaten oder zu durchschwimmen gilt, sei es im Mai 1688 auf den Nicobaren, als auf einer Probefahrt das Kanu gekentert war und Dampier mit äußerster Vorsicht die durchnäßten Schriftblätter am offenen Feuer trocknet, oder schließlich bei seiner heimlichen Flucht aus Fort Bencouli im Januar 1691, wobei er eher seine sonstigen Besitztümer zurückläßt als seine kostbaren Papiere. Wie recht er daran getan hat, erweist sich später in England: nach zwölfeinhalbjähriger Abwesenheit kehrt Dampier praktisch mit leeren Händen zurück, denn auch der tätowierte Eingeborene, den er in England gegen gutes Geld vorzuführen hofft, bringt ihm nur wenig ein, während das im Laufe der nächsten sechs Jahre entstehende große Werk über

Captain William Dampier:
Pirate and Hydrographer

seine Weltumsegelung, das 1697 erstmalig erscheint und noch im selben Jahr dreimal neu aufgelegt wird, die Grundlage zu

Dampiers weiteren Unternehmungen und seinem anhaltenden Nachruhm schafft.

Für die Dauer von zwei Jahren – zwischen 1675 und 1678 – ist Dampier in der Bucht von Campeche mit dem Handel, dem Fällen und Verschiffen, von Blauholz beschäftigt; zwischendurch unternimmt er einige Fahrten mit Freibeutern, was ihn bis nach Veracruz führt. All das trägt ihm jedoch keine Reichtümer ein, und via Campeche und Jamaica fährt er nach London zurück, wo er im August 1678 eintrifft. Er bewilligt sich nur einen knappen Landurlaub von sechs Monaten, während dessen er heiratet. Kinder scheint die Ehe nicht hervorgebracht zu haben, von seiner Frau findet sich erst rund 25 Jahre später wieder einen aktenkundige Spur. Dampier entschließt sich zu einer neuerlichen Fahrt nach Campeche – eben jener Fahrt, die sich dann zu seiner berühmten Reise um die Welt ausweiten sollte.

Diese Weltumsegelung war nicht – wie frühere und spätere Forschungs- und Entdeckungsfahrten anderer Seekapitäne – ein zielgerichtetes, konsequent durchgeführtes Unternehmen, sondern eine sich aus lauter Teilstrecken, je nachdem die Gunst oder Ungunst der Verhältnisse es gestattete, zusammensetzende Fahrt, eine durch Zufälligkeiten bestimmte, durch hunderterlei Ablenkungen und Umwege kreuz und quer laufende Reise, die denn auch über ein Dutzend Jahre dauern sollte und unseren Schreiber an Bord von rund einem Dutzend Schiffen führte, ehe er wieder heimatlichen Boden betreten konnte. Zu Anfang des Jahres 1679 war Dampier von London wieder nach Jamaica gereist, wo er die Absicht, Handel zu treiben, bald aufgab, da er der Verlockung nicht widerstehen konnte, sich einer Gruppe von Freibeutern anzuschließen, deren Flotte sich im Westen Jamaicas versammelt hatte. Zu diesen Bukaniern gehörten neben Engländern auch Franzosen und Holländer, deren Aktionen sich gegen die spanischen Zwingherren und Ausbeuter Mittel- und Südamerikas richteten.* Diese Raubzüge geschahen, nur zum Teil durch entsprechende Freibriefe von britischer oder französischer Seite formell abgesichert, prinzipiell auf der Grundlage der Gesetzlosigkeit, und diese bestimmte auch weitgehend die Verhältnisse an Bord der Schiffe selbst. So war es etwa – wie bei Dampier zu lesen – für die Kapitäne durchaus ratsam, für ihre Vorhaben das Einverständnis der oft bunt zusammengewürfelten Mannschaften zu gewinnen; Desertionen, Meutereien und die Aussetzung widerspenstiger Seeleute waren durchaus an der Tagesordnung. Die Reihe von Raubzügen zu Wasser und zu Lande, an denen Dampier auf verschiedenen Schiffen teilnimmt – zuletzt an Bord eines französischen, wovon er zu berichten weiß, die französischen Seeleute seien »die traurigsten Geschöpfe, zwischen denen ich mich je befunden habe«, – macht ihn zwar nicht zum reichen Mann, aber sie ermöglicht es ihm immerhin, sich für 13 Monate in Virginia niederzulassen, von welchem Aufenthalte Näheres nicht gesagt wird.

Im April 1683 trifft in Virginia eine Gruppe englischer Freibeuter ein, die sich in den Besitz eines französischen Piratenschiffes gesetzt haben. Als sie ankündigen, sie wollten in das Südmeer – sprich: den Pazifischen Ozean – segeln, wächst die Mannschaft schnell auf rund 70 Köpfe an. Auch Dampier schließt sich ihnen an – sei es, daß ihn wiederum die Reise- und Schaulust packte, sei es, daß seine Mittel erschöpft waren–, und so setzt dann im August 1683 jener Teil der Reise ein, der im vorliegenden Buche in Dampiers Originaltext wiedergegeben wird und den er selbst »das Hauptstück dieses Buches« nennt. Es möge an dieser Stelle genügen, wenn nur die einzelnen Hauptstationen der weiträumigen Fahrt genannt werden: Capverdische Inseln – Guinea-Küste – Cap Hoorn – Juan Fernandez – Kreuzfahrten vor der mittel- und südamerikanischen Westküste – Überquerung des Pazifik – Guam – Mindanao – Golf von Siam – Pescadores-Inseln – Bashi-Inseln – Mindanao – Celebes – Nordküste Australiens (Neu-Holland) – Sumatra – Nicobaren – Achin – Tonkin – Achin – Bencouli –

* Wer sich des näheren über die Historie der Piraterie unterrichten will, sei an dieser Stelle auf die ausgezeichnete »Kurze Geschichte der Seeräuberei« von Hermann Schreiber verwiesen, die Alexandre Olivier Exquemelins »Piratenbuch von 1678« einleitet (Tübingen: Horst Erdmann Verlag 1968).

Rückfahrt nach England über das Cap der Guten Hoffnung und St. Helena.

Bei seiner Rückkehr in die Heimat war Dampier erst 39 Jahre alt; von dem, was er in den folgenden acht Jahren neben der Niederschrift seiner Reiseerinnerungen betrieb, ist nichts Zuverlässiges bekannt. Erst im Alter von 47 Jahren erhält er, der seine Kenntnisse durch die eingehenden Beobachtungen während der Weltumsegelung ausgewiesen und dessen Vorschlag, nach Neu-Holland, dem heutigen Australien, eine neue Forschungsreise zu unternehmen, die Regierung angenommen hat, sein erstes Kommando. Diese Fahrt mit der »Roebuck« steht unter einem unglücklichen Stern; Dampier fehlten nicht nur die Härte und das Durchsetzungsvermögen, die einem Schiffskommandanten in jener Zeit zu eigen sein mußten – man hatte ihm überdies ein wenig seetüchtiges, unzureichend mit Proviant versehenes Schiff anvertraut, dessen Mannschaft sich so aufrührerisch zeigte, daß es nach der Rückkehr sogar zu einem Kriegsgerichtsverfahren kam, in dessen Verfolg Dampiers Heuer konfisziert und er selbst als »ungeeignet zur Beschäftigung als Kommandant irgendeines Schiffes Ihrer Majestät« erklärt wurde. Das harte Urteil schloß nicht aus, daß die britische Regierung offenbar weiter große Stücke auf Dampier hielt: so wurde er nur zehn Monate nach dem Gerichtsverfahren vom Lord High Admiral der Königin in Audienz vorgestellt und mit einem Handkuß zu seiner nächsten Mission entlassen. Dies war eine Kaperfahrt, für welche von Privatleuten zwei Schiffe ausgerüstet und finanziert wurden, deren eines Dampier kommandierte. Auch diese Fahrt, von der Dampier erst 1707 zurückkehrte, endete wenig glücklich, und erst die letzte große Reise seines Lebens, die er 1708–1711 als Navigationsoffizier des bekannten Kapitäns Woodes Rogers in den Pazifik unternahm, war auch im handgreiflichen Sinne erfolgreich. Zwar gab es auch hier Ärger mit den Besatzungen der beiden Schiffe, jedoch konnte Rogers die nötige Disziplin aufrechterhalten, und dieser Freibeuterzug brachte zahlreiche Prisen und eine beträchtliche Beute ein. Die hinterhältige Ironie der Geschichte wollte es jedoch so, daß der Hauptteil der Beute, an der Dampier sonst als »Pilot der südlichen Meere, der schon dreimal dort gewesen und zweimal um die Welt gesegelt ist« (wie er in der Liste der Offiziere beschrieben wird), angemessenen Anteil gehabt hätte, erst nach seinem Tode aufgeteilt werden wird.

Dampier starb im März 1715, anscheinend in London. Sein Testament vom 29. November 1714 schreibt seine Hinterlassenschaft zu neun Zehnteln einer Kusine, den Rest seinem Bruder George zu; seine Frau scheint demnach vor ihm gestorben zu sein.

Der große Erfolg des Berichtes von Dampiers Weltumsegelung dürfte den Autor und seinen Verleger dazu bewogen haben, dem ersten Bande kurzfristig einen zweiten folgen zu lassen. Schon zwei Jahre später – 1699 – erschien ein weiterer Band auf dem Buchmarkt, der dreierlei Texte enthielt: einmal, als Ergänzung zu dem schon publizierten Bericht, die dort ausgesparte Erzählung von Dampiers Reise von Achin auf Sumatra nach Tonkin und anderen Orten in Ostindien im Jahre 1688 – in dieser Ausgabe ist sie an der gehörigen Stelle in den Hauptteil des Textes eingefügt worden –, des weiteren Dampiers Bericht über seine Fahrt nach und seinen Aufenthalt in Campeche, die Jahre 1674–1676 umfassend, und schließlich die berühmte Abhandlung über die Passatwinde, die Dampier einen Platz unter den Klassikern der Nautik gesichert hat. 1703 und 1709 veröffentlichte Dampier ferner noch in zwei Bänden den Bericht seiner Reise nach Neu-Holland.

Was den Mann und den Schriftsteller Dampier gleichermaßen auszeichnet, ist seine Begierde, Neues zu sehen und zu erfahren und so exakt als möglich im Wort festzuhalten. Dieser Drang, der Dampier von Anfang an über die Kumpanei an Bord der Kaperschiffe hinaushebt, läßt deren Wunsch nach Bereicherung bei unserem Schreiber nicht aufkommen, und ebensowenig drängt es ihn nach Rang und Würden. Selten genug spricht er von sich selber, so sehr ist er darauf aus, die Welt ringsum zu erfassen und getreulich zu Papier zu bringen, zu Nutz und Frommen seiner Leser, insonderheit aber der Seefahrer, die aus den genauen nautischen, topographischen, ethnographischen und biologischen Daten ihrerseits Nutzen ziehen können. Dampier schreibt eine einfache, klare und unkomplizierte Prosa; ein großer Prosaist im Sinne anderer Reiseschriftsteller ist er zweifellos nicht und zeigt auch nirgends Ehrgeiz in dieser Richtung. Das hat den Vorzug, daß sein Originalbericht – der in mustergültigen Nachdrucken vorliegt, die John Masefield (1906), Sir Albert Gray (1927) und Clennell Wilkinson (1931) besorgten –, auch heute noch ohne Mühe für jedermann lesbar ist, der einige Englischkenntnisse mitbringt. Auch sorgen allein die Spannweite der jahrelangen Reise, der beständige Wechsel der Szenerie zu Wasser und zu Land, die Begegnung mit den Menschen, Tieren, Pflanzen fremder Länder, die Scharmützel und Raubzüge der Piraten, die persönlichen Erlebnisse des Schreibers dafür, daß man seiner Geschichte auch heute noch interessiert und gespannt folgt, wenn auch dieser unräuberische Seeräuber durchaus nicht in das altvertraute »Schatzinsel«-Schema hineinpaßt. So wenig *fortune* Dampier in diesem Metier hatte, so sehr wußte seine Nation, unvoreingenommen genug, die Verdienste eines Mannes zu schätzen, der dem seefahrenden Albion neue Wege zeigte und ihm zu seinem Teil dazu verhalf, zur Herrin der Weltmeere zu werden. Nicht unerwähnt bleibe, daß die Beschreibung seiner Weltumsegelung – man denke an die Episode mit dem auf der Insel Juan Fernandez ausgesetzten und wiedergefundenen Moskito-Indianer! – Daniel Defoe bei der Abfassung seines »Robinson« nachweislich beeinflußt hat, wie übrigens Dampier auf seiner letzten Reise unter Kapitän Rogers dabei war, als der historische »Robinson«, Alexander Selkirk, am 2. Februar 1709 auf eben dieser Insel entdeckt und an Bord genommen wurde [*]. In England hat Dampiers Werk stets in hohem Ansehen gestanden; in Deutschland erschienen die beiden Hauptwerke schon 1702 und 1703 in auch heute noch lesbaren Fassungen, die dieser Neuausgabe zugrunde gelegt wurden. Eine stark gekürzte Version, Dampiers Erlebnisse und Erfahrungen in der dritten Person

[*] Siehe Norbert Millers Nachwort zu Band I der Defoe-Ausgabe des Verlages Carl Hanser, München 1968.

referierend, findet sich in Band XII der »Allgemeinen Historie der Reisen zu Wasser und zu Lande ...« (Leipzig 1754). Die vorgenannten englischen und deutschen Texte, sowie der Lebensabriß Dampiers im »Dictionary of National Biography« und die Monographie »William Dampier« von Clennell Wilkinson (London 1929) wurden für die Arbeit an dieser Neuausgabe herangezogen.

Der Herausgeber sah sich vor der schwierigen Aufgabe, aus rund 1250 Seiten einer alten deutschen Übersetzung eine den Leser von heute ansprechende und fesselnde kürzere Textfassung zu gewinnen, ohne daß dabei der Ton des alten Berichts ganz preisgegeben wurde. Das war nur möglich durch den Verzicht auf alle rein nautischen und topographischen Angaben, durch das Fortlassen vieler eingehender Beschreibungen von Menschen, Tieren, Pflanzen und Lokalitäten – soweit sie sich wiederholen, ähnlich lauten oder für uns heute nur noch von historischem Werte sind –, ja durch das Ausklammern ganzer zusammenhängender Abschnitte der Reise, die nichts Wesentliches oder wesentlich Neues aussagen; wo sich die letztere Notwendigkeit ergab, erfolgt die erforderliche Verknüpfung durch eingeschobene knappe *kursiv* gedruckte Verbindungstexte des Herausgebers. Dampiers detaillierte Angaben sind in fast allen Punkten so genau, daß sich die angegebenen Orte lokalisieren ließen und daß auf ein Übermaß an Anmerkungen zugunsten weniger Fußnoten verzichtet werden konnte. Einige Kleinigkeiten nur seien an dieser Stelle angemerkt: die Bezeichnung »Indianer« und »indianisch« wurde beibehalten, auch wenn heute – abweichend – von »Indianern« nur in beiden Teilen Amerikas und von »Indern» in Asien und der asiatischen Inselwelt gesprochen wird; desgleichen blieben die Namen »Nordmeer« und »Südmeer« für Atlantik und Pazifik stehen. Die geographischen Bezeichnungen schließlich erscheinen überwiegend in ihrer alten Schreibweise, um dem Leser das Auffinden auf den beigegebenen Kartenskizzen zu erleichtern.

Zu guter Letzt ist noch der Bayerischen Staatsbibliothek, München, und den Universitätsbibliotheken in Göttingen und Saarbrücken, die das nötige Arbeitsmaterial über lange Zeit großzügig zur Verfügung stellten, zu danken, sowie in besonderem Maße den unermüdlichen Mitarbeiterinnen des Herausgebers, Frau Ingeborg Kaergel und Frau Maria Rümker von den Stadtbüchereien Hannover, ohne deren Hilfe bei der Auswahl der Texte und der Vorbereitung des Manuskriptes die umfängliche Arbeit nicht hätte bewältigt werden können.

Hans Walz